Klartext

Wilhelm Wellmann

Meine Mutter

Lebensgeschichte einer Zieglerfrau und Tagelöhnerin in Lippe

Herausgegeben im Auftrag des
Landschaftsverbandes Westfalen-Lippe

Westfälisches Industriemuseum
Quellen und Studien – Band 1

CIP-Titelaufnahme der Deutschen Bibliothek
Wellmann, Wilhelm:
Meine Mutter : Lebensgeschichte einer Zieglerfrau und Tagelöhnerin in Lippe / Wilhelm Wellmann. Hrsg. von Eckhard Schinkel und Hans J. Röver. – 2., durchges. Aufl. – Essen : Klartext-Verl., 1991
(Quellen und Studien / Landschaftsverband Westfalen-Lippe, Westfälisches Industriemuseum ; Bd. 1)
ISBN 3-88474-163-2
NE: Westfälisches Industriemuseum [Dortmund]: Quellen und Studien

2. durchgesehene Auflage März 1992
Satz und Ausstattung: Klartext
Druck: Fuck, Koblenz

ISBN 3-88474-163-2

Inhalt

Vorwort

Wilhelm Wellmanns Lebensgeschichte „Meine Mutter“ entstand zwischen 1915 und 1930. Wellmann beschreibt das Leben der Zieglerfrau und Tagelöhnerin Auguste Luise Pölert (1829-1893) in den Jahren 1853-1893 in Lippe.

Seit dem 17. Jahrhundert verdingten sich alljährlich Wanderarbeiter aus dem Fürstentum Lippe als Saisonarbeiter in ganz Europa. Grund dafür war der Mangel an geeigneten Erwerbsmöglichkeiten im eigenen Land. Dabei hatten besonders die Lipper Wanderziegler einen guten Ruf als leistungswillige und disziplinierte Arbeiter. Einen Höhepunkt erreichte die Wanderarbeit in der zweiten Hälfte des 19. Jahrhunderts. Beim Aufbau der neuen Industriereviere wurden gute Ziegler mehr denn je gebraucht. Das hatte zur Folge, daß in manchen Gemeinden während des Sommers die männliche Bevölkerung nur noch aus Greisen und Jungen unter 16 Jahren bestand. Das bedeutete aber auch, daß die Wirtschaft Lippes zwischen April und November zu großen Teilen in den Händen der Frauen lag.

Das Problem „Wanderziegler“ ist statistisch und wissenschaftlich allgemein vielfach untersucht worden. Romane und Erzählungen zeichnen Lebensweg und Schicksal einzelner Männer nach. Regelmäßig verweisen die Autoren dabei auf das Problem „Familienleben in der Heimat“. Doch nur selten wird ausgeführt, worin diese Probleme im einzelnen bestanden. Um in der Fremde arbeiten zu können, so heißt es allgemein, mußten sich die Männer darauf verlassen können, daß zu Hause und in dem dazugehörigen, landwirtschaftlichen Nebenerwerb alles bedacht, besorgt und getan wurde. Wie sah dieser Lebens- und Arbeitsalltag aus? Die Überlieferung dazu ist weit weniger ausgeprägt als bei den Zieglern. Ebenso althergebracht und selbstverständlich wie deren Arbeiten waren die Aufgaben und Pflichten einer Zieglerfrau und Tagelöhnerin in Lippe — vielleicht deshalb nicht des Aufschreibens wert? Um so bedeutsamer ist deshalb jedes Dokument, das Einblicke in ein solches Leben gewährt.

Wilhelm Wellmann (Pseudonym für Wilhelm Pölert; 1860-1939) wurde 1878 in das Lehrerseminar Detmold aufgenommen. Seit etwa 1880 lebte er als „Zweitlehrer" zunächst in Kirchheide, seit 1882 als Lehrer in Schötmar und seit 1897, mit dem Wechsel zur Realschule, in Bad Salzuflen. Wesentliche Einzelheiten aus seinem Leben, die zu einem besseren Verständnis dieser Lebensgeschichte beitragen könnten, sind nicht bekannt.

Die Lebensgeschichte „Meine Mutter" war für den Verfasser sicherlich ein Gedenken in literarischer Form. Zugleich ist ihre Abfassung – gewollt oder ungewollt – eine Erinnerung an die eigene Jugend. So ist die Biographie gleichermaßen Autobiographie.

Das diesem Buch zugrundeliegende Manuskript umfaßt 218 handgeschriebene Seiten. Es wurde nicht gekürzt. Eindeutige Fehler wurden korrigiert, Zusätze bzw. weggelassene, unleserliche Stellen erscheinen in eckigen Klammern und werden als solche gekennzeichnet.

Dem jüngsten Sohn von W. Pölert, Herrn Heinz Pölert, sei an dieser Stelle ein besonderer Dank ausgesprochen. Er hatte dem Herausgeber den handgeschriebenen Text vertrauensvoll zur Veröffentlichung übergeben. Die Identifizierung der im Originaltext verschlüsselten Ortsnamen, die in den Anmerkungen wiedergegeben werden, stammt ebenfalls von ihm. Heinz Pölert starb im November 1988. Für beratende und unterstützende Hilfe bei der Vorbereitung dieser Edition danke ich Dr. Robert Damme und Dr. Hans Taubken von der Kommission für Mundart- und Namenforschung beim Landschaftsverband Westfalen-Lippe, Prof. Dr. Dietmar Sauermann vom Fachbereich Volkskunde der Westfälischen Wilhelms- Universität in Münster sowie den Kolleginnen und Kollegen im Westfälischen Industriemuseum.

Eckhard Schinkel

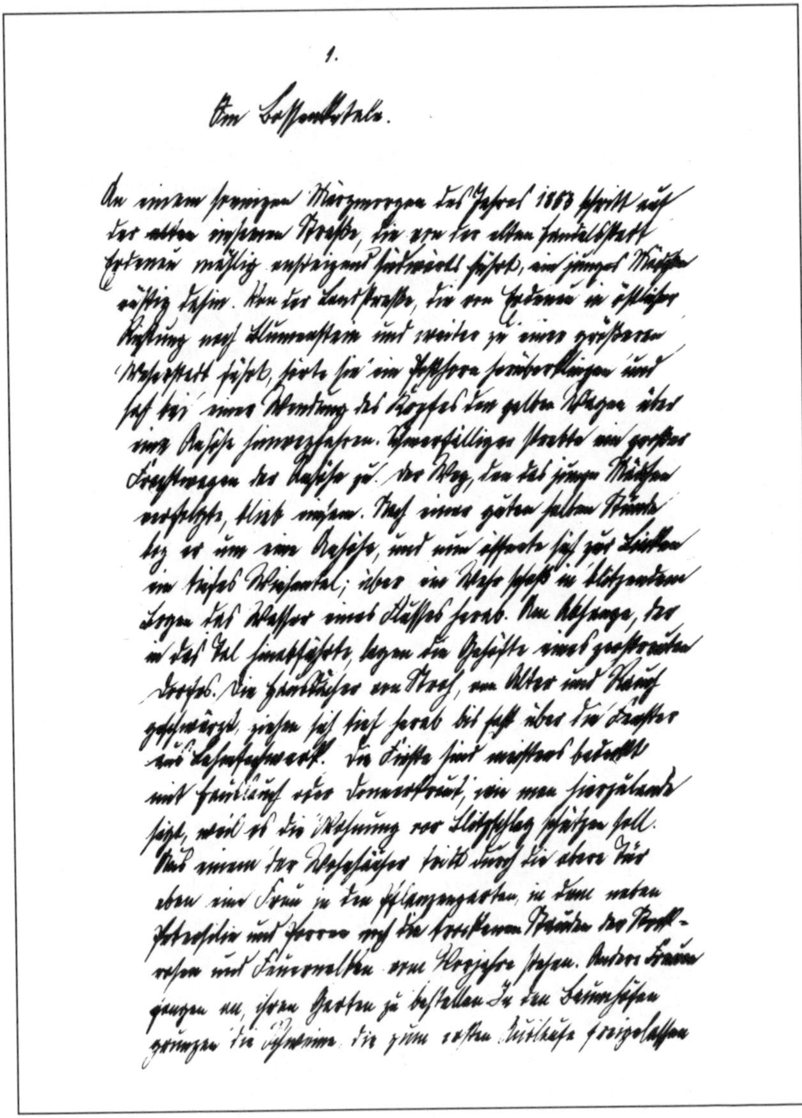

Erste Seite des Originalmanuskripts von Wilhelm Pölert

Im Bossenketale

An einem sonnigen Märzmorgen des Jahres 1853 schritt auf der einsamen Straße, die von der alten Handelsstadt Erdenau[1] mählich ansteigend südwärts führt, ein junges Mädchen rüstig dahin. Von der Landstraße, die von Erdenau in östlicher Richtung nach Blumenstein[2] und weiter zu einer größeren Weserstadt[3] führt, hörte sie ein Posthorn herüberklingen und sah bei einer Wendung des Kopfes den gelben Wagen über eine Anhöhe hinwegfahren. Schwerfälliger strebte ein großer Frachtwagen der Anhöhe zu. Der Weg, den das junge Mädchen verfolgte, blieb einsam. Nach einer guten halben Stunde bog er um eine Anhöhe, und nun öffnete sich zur Linken ein tiefes Wiesental; über ein Wehr schoß in blitzendem Bogen das Wasser eines Flusses herab. Am Abhange, der in das Tal hinabführte, lagen die Gehöfte eines zerstreuten Dorfes[4]. Die Hausdächer von Stroh, von Alter und Rauch geschwärzt, ziehen sich tief hinab bis fast über die Fenster aus Lehmfachwerk. Die Firste sind meistens bedeckt mit Hauslauch[5] oder Donnerkraut, wie man hierzulande sagt, weil es die Wohnung vor Blitzschlag schützen soll.

Aus einem der Wohnhäuser tritt durch die obere Tür eben eine Frau in den Pflanzengarten, in dem neben Petersilie und Porree noch die trockenen Stauden der Stockrosen und Feuernelken vom Vorjahre stehen. Andere Frauen fangen an, ihren Garten zu bestellen. In den Baumhöfen grunzen die Schweine, die zum ersten Auslaufe freigelassen sind und gern wie toll von einer Hofecke zur anderen rasen. Auf dem Felde nebenan pflügt ein Knecht; über dem allen singt eine Lerche.

1 Lemgo
2 Blomberg
3 Hameln
4 Massbruch
5 Botanische Bezeichnung: Sempervivum tectorum

Der Weg führt jetzt bergab in ein Seitental, in dem ein kleines Anwesen liegt, und hört dann ganz auf. Nur ein Fußweg führt zwischen Kornfeldern erneut bergan einem Eichenwalde zu. „Guten Morgen", redet das Mädchen einige Kinder an, die halb scheu, halb neugierig hinter dem Hoftore stehen, „wohin geht der Weg da hinauf?" Ein rothaariger Junge in Holzschuhen, die Hände in den Hosentaschen, antwortet gelassen: „Nirgends." „Ich meine, wer wohnt da hinter dem Berge?" „Nemmes (niemand)." „Führt denn der Pattweg nicht zu irgend einem Dorfe oder Hause?" „Nein." „Wie weit ist's denn wohl bis Altenfelde?" „Das weiß ich nicht." „Wie heißt es denn hier?" „Im Stoote." – Nach dieser glänzenden Auskunft schritt das Mädchen rüstig bergan.

Sie mußte, wie man an ihren bestaubten Schuhen sehen konnte, schon weit gewandert sein, zeigte aber noch keine Spur von Ermüdung. Die einfache Kleidung aus grobem, bedrucktem Linnen und ihre werkschwieligen Hände ließen erkennen, daß sie dem dienenden Stande angehörte. Einige wenige Kleidungs- und Wäschestücke trug sie in einem Bündel unter dem Arme. Das Gesicht zeigte Spuren frühzeitiger Sorgen, deutete aber auf Gutherzigkeit, Offenheit und Entschlossenheit. Vor dem Walde auf der Höhe blieb sie stehen und sah noch einmal zurück nach den Türmen von Erdenau in der Ferne, wo sie die letzten Jahre in Diensten gestanden und so vieles miterlebt hatte. In dem unruhigen Jahre 1848 hatte auf dem Markte der Freiheitsbaum gestanden, umtanzt und besungen von Männern der Revolution, die berauscht waren von Freiheit und Branntwein. Ein Lächeln glitt über die Züge des Mädchens, als es an die überaus lächerliche Szene dachte, wie ein feingekleideter Herr, um unangefochten durchzukommen, auch tapfer mitgerufen hatte: 'Freiheit und Gleichheit!'. Alsbald hatte ihm ein riesiger Freiheitsmann, dessen Mund überfloß vor Begeisterung und Kautabak, den Bruderkuß gegeben und ihn gezwungen, mit ihm aus demselben Glase Schnaps zu trinken.

Vergebens war sein Sträuben gewesen gegen Trunk und Kuß, er mußte. Dann war bald die Zeit gekommen, wo der Prediger Schmidt seine gewaltigen Erweckungspredigten gehalten hatte, zu denen die Leute meilenweit herbeigeströmt waren, die aber in der Stadt auch scharfen Widerspruch hervorgerufen hatten, so daß der unruhige Mann nicht selten an seinem Leben bedroht war.

Nachdem das Mädchen so eine kurze Weile, in Erinnerungen versunken, auf Erdenau zurückgesehen hatte, schlug es den Fußweg über den bewaldeten Höhenrücken ein und gelangte nach halbstündiger Wanderung wieder bergab in das Flußtal, das sich jetzt in mehrfachen Krümmungen zwischen bewaldeten Höhen dahinzog. Hier erblickte es im Grunde in wundervoller Einsamkeit eine Mühle[1]. Über den Mühlgraben, der sich am Fuße der Anhöhe entlang zog und ansehnlich breit war, führte ein schmaler Steg. Ein Müllerbursche trat eben fröhlich pfeifend aus der Mühle und zog ein Schütt, so daß das Wasser brausend auf das Mühlrad schoß. Einen Augenblick stockte der flinke Fuß des Mädchens; dann rief es hinüber: „Hält der Steg aus?“ Der Bursche erwiderte: „So schwer wirst du nicht sein, daß er bricht.“ „Ich meine, ob er nicht kippt.“ „Oh, dann fische ich dich heraus; habe schon manchen Fisch aus der Neiße gezogen, und die ist tiefer als unser Graben.“ „Die Neiße“, sagte das Mädchen, nachdem es über den Steg gegangen war, „wo ist die?“ „In Schlesien,“ sagte stolz der junge Mann, „ich bin ein Schlesinger.“ „Schlesien? Das ist doch sehr weit.“ „Oh ja, es geht damit.“ „Aber wie komme ich nun nach Altenfelde?“ „Das kann ich dir nicht sagen; ich bin erst vor drei Wochen zugewandert.“ Da erklang vom Hause her eine tiefe, volltönende Stimme: „Mußt da über die Wiese gehen, Luise, dann durch das Holz dahinter und über die Hagenborner Heide. Dann kommst du an den Hagen. Rechts um den Berg herum bringt dich der Weg in einer halben Stunde nach Altenfelde.“ Die Angeredete blickte überrascht auf, als sie sich beim Namen genannt hörte. Sie sah hinter dem geöffneten Fenster eine hohe Frauengestalt mit ernsten, aber gütigen Augen, die ihr Erstaunen gar nicht zu bemerken schien.

Da mochte sie auch nicht weiter fragen, sondern sagte bloß: „So, dann ist's gut; sollt auch bedankt sein.“ Aber eine warme Freude, sich hier von jemand gekannt zu wissen, durchdrang sie. Wer mochte das sein? Bald gelangte sie über die Heide an den Fuß des Berges. Ein Fahrweg führte an einem tiefer liegenden Bache entlang um den Berg herum. Sie fühlte sich vom Wandern in der herben Frühlingsluft nun doch etwas ermüdet und setzte sich einen Augenblick auf einem Baumstamm am Wegrande nieder.

1 Mühle an der Passade

Ihr zu Füßen sproßte das junge Grün, am Bache im Grunde blühten Schaumkraut und Schlüsselblumen. Mit dem Gemurmel des Baches vermischte sich das Summen der Bienen und Hummeln, die um blühende Palmweiden[1] schwebten. Über ihr in den kahlen, aber saftgeschwellten Baumkronen erklangen die flötenden Strophen der Drossel und der schmetternde Schlag der Finken. Aus der Ferne drang Glockengeläut. Wo mochte das sein? War es Sterbegeläut? Wem mochte das gelten?

Luise spürte, daß ihr jetzt ein Bissen zu essen sehr willkommen gewesen wäre. Aber im Elternhause hatte niemand daran gedacht, ihr ein Frühstück mitzugeben, und den Vater oder die Stiefmutter daran zu erinnern, hatte sie nicht gewagt. Der Vater, ein überaus fleißiger Tagelöhner eine Stunde jenseits Erdenau[2], hatte seinen Kindern allezeit viel Strenge, aber wenig fürsorgende Liebe gezeigt. Ihre rechte Mutter hatte sie früh verloren. Deren langes und qualvolles Leiden hatte ihren Zügen den frühzeitigen Ernst aufgeprägt, den harte Arbeit von frühester Jugend an nur vertiefen konnte.

Eine Weile saß Luise noch, in Erinnerung an ihre freudelose Jugend versunken. Glockengeläut, Vogelgesang und Frühlingsluft wollten sie einschläfern. Von einem Geräusch erschreckt, fuhr sie in die Höhe. Ein großer Jagdhund sprang den Berg herab, ein Mann in roter Wolljacke, hohen Stiefeln und breitrandigem Hute folgte. Ein Zug kalter Entschlossenheit lag auf seinem bartlosen Gesichte. „Morning", erwiderte er ihren Gruß, und auf die Frage, ob sie auf dem rechten Wege nach Altenfelde sei, zeigte er den Waldweg hinauf und sagte: „All right!" Sie eilte also bergan über den Waldboden, der mit Moos und Heidelbeersträuchern bewachsen war. Ein alter Forstaufseher gesellte sich zu ihr, schritt mit ihr die Höhe entlang und machte sie mit der Gegend bekannt, die bald für sie so große Bedeutung gewinnen sollte. Der Höhenrücken, dessen Gipfel sie jetzt erreichten, hieß der Hagen.

1 Kopfweiden
2 in Bredaerbruch

Zur Linken erblickte man in weit ausholendem Bogen ein Tal, das von der Molte[1], einem Seitenfluß der Bossenke[2], durchflossen wurde. Zu diesem Tale führte vom Hagen herunter eine flache Bodensenke mit einer langen Reihe zerstreuter Gehöfte. „Hagenborn[3]“, sagte der Waldschutz. Freundlich und friedlich lag das Dorf im Frühlingssonnenschein. Auf der anderen Seite der Molte lagen in zwei auseinanderlaufenden Quertälern eines ansehnlichen Höhenzuges die beiden Dörfer Langengehren und Altengehren[4], denen am Ausgange Kirchgehren[5] vorgelagert war. Ein altersgrauer Turm ragte nur um ein weniges über die schlichte Dorfkirche empor. Die Landstraße, von Erdenau kommend, bog sich durch das Dorf und lief, immer am Fuße des langgestreckten Pielenberges[6] entlang, nach Blumenstein, eine Zeitlang verschwindend hinter einem vorgelagerten Höhenrücken, der Egge.

Sie gingen weiter, den Hagen entlang. Da öffnete sich rechts an der Egge vorüber eine neue, überraschend schöne Aussicht. Das Moltetal zog sich rechts um die Egge herum und endete oder begann vielmehr in der Ferne am Pielenberge. Zwei Dörfer, Großen- und Kleinen-Molte[7], lagen darin. Von diesen durch eine hochgelegene Feldbreite geschieden, lag weiter rechts das Dorf Klingen[8] mit einem Kirchturme, der sich schlank wie eine Nadel zum Himmel emporstreckte. Dahinter lag an sanftem Bergeshange der Friedhof, von hohen italienischen Pappeln umgeben. Noch weiter zurück, das Dorf beträchtlich überragend, erhob sich eine breite Bergkuppe, der „Klingener Himmel“, und ganz in der Ferne glänzten Schloß und Turm von Blumenstein. Nachdem Luise sich das alles von ihrem Begleiter hatte zeigen lassen, schritt sie behende den Berg hinab ihrem Reiseziele entgegen.

Aus dem Walde tretend erblickte sie im Grunde einen Bauernhof, der ziemlich verwahrlost aussah. Das große Wohnhaus in der Mitte hatte wun-

1 Marpe
2 Passade
3 Dalborn
4 Hagendonop und Altendonop
5 Kirchdonop
6 Hurn
7 Großen- und Kleinenmarpe
8 Cappel

derschön geschnitzte Türpfeiler; die Inschrift an dem Bogen darüber in alten verschnörkelten Buchstaben las Luise mit Kopfschütteln:

Hilf God in Noden – Bose Lude wollen mich doden –
Nun hat mir God gegeben die Macht – daso ich ihre Bosheit veracht.

Hinter dem Hause war ein Garten, der in eine schöne saftiggrüne Wiese überlief. Dahinter floß der Bach, dessen Wasser Luise schon mehrmals hatte glänzen sehen, die Bossenke. Von einem halbvollendeten Bau neben dem Wohnhause kamen eben die Handwerker zum Mittagessen. Die Angekommene folgte ihnen in ein Nebenhaus, die „Leibzucht", wo sie eine freundliche Frau in vorgerückten Jahren am Herde stehen sah. „Guten Tag", rief ihr diese entgegen. „Ach, du bist gewiß die Luise, die zu Hildebrands kommt. Komm nur erst und iß mit uns. Du wirst hungrig sein." Luise griff emsig zu beim Auftragen. Als Letzte setzte sie sich und stärkte sich nach dem langen Wege.

An einem besonderen Tische saß mit seinen Gesellen der alte Maurermeister, der ab und zu eine Frage an das Mädchen richtete und von ihm erfuhr, daß der neue Besitzer, der den Hof von Hasen gekauft hatte, übermorgen einziehen wolle. Heiraten wolle er aber erst, wenn hier alles fertig sei. „Bis dahin muß ich hier haushalten, so gut ich es kann", schloß das Mädchen. Der Alte warf noch einen prüfenden Blick auf die rüstige junge Person. Dann nickte er bedächtig, als wollte er sagen: „Das wird schon gehen."

Nach der Mahlzeit fragte Luise: „Wollt ihr mich nun ein bißchen zurecht weisen, Hasen Mutter?" „Gleich, komm!" Das Haus hatte eine Deel mit festgestampftem Lehmboden. An einer Seite standen einige Kühe und fraßen aus steinernen Krippen. Die Pferde waren bis zur Vollendung des Neubaus noch in der Leibzucht und wurden von Hasen versorgt. Etliche Schweine grunzten im Nebenhause. Hühner fraßen begierig das erste Grün auf der Wiese, und Enten hielten am Ufer der Bossenke ihre Mittagsruhe. Das war der Viehbestand. Im Garten hinter dem Hause war noch nichts geschehen; hier mußte angefangen werden.

Zuerst wurden einige Beete für Erbsen und große Bohnen abgesteckt und bestellt. Ein Häufchen frühe Kartoffeln, von Frau Hase zurückgelegt, wurde ausgepflanzt. Nun mußte ans Abendessen für die Handwerker gedacht werden. Oh weh! Küche, Keller und Speisekammer waren leer. Doch wozu hatten denn die Hühner über Mittag so aufdringlich gegackert? Eine gründliche Haussuchung nach Eiern hatte Erfolg. Ein Vorrat von Hafer lag auf dem Boden. Mit einem Säcklein beladen eilte Luise zur Grützmühle im nahen Moosbach. Lustig tappte die Mühle, von Luise und einem anderen Mädchen gedreht, und nach einer halben Stunde gings mit frischer Hafergrütze nach Hause. Am Abend schmeckte die Milchgrütze mit Butterbrot und Eiern den Leuten vorzüglich. Nachdem noch das Vieh besorgt war, machte Luise sich daran, sich aus einer Bühne neben dem Kornboden einen Schlafraum herzurichten, wozu ihr frisches Stroh und Bettstücke aus der Leibzucht herübergeschafft waren. Noch einen Blick aus dem kleinen Fenster, drüben stand Frau Hase und nickte ihr freundlich zu: „Gute Nacht!"

In Altenfelde

Am folgenden Tage mußte zuerst für Reinlichkeit im „rechten Hause" gesorgt werden. Die Fußböden in den Stuben wurden gründlich überschwemmt, Türen und Fenster abgewaschen, zwei Zimmer für den neuen Herrn eingerichtet. Endlich kam dieser an, ein junger Landwirt aus Ostfriesland, der zuletzt als Verwalter auf dem Gute Dießen gewesen war, um von dem als Musterlandwirt weit bekannten Amtmann Kromann in der Landwirtschaft ausgebildet zu werden. Er war eine gesunde, stattliche Erscheinung, etwas nachlässig in Haltung und Benehmen. Von seinem Vater, einem angesehenen Handelsherrn in E., ursprünglich für den Kaufmannsstand bestimmt, hatte er erst spät den Beruf des Landwirts ergriffen. Nachdem er sich mit der Tochter des Amtmanns in Dießen verlobt hatte, hatte ihm sein Vater das kleine Gut in Altenfelde gekauft. Der Schwiegervater hatte ihm nun Luise, die mehrere Jahre auf Dießen als Magd gedient hatte, als umsichtig und treu empfohlen, hauptsächlich wohl, um seiner Tochter, die Rat und Hilfe noch sehr nötig brauchte, einen Halt und eine Stütze mitzugeben.

Der junge Landwirt sah, was sie bereits geschafft hatte und zeigte sich befriedigt. Uneingeschränktes Lob zollte er ihrer Küche; besonders mundete ihm der Pfannkuchen, „dick wie ein Pflugrad", wie ihn Luise gleich am ersten Tage gebacken hatte. Als das übrige Gesinde sämtlich eingetroffen war, begann die Bestellung des Ackers. Auch dabei erwies sich Luisens Rat oft nützlich und wurde gern gehört, auch dann noch, als die junge Frau schon eingezogen war. Beim Pflanzen der späten Kartoffeln zeigte sich, daß der Dünger verbraucht war. Was nun? „Ohne Dünger pflanzen", meinte die junge Frau sehr einfach. Dagegen sträubte sich doch sein Landwirtsgewissen. Da machte Luise auf einen Haufen Holzasche in einer Ecke des Hofes aufmerksam. „Ja, Mädchen, hilft das denn?" „Besser jedenfalls, als gar nichts!" entschied sie. So blieb es dabei.

Eines Tages, als Luise im Garten Wittbohnen[1] legte, hörte sie aus dem Leibzuchtgarten nebenan eine ihr noch wohlbekannte Stimme. „Du pflanzest zu dicht, Luise; so können die Bohnen nicht tragen." Drüben stand die schlanke Frauengestalt, die Luise in der Waldmühle gesehen hatte. „Ich möchte doch aber möglichst viel ziehen in dem kleinen Garten", erwiderte Luise, deren Gesicht rot geworden war, man wußte nicht, ob vom Bücken oder von der kleinen Zurechtweisung. „Ja, und dann bekommst du desto weniger", klang es zurück. „Nun, so sehr verkehrt wird Luise es schon nicht machen", sagte begütigend Frau Hase, die eben herzutrat und dann erklärend hinzusetzte: „Das ist meine Nichte, Elfriede Arning aus der Waldmühle – und dies ist unsere Luise, die hier erst allein gewirtschaftet hat." „Oh, wir kennen uns schon; hattest mir ja damals von ihrer Ankunft tags zuvor gesagt."

Mit diesen Worten wandte sich Elfriede und schritt dem Bache zu, um nach dem Leinen zu sehen, das dort auf der Wiese zum Bleichen ausgebreitet lag. Jede Falte darin wurde glattgestrichen, die Enden der langen Stücke wurden wieder straffgezogen und festgesteckt. Dann warf sie mit kräftiger Hand mittels einer langgestielten hölzernen Fülle Wasser aus dem Bache in hohem Bogen durch die Luft, daß es in blitzenden Tropfen wie lauter Perlen auf das Leinen herabfiel.

Luise erzählte Frau Hase von ihrer neulichen Begegnung vor der Waldmühle und hörte von ihr, daß Elfriede Arning die einzige Tochter und die Erbin des Waldmüllers war. „Ihre Mutter, meine Schwester, starb, als sie sechzehn Jahre alt war. Seit der Zeit hat Elfriede den Haushalt geleitet." „Das konnte sie, so jung noch?" fragte Luise mit Verwunderung. „Oh ja, sie war immer sehr resolviert[2] und ist es mit der Zeit noch mehr geworden. Obwohl der Vater sehr kurzsichtig geworden ist und noch ziemlich viel Land zur Mühle gehört, hält sie alles sehr gut in Ordnung. Sie hat allerdings eine gute Beraterin in ihrer Tante Emilie; die beiden wollen ja, wie es scheint, zusammen unverheiratet bleiben. Freilich, ich hatte immer noch gehofft...". „So, Tante, nun muß ich aufbrechen nach Hause." „Heute schon, Kind? Ich meinte, du bliebest noch einige Tage." „Geht nicht,

1 weiße Bohnen
2 resolut, entschlossen

morgen müssen wir buttern. Gib nur acht, daß Luise immer das Leinen auf der Bleiche glatt zieht; sonst bleicht es nicht ordentlich." Damit gingen die beiden Frauen ins Haus.

An einem der folgenden Tage saßen die Leute beim Abendessen, als plötzlich der Pferdejunge den Löffel hinwarf und sich mit der Hand an die Kehle fuhr. „Ooh, Ooh", stöhnte er dumpf. Alle sahen nach ihm, dessen Gesicht dunkelrot wurde; alles fragte: „Was hast du? Was fehlt dir?" Aber nur ein gurgelnder Laut kam aus seinem weitgeöffneten Munde. Die Augen, die aus ihren Höhlen hervorquellen wollten, irrten hülfesuchend von einem zum anderen.

Da riß ihm Luise beide Arme in die Höhe, hielt sie mit einer Hand fest und gab ihm mit der anderen Schläge in den Rücken, erst sanft, dann stärker und stärker. „Warum haust du ihn denn so?" fragt das Kleinmädchen und schüttelte sich vor Lachen. Der Junge krümmte sich in höchster Angst. Da, noch ein kräftiger Schlag und ein spitzes Knochenstück flog ihm aus dem Hals, ein Blutstrahl stürzte hinterher – er war gerettet. „Wie du hauen kannst, Luise", sagte das Kleinmädchen unter Lachtränen. „Sollst sehen, wie ich dich hauen will morgen, du dumme Kreatur!" zischelte voller Wut der Gerettete ihr zu beim Hinausgehen, obwohl er taumelte nach der überstandenen Angst.

Die Veränderung, die nach dem Einzuge der jungen Hausfrau in Küche und Hauswesen Platz griff, befriedigte weder die Handwerker, die anfangs noch da waren, noch das Gesinde, noch auch den Hausherrn selber. „Nein, Mädchen", sagte eines Abends der Maurermeister, indem er sich sein Brot in die abgerahmte saure Milch brockte, in seiner bedächtigen Art: „Du futtertest uns doch wenigstens satt, aber jetzt...!" Und wenn Hildebrand sich einmal etwas Besonderes gönnen wollte, sagte er wohl zu seiner Frau: „Laß doch Luise mal einen Pfannkuchen backen, so'n recht dicken; deine sind mir zu dünn."

An einem Sonntagvormittage kam Luise aus der Kirche in Klingen, als sie sich auf dem Kirchplatze beim Namen gerufen hörte. „Guten Tag, Luise!" „Malchen, Menschenkind, wo kommst du denn her?" „Oh, ich wohne jetzt da oben auf dem Hagen, mitten im Walde. Geh mit mir übern Hagen, es ist fast gar kein Umweg für dich." Luise freute sich über das unverhoffte Wiedersehen und tauschte nun mit der Freundin Erinnerungen aus. Beide waren aus derselben Gegend und miteinander konfirmiert worden, hatten auch zuerst zusammen gedient und sich erst in den letzten Jahren aus den Augen verloren. „Du hast also wohl", fragte Luise, „den Hornisten geheiratet, der dir auf der Kirmes in Erdenau das schöne Herz schenkte und dir immer Briefe schrieb?" „Howejist[1] war er bei der Militärmusik in B., und jetzt ist er Amtsmusiker. Bei Hochzeiten, Schützenbieren und allen sonstigen Festlichkeiten im Amte Blumenstein darf kein anderer spielen als er und seine Gesellen." Sie gingen eine Strecke unterhalb Klingens über den weitläufigen Uhlenhof[2] und stiegen dann den Weg am Hagen hinauf.

Wenn sie sich umsahen, dann genossen sie wieder den Blick über Klingen mit seinem wunderschönen Turme, am Friedhof und am Klingener Himmel vorbei bis Blumenstein. „Siehste woll, hier resendiere[3] ich nun", sagte Malchen, als sie auf der Höhe angelangt waren, und zeigte auf ein kleines Haus aus Fachwerk mit Lehmwänden, von Waldbäumen weit überragt. Ein einzelner Goldlack blühte im Gärtchen neben der Haustür, etliche Geranien standen hinter den kleinen Fensterscheiben. „Freilich, einsam ist es hier", setzte sie hinzu, „besonders des Nachts, wenn Wilhelm irgendwo spielen muß, und ich mit Eulen und Füchsen hier allein bin. Indessen so komme ich mit niemand in Streit, und du weißt doch, fürchten tun wir Ellernbrucher uns nicht. Aber lieb ist mir's doch, daß ich dich nun so in der Nähe weiß."

Im Sommer hatte Luise viel im Garten und im Felde zu arbeiten. Es war ihr auch am liebsten so. Oft fühlte sie sich gegen Ende des Winters nicht recht wohl; aber sobald sie wieder im Freien arbeiten konnte, war's ihr, als ob neues Blut und neue Kraft ihren Körper durchströmte. So war der Sommer hingegangen. An einem Herbstnachmittage befand sie sich auf dem „Winkel", einem Stück Feld, das sich am Abhange des Hagen in den Wald hineinschob, beschäftigt, die äußersten Ecken des Feldes umzugraben und aufzuputzen. Hofbesitzer und Knechte waren eben mit den

1 Oboist
2 Huxol
3 residiere

Gespannen abgezogen, in der Ferne erklang das Knarren der Räder und das Schleifen der Pflüge.

Ein schwerer Frachtwagen aus B. bewegte sich auf der Landstraße, die hier durch Altenfelde stark aufwärts geht, dem Dorfe Klingen zu. Schweigende Dämmerung sank herab auf Feld und Wald. Nur in der Ferne bellten Hunde auf den Höfen von Altenfelde und Moosbach. Eine Eule strich mit gespenstigem Fluge dicht am Kopfe des Mädchens vorbei. Ein Fuchs schlich in einer Furche entlang und verschwand im Gehölz. Luise, die sonst keine Furcht kannte, empfand ein leises Schauern. In dem Dunkel des Waldes schlummerte, so schien es ihr, etwas Unbekanntes, Lebendes, Geheimnisvolles. Es lauerte in der Waldschlucht, verbarg sich im Dickicht, schwebte um die Baumkronen. Mit einem Male rauschte es in den Wipfeln, stärker und stärker. Dann brauste ein Sturm über den Wald dahin, daß die schlanken Stämme der jungen Buchen sich bogen, fast bis zum Grunde. Dann schnellten sie wieder kraftvoll empor, aber immer wieder senkten sie sich hinunter, wie von unsichtbarer Gewalt zu Boden gedrückt. Und in das Rauschen der Waldbäume mischte sich Peitschenknallen, Hundegebell und lautes Rufen: „Jü! Hahüh!" Erst allmählich legte sich der Aufruhr, und Luise, die eine Weile regungslos dagestanden hatte, tat schnell die letzten Spatenstiche und eilte über das dunkelnde Feld dem Hofe zu. Als sie beim Abendessen den Vorgang erzählte, meinte Hildebrand gleichmütig: „Dann bekommen wir Regen; können ihn brauchen." Die Kötterfrau aus dem Hinterhause aber, die regelmäßige Botengänge nach Hohenburg ausführte und daher meist schlechthin Botenbettchen genannt wurde, raunte ihr nachher in der Küche beim Abwaschen eifrig zu: „Du, das ist der ewige Jäger gewesen, der am Hagen so getobt hat. Mein verstorbener Vater – er war Schäfer und wohnte in Moosbachgrund – hat ihn oft gehört, wie er über den Wald dahingejagt ist und immer gerufen hat: 'Wauld! Wauld!' Einige Leute wollten freilich behaupten, der das rufe, sei ehedem ein gewalttätiger Mann aus B. gewesen, dem dieser Wald gehört habe und der gegen arme Leute, die Laub oder trockenes Holz aus dem Walde getragen, sehr böse gewesen sei, ihnen die Holzbündel in der rohesten Weise vom Kopfe gestoßen und sie wohl gar noch vor Gericht geschleppt habe. Nun finde er im Grabe keine Ruhe und müsse bei Nacht ruhelos umherstreifen. Ich weiß aber von meiner Großmutter, daß es der ewige Jäger ist, der über den Wald dahinjagt und nicht eher zur Ruhe kommt, bis der jüngste Tag anbricht. Wenn Rose, der alte Waldschutz, nur reden wollte; der mag sonderbare Dinge erleben da mitten im Hagen; der sagt aber nichts und macht nur geheimnisvolle Andeutungen."

„Das ist ja gruselig, Bettchen; aber nun sagt mir auch, wer ist denn der stattliche Reitersmann, der hier bei Tage so oft durchkommt und mich gestern, als ich in der Wiese Heu wendete, anrief?" „Was sagte er?" „'Guck mal einer die Schwarzäugige, wie sie glüht!' Ich habe ihm den Rücken zugewandt; kenne ihn ja nicht." „Da hast du Recht getan. Der steht wahrlich nicht im besten Rufe. Er ist der Bruder von dem Meier in Untermoosbach und bei diesem auf dem Hofe, wo er sich Verwalter nennt. Während aber sein Bruder, der Meier, wie ein Lasttier arbeitet, spielt er den feinen Herrn, und wenn der erstere des Sonntags höchstens einmal im Dorfkruge einen Schnaps trinkt, sitzt der andere mit seinen vielen vornehmen Bekannten die ganze Nacht hindurch beim Weine." „Hat er denn soviel Geld?" „Oh, das weiß der sich schon zu verschaffen, da sage ich dir gut für. So hatte er noch ganz vor kurzem die beiden Küchenhämmel, zwei Ferkelchen, die seine Mutter in der Küche eigenhändig gefüttert und ganz hübsch herangepäppelt hatte und die wie Hündchen hinter ihr herliefen, an den Schweinehändler Strickling in B. verkauft. Dem Handelsmann waren die Tiere unterwegs davongelaufen, wieder dem Hofe zu. Als nun Strickling wieder hinter ihnen herjagt, ruft die alte Frau ganz erstaunt aus dem Fenster: 'Aber Strickling, das sind ja meine Küchenhämmel!' 'Jawohl', antwortet er, 'Ihr Sohn hat sie mir doch verkauft!' 'Ja so,' sagt die Mutter, sich schnell besinnend, um ihren Sohn nicht bloßzustellen, 'das hatte ich ganz vergessen.'" „Schade", meinte Luise, „solch ein Hüne, was könnte der arbeiten." „Ja, und dabei ist er so feige, daß er sich stets Begleitung mitnimmt, wenn er je einmal vor Tagesanbruch von B. nach Hause kommt. Mut hat der nur Frauen und Mädchen gegenüber. Mich ärgert am meisten, daß durch so'n Kerl es kommen konnte, daß unsere Elfriede nun wahrscheinlich sitzenbleibt." „Wie?" fragte Luise erstaunt. „Was hat die denn mit diesem Menschen zu tun?" „Mit ihm gar nichts. Sie guckt ihn gar nicht an. Sie war aber so gut wie versprochen mit dem Anerben von Königs Hofe in Hagenborn, das weiß ich bestimmt, und um diesen elenden Kerl haben sich die beiden entzweit." „Wie ist das möglich?" „Ach, wie das denn oft so kommt.

Die Sache war nicht der Rede wert. Es war auf der Jakobimesse in B. Ich hatte für die alte Frau Meier Butter und Küken zum Markte gebracht und hatte noch ein Stündchen bei einer Bekannten gesessen. Ich wollte eben nach Hause gehen. Da sah ich, wie der 'Verwalter' – der mir das Geld für Butter und Küken im Auftrage seiner Mutter, wie er sagte, abgenommen hatte – vor dem Preußischen Hofe inmitten einer Gruppe von Bekannten auf Elfriede einredete, mit ihm und den anderen oben in den Saal zum Tanze zu gehen und hernach mit ihm in seinem Wagen heimzufahren. Sie hatte längst abgelehnt, als Dietrich König herantrat. Er legte sich die Sache wohl falsch aus und sagte in etwas befehlshaberischem Tone: 'Du, wir gehen jetzt nach Hause.' Nun, sie hatte auch ihren Kopf, da sag ich dir gut für, und antwortet so obenhin: 'Das muß ich wissen; Eile hat's noch nicht.' Da zeigte er auf den Verwalter, den er nicht leiden kann, und sagte: 'Gehst du mit dem, dann ist's aus mit uns beiden!' 'Ah, so!' machte der Verwalter gegen die Umstehenden. Ich sah, wie die Röte des Unwillens in ihr Gesicht stieg, besonders als die übrigen in das höhnische Lachen des Verwalters teilweise mit einstimmten. 'Was soll denn da aus sein, das möchte ich doch wissen?' sagte sie und trat ins Haus – zu ihrem Vater, der unten in der Stube saß. Der übrige Schwarm schob sich in den Tanzsaal, König aber schritt hocherhobenen Hauptes die Straße hinab, Hagenborn zu. Elfriede hat nicht getanzt und ist nach einer Stunde mit ihrem Vater nach Hause gegangen. Seitdem haben die beiden nicht mehr miteinander gesprochen. Schade ist's um die zwei Menschen; beide harte Köpfe, aber gut und tüchtig und wie geschaffen füreinander."

Der Dienst bei Hildebrands sagte Luise je länger desto weniger zu. Der Dienstherr hatte die Landwirtschaft nicht aus dem Grunde gelernt, die Frau verstand von der Haushaltung noch weniger. Das eheliche Verhältnis war kein glückliches, die Dienstboten wurden beim kargen Lohn noch schlecht gehalten. Überdies hatte die Frau wegen Bleibens kein Wort gesagt und schien es nicht ungern zu sehen, wenn Luise ging. So kam es dieser ganz erwünscht, daß eines Morgens, als sie im Garten Kohlblätter sammelte, Malchen Edler über den Zaun rief: „Komm doch morgen nachmittag mal zu mir herauf; ich habe etwas für dich." Und als sie am Sonntagnachmittage mit ihrer Freundin vor der Haustüre auf der selbstgezimmerten Holzbank saß, sagte diese: „Ich weiß einen besseren Dienst für dich: bei

Draken in Hagenborn. Sechzehn Taler Lohn bekommst du, sechs Mal Linnen und ein Stück Flachs gesäet." Luise war's zufrieden. Nach acht Tagen erhielt sie durch Malchen, die zuweilen Dienstbotenstellen vermittelte und damit ihres Gatten musikalischen Verdienst etwas aufbesserte, einen Taler Weinkauf.[1] So war der Umzug für Ostern nächsten Jahres beschlossen.

Der Winter, den Luise noch in Altenfelde verleben mußte, war sehr streng und andauernd. Auch das Vieh in den Ställen mit schlechtverwahrten Fenstern und dünnen Wänden litt unter der grimmigen Kälte. In der Zeit um Neujahr fror den Kühen das Futter in der Krippe. Unermüdlich taute Luise es mit warmem Kleienwasser wieder auf, aber immer hielt die Wärme nicht genug vor. Einmal traf Hildebrand sie weinend vor den Krippen stehend an. „Was gibt es, Mädchen?" Nun klagte sie ihr Leid. Er kraute sich ratlos hinter den Ohren. Dann zog er ein Fünfsilbergroschenstück aus der Westentasche, reichte es ihr und sagte: „Da, Mädchen, fasse noch einmal fröhlichen Mut!" Das tat sie freilich von selbst bald wieder; langes Klagen und Verzagtsein war nicht ihre Art.

1 Gebühr beim Abschluß eines Dienstvertrages

Hagenborn

Auf der Wiese neben der Bossenke blühten wieder gelbe Dotterblumen und Himmelsschlüssel, am Wasser tummelte sich ein Volk junger Gösseln[1], als Luise von Altenfelde hinweg den Weg zum Hagen hinaufstieg. Noch einen Blick warf sie auf den verlassenen Hof zurück. Dort im Garten der Leibzucht stand noch Elfriede Arning vor einem Rosenstrauche, der eben Knospen trieb, den Kopf gesenkt, regungslos. „Tue dein Werk, dort wie hier!" hatte sie ihr beim Abschiede gesagt, weiter nichts. Hoffnungsfroh schritt Luise den Weg weiter. Warmer Sonnenschein lag am Bergeshange. Im trockenen Laube am Waldesboden knisterte es, überall brachen die sprießenden Keime der Frühlingsblumen durch die schützende braune Decke. Nebenan in den Schluchten rieselten die Bäche zu Tale.

Von Edlers Hause rief Malchen der Freundin entgegen: „Komm herein, Mädchen, trink erst noch'n Köppchen Kaffee; nachher gehe ich mit dir hinunter. Wilhelm hat die Nacht auf Gröppels Hofe gespielt und schläft noch." Während Luise den Kaffee trank und ein Stück Kuchen dazu genoß, den der Musiker seiner Frau mitgebracht hatte, und nebenbei die sauberen Instrumente betrachtete, die noch auf dem Tische lagen, plauderte Malchen von der Hochzeit des jungen Gröppel aus Hagenborn, der die älteste, etwas verwachsene Tochter von Kempers Hofe in Großenmolte geheiratet hatte. „Fünfhundert Taler hat der alte Kemper an Brautschatz zugelegt gegen das Versprechen, daß seine Tochter in der Uchte[2] nicht mit zu dreschen braucht." „Aber nein, und dafür heiratet der Mensch ein verwachsenes Weibsbild?" „Oh, so arg schlimm ist's wohl nicht. Sie soll im übrigen sehr koppelsent[3] sein. Auch getanzt hatte sie ja ganz zilide[4], wie Wilhelm sagt, und ein Mundwerk hätte sie für zwei."

1 Gänseküken
2 früher Morgen
3 korpulent, stattlich
4 solide, gut

Bald schritten die beiden den Höhenrücken entlang Hagenborn zu. Wieder lag das Dorf so friedlich und sonnig da wie vor einem Jahre. „Ob hier das Leben wohl wirklich so friedlich und heiter dahinfließt? Und was ich nun wohl hier erleben werden?“ Unter diesen Gedanken war Luise mit ihrer Freundin bis zu dem am höchsten gelegenen Hofe herabgestiegen. Der Acker ringsumher am Berge trug reichlich Steine, aber spärliche Saat. Ein Mann in langen Tuchgamaschen, die Füße stark nach außen gerichtet, schritt zwischen den Ackerstücken hin, indem er bei jedem Schritte die Knie weit einknickte. Er rauchte aus einer kurzen Pfeife und blies den Rauch mit wichtiger Miene vor sich her, indem er die Pfeife vor sich herumschwenkte, als ob er sich jemand heranwinken wollte, um Befehle auszuteilen. Vom Hofe her trieb eine Alte mit verwelktem Gesicht ein paar magere Kühe unter die Eichen vor dem Hofe.

„Der Faulpelz da oben“, dabei schwang sie zornig die Krücke gegen den Müßiggänger im Felde, „der wird mich noch auf meine alten Tage von Steinkämpers Hofe bringen. Nicht einmal um das hungrige Vieh kümmert er sich.“ Als ihr Enkel herankam, rief er im Tone überlegenen Besserwissens: „Daß ihr doch immer die Kühe auf dem elenden Fleck da fett machen wollt! Laßt sie doch im Stalle!“ „Daß sie verhungern, wie wir es alle noch tun werden deinetwegen, du nichtsnutziges Faultier. So ’n Bummler“, fuhr sie fort mit einem Seitenblick auf die beiden Frauen, „hat sein Lebtag nichts Rechtschaffenes gearbeitet auf Steinkämpers Hofe und will doch immer klugreden und kommandieren. Seine Mutter ist tot, sein Vater ein kranker und schwacher Mann, und er stolziert da, anstatt zu arbeiten, in den Feldern herum, als ob er ’n Baron wäre.“ „Warum glaubtet ihr mir nicht, als ich euch den Rat gab, diesen wertlosen Steinanger hier zu verkaufen?“ „Halt dein Maul, du schamlose Kreatur!“ fuhr die Alte wütend auf ihn los. „Der Hof wäre nicht wertlos, wenn du nicht solch ein elender Lotterjahn wärst. Als ich noch arbeiten konnte, hatte ich samt meinen Kindern hier Brot und Arbeit genug.“ „Arbeit, jawohl, aber Brot? Na!“ Er wandte sich verächtlich dem Gehölz zu, starke Rauchwolken vor sich hinpaffend. Die Alte schimpfte noch, als Luise mit Malchen längst die Dorfstraße hinabschritt. Zwischen Gartenhecken zog diese abwärts im friedlichen Verein mit einem Bächlein, das vom Hagen kam und bald der linken, bald der rechten Wagenspur folgte. Mit der Einfahrt in den nächsten

Hof bog es seitwärts und floß von nun an zwischen Wiesen und Bleichen zu Tale.

Aus diesem Seitenwege, vom zweiten Hofe her, bog eben ein älterer, breitschultriger Mann in die Dorfstraße ein. Auf seinem stark gekrümmten Rücken trug er einen vollgestopften Reisesack und eine in Stroh eingewickelte Sense; neben ihm ging eine um die Hälfte jüngere weibliche Person. „Das ist der schwarze Christian", flüsterte Malchen ihrer Freundin zu. Sie kannte den Alten und seine Vorliebe für derbe Späße. Deshalb sagte sie schon von weitem: „Guten Morgen, Christian! Soll's wieder auf die Reise nach Holland gehen zum Torfgraben und Mähen? Daß ihr das immer noch aushaltet in euren Jahren!" „Oho, und ob!" gröhlte der Angeredete und reckte seine mächtigen Glieder. „Solltest mal sehen, wie mein Sulinger[1] hier" – er tippte auf seine Sense – „noch beißen kann; ganz barbarschen[2], da sage ich dir gut für!"

„Ja, ich glaubs gern", erwiderte Malchen, „einen so rüstigen Alten, wie ihr seid, gibt es auch selten." „Solange die Kaue[3] hält, tut's auch die Maue[4], sagt Königs Riekchen, und da hat sie Recht an. Was meinst du wohl? Ein Schwein von drittehalb Zentnern haben wir beide, Minchen und ich, verzehrt bis auf das bißchen hier im Sacke, und eine Ziege noch dazu. Dann habe ich noch sechs Wochen bei Dietrich König Futter geschnitten und mich erst noch recht herausfuttern lassen. Riekchen König versteht das, ich sage dir gut dafür, ganz barbarschen. Aber wen hast du denn da bei dir?" „Das ist Draken neues Mädchen, Luise Bergmann." „So, so. Die glüht ja vor Gesundheit, die kann's Arbeiten aushalten. Daran fehlt es nämlich hier in Hagenborn nicht, Mädchen, da kann ich dir dreiste gut für sagen." „Dazu bin ich doch auch hergekommen", sagte Luise. „Ja, ja, nur für mich ist nicht genug da; ich muß nun zum vierzigsten Male in die Fremde gehen." „Ihr meint", warf Malchen ein, „mit dem bißchen, was es hier zu mähen gibt", – sie zeigte über die Hagenborner Felder –

1 Solinger
2 sehr tüchtig
3 Mundwerk
4 Muskelkraft

„würdet ihr in vierzehn Tagen allein fertig sein." „Hm, da magste wohl recht mit haben. Aber ich muß machen, daß ich mit meinem Pucken[1] über den Berg komme. Adieu, Mädchen, bleibt munter!" Er reichte beiden die Hand und gab seinem Sack einen Ruck. Dann stapfte er mit seiner Tochter, die sich mit einem Schürzenzipfel die Augen wischte, die Straße hinauf. Oben blieb er stehen, stieß ein langgezogenes „Jiuh — hu — hu — huuh!" aus und verschwand in der Heide.

„Hier muß ich seitwärts gehen", sagte Malchen vor dem dritten, sehr sauber aussehenden Hofe; „habe bei Brinkens zu tun. Der nächste Hof ist Draken. Hoffentlich gefällt es Dir da. Adieu Luise, kannst auch zuweilen mal bei mir vissentieren[2]."

Ein wenig zögernd schritt Luise durch das bezeichnete Hoftor. Das rechte Haus lag wie die meisten Häuser in Hagenborn etwas abseits von der Dorfstraße in der Niederung. Auf dem Dache drehte sich eine uralte Wetterfahne mit einem springenden Pferde von Zeit zu Zeit kreischend in den Angeln. Bei der Biegung um das Viehhaus stand Luise plötzlich wieder dem Manne mit breitem Hute in langen Stiefeln gegenüber, der ihr vor einem Jahre im Walde begegnet war. „Ist dies Draken Hof?" fragte sie. „Yes, go in!" Eben trat der Hofbesitzer aus der unteren Tür, und Luise erkannte in ihm einen Bruder des Fremden. Sie nannte ihren Namen und reichte ihm die Hand. Er sagte kurz: „Geh hinein, Mutter ist in der Stube." Der erste Eindruck, den Luise vom Hauswesen hatte, war kein besonders günstiger. Unwillkürlich scheuchte sie ein Huhn aus der Stube, das eben die Brotreste unter dem Tische aufpickte, und schloß den Milchschrank zu, den eine Katze gerade untersuchen wollte. Ein Gemisch aller möglichen Gerüche, nach Brot, Butter und saurer Milch etwa, zog durch die Stube. Alles das störte zwei Jungen nicht, die sich auf einer Bank hinter dem Ofen herumräkelten und jetzt von der Mutter je eine derbe Schnitte Wurst mit Brotrinde erhielten. Auch Luise sollte erst frühstücken, lehnte aber ab und war froh, als sie in den Keller gehen durfte, um Saatgemüse heraufzuholen und zu pflanzen. Der älteste der beiden Knaben gesellte sich zu ihr und

1 Bündel
2 visitieren, besuchen

erzählte, daß sein Oheim in Kalifornien gewesen sei und furchtbar viel Gold gefunden habe, „so 'n Sack voll! Er kann auch englisch sprechen, ich verstehe aber alles", setzte der Junge selbstbewußt hinzu.

Beim Mittagessen war der Goldgräber mit allem unzufrieden. Die Graupensuppe war ihm zu wässrig, Tisch und Geschirr nicht sauber genug. Er brummte, er wolle bald wieder nach „drüben" und freue sich darauf, mal wieder ein ordentliches „Böffstück unter die Rippen" zu bekommen. Im übrigen fanden er und sein Bruder sich in einer Leidenschaft zusammen. Beide waren ohne Jagdberechtigung stundenlang, ja ganze Nächte hindurch auf dem Anstande sowohl im Hagenborner Walde als besonders auch in dem angrenzenden Leutmannshofer Revier[1]. Ihr Vater hatte eben diese Leidenschaft mit dem Leben büßen müssen. In einer kalten Winternacht waren ihm auf dem Anstande im Schnee beide Füße erfroren, die Beine waren brandig geworden, und nach entsetzlichen Schmerzen war er gestorben. Ihr Schwager Ridder, der Besitzer des weiter unten liegenden kleinen Hofes Nr. 5, ein ruhiger und durchaus redlicher Mann, litt oft sehr unter dem rauhen Wesen seiner Schwäger und seiner Frau, wußte auch um ihre verbotenen Wege, vermochte aber gegen ihre schlimme Neigung nichts auszurichten.

Im folgenden Sommer lernte Luise auch andere Mädchen aus Hagenborn kennen. Mit ihnen saß sie dann wohl abends ein Weilchen vor der Haustür oder im Baumhofe und sang mit ihnen das eine oder das andere jener schlichten und doch so ergreifenden Lieder, die sich seit undenklichen Zeiten von Mund zu Mund vererbt haben und von denen Luise eine erstaunliche Menge im Gedächtnis hatte. „Es stand eine Linde im tiefen Tal" oder „Es leuchten drei Sterne am Himmel", „Ich stand auf hohem Berge" und andere Weisen erklangen dann durch die Abendstille. Junge Burschen von den Nachbarhöfen gesellten sich, die Pfeife rauchend, häufig zu ihnen, mitunter auch der Kalifornier, der von seinen Erlebnissen „drüben" erzählte. Er war gegen das Jahr 1850 mit mehreren anderen dorthin gezogen, um schneller reich zu werden, als das in der Heimat möglich war. Einer seiner Reisegenossen, der kleine Christoph Hempeter, war kaum drü-

1 Lüdershofer Bereich

ben gelandet, als er sich wieder nach der Heimat einschiffte, man wußte nicht, ob aus Angst vor dem fernen Kalifornien oder aus Sehnsucht nach Meiers Lottchen, die ihn um mehr als Kopfesgröße überragte und mit der er sich bald darauf verheiratete. Ein anderer seiner Gefährten war in dem Goldlande erstochen worden, die übrigen waren verschollen. Auch er hatte anfangs kein Glück gehabt. Sein Geld war bis auf den letzten Pfennig ausgegeben. Schon hatte er seine Habseligkeiten für die Rückreise eingepackt; nur einen letzten Versuch wollte er noch machen. Er grub auf dem von ihm erworbenen „Klähm" an einer noch unversuchten Stelle, grub tief und immer tiefer – und traf auf eine Goldader. Eine Gesellschaft Neu-Yorker Kapitalisten kaufte ihm seinen „Klähm" ab, und er kam mit 20.000 Dollar in die Heimat zurück.

Im Herbst kehrte der schwarze Christian mit einer Anzahl jüngerer und älterer Männer ins Dorf zurück, alle aus „Holland", wenn auch viele in Ostfriesland, an der Unterelbe oder in Sachsen gearbeitet hatten. Viele kamen in Gesellschaft ihrer Frauen zurück, die ihnen bis L. entgegengegangen waren und ihnen die stark erleichterten „Pucken" trugen. Das größte Wort unter ihnen hatte ein Kleiner, der seinen Kopf vergebens höher recken wollte, als er war, und zu seinem größten Verdrusse von allen „Klein Stöffken" genannt wurde. Das war Christoph Hempeter, der verunglückte Amerikafahrer. Als er des Kaliforniers ansichtig wurde, rief er ihm entgegen: „Wie bin ich dumm gewesen! Ich hätt's ebenso haben können wir du, und nun habe ich nichts!" „Hast doch 'ne große Frau!" erwiderte der andere, den die Vertraulichkeit des anderen verdroß, und wandte sich ab.

Einer der Zurückgekommenen, der Sohn einer Witwe, die auf Ridders Hofe im „Häuschen" wohnte, kam nach Draken als Winterknecht. Er wurde als grundehrlicher, treuer Arbeiter gerühmt, nur der Goldgräber mochte ihn nicht leiden. „So 'n Träumer!" sagte er verächtlich. Als im Winter die Hagenborner, deren Waldbestand meist nicht groß war, Holz von der Höhe, einem herrschaftlichen Forst mit steilen Abhängen, herabholten, mußte auch der neue Winterknecht eine solche Fuhre besorgen. Eben leitete er ganz allein das schwere Fuhrwerk den gefährlichen Weg langsam zu Tale, da brach die Bremsvorrichtung. Vergebens suchte er nun, die Hinterpferde am Zügel zurückhaltend, den Wagen zu hemmen. Schneller und schneller rollte dieser abwärts. Die Gefahr war um so größer, da der Weg an einem großen Steinbruch vorbeiführte. Der junge Mensch warf sich vor den Hinterpferden quer über die Deichsel, hielt mit der rechten die Hinter-, mit der linken die Vorderpferde und rief in heißer Angst: „Herr Gott, hilf mir!" Und mit einem Male – hatte er am Zügel gezogen oder wie kam's? – bogen die Vorderpferde nach links – der Wagen lief in einen Bock und blieb stehen. Mit einem brünstigen Dankgebet sank der junge Mensch auf die Knie; dann spannte er die Pferde ab und ging mit ihnen vorerst ohne Holz nach Hause. Als er daheim über den Hergang berichtet hatte, sagte der Hofbesitzer: „Woran dachtest du denn, Wilhelm, in den Augenblicken, wo du zwischen Leben und Tod hingest?" „An euer prächtiges Viergespann!" war die Antwort.

Da flog sogar über das kalte Gesicht des Amerikaners ein Schimmer von Anerkennung, der Hofbesitzer aber reichte ihm ein Guldenstück. Luise aber gefiel der zuverlässige und bescheidene Mensch seitdem noch mehr.

In der Nähe der Waldmühle befand sich der „düstere Grund", ein alter, längst verlassener Stein- oder Mergelbruch, dessen Wände sich zu einem tiefen Kessel hinabzogen und mit dichten Tannen bewachsen waren. An der einen Seite öffnete sich der Kessel, und hier zogen sich die Bossenkewiesen hinab. Zur Zeit der Franzosenherrschaft hatten die Hagenborner hier ihr bestes Vieh vor den Feinden versteckt gehalten. Auf dem Fahrwege, der vor dem Grund vorüber führte, wechselte häufig das Wild aus dem Leutmannshofer Forst in den Hagenborner hinüber. Hier befand sich eines Morgens früh der Kalifornier auf dem Anstande. Stundenlang hatte er unverdrossen gewartet. Endlich, beim ersten Morgengrauen, trat auf der anderen Seite der Lichtung ein stattlicher Rehbock hervor. Triumphierend blitzte das Auge des Wilderers; eine Zeitlang weidete er sich am Anblick des schönen Tieres. Dann hob er die Büchse, zielte – da knackte drüben etwas am Bergeshange, ein Jagdhund brach durch das Dickicht. Blitzschnell verschwand das Wild rückwarts im Walde. Der Zielende stieß einen leisen Fluch aus, der Schuß krachte, und der Hund wälzte sich winselnd am Boden. „Halt!" donnerte die Stimme des Jägers, der hinter seinem Hunde hervorsprang. Ein Knacken des Hahnes, ein dünner Knall wie von einem geplatzten Zündhütchen antwortete ihm von der Gegenseite. Da riß der Forstmann sein Gewehr an die Backe, der Schuß widerhallte im Grunde, die Wände warfen den Schall hinaus ins Wiesental, wo er als langgezogenes

Echo allmählich verhallte. Drüben stürmte ein Mann im Tannendickicht bergan. Schmerz und Zorn im Auge, beugte sich der Waidmann über seinen verendenden Hund; dann schritt er dem Wilderer nach, die Richtung auf Hagenborn einschlagend. Eine Pelzmütze, die im Gebüsch hing und von mehreren Rehposten[1] durchlöchert war, nahm er an sich.

Bei Draken saß man eben in der Wohnstube beim Morgenimbt, als der Förster Rodemeier ernst blickend hereintrat. „Da ist mir eben mein Hund totgeschossen worden, und wenn der zweite Schuß aus derselben Büchse nicht versagt hätte, dann stände ich wohl auch nicht mehr hier. Der Schütze verlor diese Kopfbedeckung; kennst du sie, Nachbar?" „Gehört mir nicht", erwiderte der Hofbesitzer. „Ich muß deinen Bruder fragen. Wo ist er?" „Im Bette, wo denn sonst? Der braucht nicht mehr zu dreschen." Beide Männer traten in die Kammer. „Anton!" „Wer will was von mir?" murrte der Goldgräber, scheinbar eben aus festem Schlafe erwachend, das Deckbett bis an das Kinn heraufgezogen. „Anton, kennst du diese Mütze?" „Wir drüben tragen keine Mützen", brummte der Gefragte, die Augen gegen seinen breitrandigen Hut wendend, der an der Wand hing. „Dann muß ich sie mit aufs Gericht nehmen", schloß der Forstmann. Vor dem Amtsgericht in Blumenstein erhob er Klage gegen den Goldgräber. Beim Verhör spielte die Mütze eine bedeutende Rolle. Wer von den Zeugen kannte sie? Verschiedene Aussagen waren schwer belastend. Ridder, der Schwager des Angeklagten, der sehr bekümmert dreinschaute, mußte zugeben, seinen Schwager mit einer solchen Mütze gesehen zu haben. Nun stand es schlimm. Da aber trat Frau Ridder vor die Schranken. Ihre Aussagen waren nicht nur sehr entlastend für den Bruder, sie wußte auch die Bekundungen ihres Mannes, von dem sie mit nicht allzu großer Achtung sprach, völlig zu entkräften, und der Kalifornier wurde freigesprochen. Kam einmal nach Jahren das Gespräch in Hagenborn auf diese Angelegenheit und warf jemand die Frage auf, warum damals wohl nichts ans Licht gekommen sei, dann wandten sich gewöhnlich die Köpfe gegen Ridders Haus. „O, die da", hieß es, „die verspricht sich nie." Der Kalifornier reiste bald nach seiner Frei-

1 Munition für Bockjagd

sprechung wieder ab. Ein Pferd trug ihm sein Gepäck zum Bahnhofe in H. – alles Geld, meinten die Hagenborner.

Ehe der junge Wellmann, der Winterknecht, im nächsten Frühjahr wieder nach Holland ging, verheiratete er sich mit Luise Bergmann, die nun zu der Mutter ihres Mannes ins „Häuschen" zog.

Des Weibes Los

Schon wiederholt haben die Höhen des Hagen und der Egge ein grünes Kleid um sich gewoben, das sie dann, nachdem es braun und dürr geworden, zu Boden warfen. Mehrmals schon hat der alte, mächtige Apfelbaum am Brinke vor dem Häuschen geblüht und Früchte getragen. Luise, oder wie sie von den Nachbarn meist genannt wird, das Wieschen im Häuschen, wohnt seit dem Tode ihrer Schwiegermutter allein. Diese hat ihr das Leben wahrlich nicht leicht gemacht; besonders während ihrer letzten, anhaltenden Krankheit war es kaum zum Aushalten mit ihrer Verdrießlichkeit und ihren vielen Wünschen. Ihres Mannes Verdienst war mehrere Sommer hintereinander sehr knapp ausgefallen und reichte nicht einmal hin, um die Ausgaben des Jahres zu decken, und Luise mußte durch Spinnen das Fehlende beschaffen. Wie groß war aber ihr Schrecken, als eines Tages ein Jude aus Blumenstein ins Haus trat und verlangte, daß sie nun endlich die alte Schuld von vierzig Talern bezahle, für die ihr Mann und ihre verstorbene Schwiegermutter Zeug geholt hätten. Luise wußte nichts von einer solchen Schuld, die höher war als der ganze Jahresverdienst ihres Mannes. Sie wolle ihren Gatten darum fragen, sagte sie dumpf. Mit feindseliger Miene entfernte sich der Jude. Als ihr Mann im Herbst zurückkam, fragte sie ihn nach der Schuld. Sie erhielt die Antwort, es sei Zeug geholt worden beim Juden, das könne aber unmöglich so viel gewesen sein; außerdem habe er schon wiederholt etwas abbezahlt. Bestimmtes über den Rest der Schuld vermöchte er aber nicht anzugeben. Der Jude kam wieder und mahnte, konnte aber wieder nur einen Teil der geforderten Summe erhalten. Und doch war für Luise nichts drückender und gab es in ihren Augen nichts Beschämenderes als das Bewußtsein, Schulden zu haben. In der Folge bekam sie immer schon Herzklopfen, wenn sie den Juden durch das Dorf gehen sah.

Ihr Trost und ihre Freude waren ihre beiden Kinder, der fünfjährige Fritz und das zweijährige Luischen. Saß sie des Morgens früh mit den beiden beim Frühstück, der Sonnenschein fiel durch die kleinen Fensterscheiben ins Zimmer, im Gebüsch am Abhange jenseits der Wiese flötete die Drossel und schmetterte der Fink seinen Schlag, dann war sie so froh wie in ihrer frühesten Jugend, als ihre Mutter noch lebte. Waren die anderen fertig mit Essen und Trinken und blieb von der Milch der einzigen Ziege noch etwas im Topfe, dann fragte Klein-Luischen wohl: „Mutter, du mache mehr nich?" Lächelnd sagte die Mutter: „Nein." „Dann iche alle eindieße!" jubelte die Kleine, hob den Milchtopf mit beiden Händchen und goß die süße Milch in ihren Becher, den sie unter vielfachen Ausrufen des Behagens austrank. Luise konnte nun ganz unbesorgt ihrer Arbeit nachgehen – sie arbeitete, um etwas Geld in die Hand zu bekommen, im Sommer oft gegen Tagelohn auf den Bauernhöfen –, der Knabe wachte mit rührender Treue über seinem Schwesterchen. Kam sie abends zurück, dann warteten die beiden gewöhnlich schon an der Hofpforte. „Mutter, liebe Mutter!" jauchzte die Kleine und lief ihr so eilig entgegen, daß Luise sie kaum vor dem Fallen noch auffangen konnte.

Eines Morgens ging Luise zu ihrem früheren Dienstherrn Drake auf Arbeit. Sie beunruhigte sich nicht sonderlich, daß Luischens Gesicht stark gerötet war. Das Kind nickte ihr, noch halb im Schlaf, lächelnd zu und wandte sich zur Seite, um weiterzuschlafen. Als Luise mittags zurückkam, saß die Kleine zusammengesunken auf der Türschwelle. Sie erhob sich, der Mutter entgegen, sank ihr in die Arme und brach in trauriges Weinen aus. Luise nahm das Kind erschreckt auf den Arm und fragte: „Was fehlt dir, mein Herzchen?" „Mir tuts hier so weh", sagte die Kleine und zeigte nach dem Hälschen. Luise trug sie ins Stübchen, nahm sie auf den Schoß und strich ihr liebevoll das Köpfchen, das alsbald schläfrig seitwärts und vornüber sank. „Großer Gott", dachte Luise, „was wird das?" Sie bettete ihr krankes Kind sorgsam in der Wiege. „Mutter hier beiben!" schluchzte es traurig, dann entschlummerte es für einen Augenblick. Mit bebenden Knien machte sie einen Tee, das Kind wollte ihn nicht trinken. Luise bat schüchtern Frau Ridder um ein Stück Zucker. Nachdem das Kind den süßen Tee genommen hatte, versank es in Schlaf.

„Nun wird's besser, nicht wahr Mutter?" fragte Fritzchen, der alle die Zeit über still in einer Ecke gesessen hatte. „Nun kochst du uns was zu essen, ja?" Da erst fiel es Luise ein, daß längst 3 Uhr nachmittags war und der arme Junge noch nichts zu essen bekommen hatte. Eilig kochte sie ein paar Kartoffeln, briet Speck darüber und brachte sie ihrem Knaben, der sich daran erlabte. Das kranke Kind erwachte; es schwitzte, aber das Fieber ließ nicht nach. Gegen Abend wurde seine Angst immer größer. Von Zeit zu Zeit erfolgte ein sonderbarer, heiserer Husten, den Luise nie gehört hatte und der sie sehr erschreckte. Die ganze Nacht verbrachte sie schlaflos am Bett ihres Kindes. Immer wieder fuhr es aus dem unruhigen Halbschlummer empor und griff angstvoll nach seinem Halse, welchen die Mutter in Ermanglung alles anderen mit einem Kamillenkissen umwunden hatte. Dann trug sie es eine Zeitlang in der kleinen Stube auf und ab und versuchte, es durch leises Singen einzuschläfern. Die Knie wollten ihr brechen vor Erschöpfung – sie hatte seit dem Morgen nichts mehr genossen – und vor Angst. Als der Tag graute, wurde die Kleine ruhiger. Luise sank neben der Wiege auf die Knie und betete in heißem Flehen um ihres Kindes Leben. Den Kopf auf den Wiegenrand gelegt, sank sie in den Schlaf der Erschöpfung. Ein Röcheln aus der Wiege schreckte sie auf. Es war heller Tag geworden. Klein-Luischen saß mit hochgerötetem Gesichtchen im Bette, die Augen in hilfloser Angst auf die Mutter gerichtet. Der heisere Husten kehrte nach immer kürzeren Pausen wieder. Auf den Knien lag Luise vor ihrem todkranken Kind und suchte es mit den rührendsten und zärtlichsten Kosenamen, wie sie nur Mutterliebe erfindet, zu beruhigen und zu trösten. Blaß, tiefe Angst im Blicke, kam endlich Fritzchen aus der Kammer, setzte sich bei dem traurigen Anblick in die Ecke und fing an, bitterlich zu weinen. In einer Pause stand Luise auf und machte ihm Kaffee. Nein, keinen Kaffee – Runkelrüben, in Würfel geschnitten, geröstet, gemahlen und abgebrüht, das war der Morgentrank; auch Luise selbst genoß einige Bissen Brot, die sie in dem süßlichen Getränk aufweichte.

Warm und hell schien die Frühlingssonne in die Stube. Draußen jubilierten die Vögel, in ihren Gesang mischte sich der Klang der Glocken von Gehren und Klingen; es war Sonntag. Nach der Kirche sah eine Nachbarsfrau, Mutter Berger, durchs Fenster und gab Luise den Rat, nach Gehren zu gehen, wo Doktor Kirchner aus Br. heute Sprechtag abhalte; sie wolle unterdes nach dem Kinde sehen. Beflügelten Fußes eilte Luise hin. Nachmittags kam der Arzt und untersuchte die kleine Kranke. Und der tüchtige Arzt, der immer verdrießlich wurde, wenn er zu spät kam, wo er so gerne geholfen hätte, stieß ärgerlich hervor: „Das Kind ist ja schon im Absterben! Machen Sie ihm 'mal erst 'nen starken Kaffee, daß die Lebensgeister wieder geweckt werden."

Bei diesen harten Worten war es der armen Luise, als ob Sonnenschein, Blütenpracht und Vogelsang in Nacht und Schweigen versänke. „Was fehlt ihm denn?" fragte sie mit erstickter Stimme. „Diphteritis. Wissen Sie, was das ist?" Noch nie hatte Luise von diesem schrecklichen Würgengel gehört, der in jener Zeit zum ersten Male die Menschheit heimsuchte und seitdem alljährlich so viele Tausende zarter Menschenknospen zerstört hat.

Hätte der Arzt, der unter rauher Schale den edlen Kern reinster Menschenliebe verbarg, geahnt, daß seine geringe Forderung der gequälten Frau ihre letzten Groschen nahm, er hätte sie ihr sicherlich erlassen, wie er das oft tat. So wußte er es nicht, ahnte auch nicht, daß Luise nicht eine einzige Kaffeebohne im Hause hatte, um ihr sterbendes Kind zu beleben. Aus dem Nachbarhause lieh sie sich ein Viertel Lot gebrannten Kaffee, brachte aber von dem Getränk dem Kind nur wenige Tropfen über die Lippen. Dann saß sie wieder neben ihm, hilflos und unfähig zu helfen, ratlos — allein. Ihr Mann war in der Fremde, ihr Knabe saß einsam draußen im Sonnenschein. Drüben am Brinke in Draken Baumhofe spielte und lärmte eine Schar Kinder, schwatzten und lachten die Kötterfrauen aus Draken „altem Hause" und wohl noch mehrere andere. Aus allem hörte man die alte „Ambrügge" heraus; die rühmte sich ihrer einstigen Schönheit und wurde dafür von den anderen geneckt. „Und ich sage euch so gewisse gut dafür, ich war die schmalste in der ganzen Wiedenbach'schen Kirche!" schrie die Gefoppte jetzt. Ein unbändiges Gelächter antwortete ihr. Dann wieder hörte man den Gesang der Reigen spielenden Kinder. Alles freute sich, fühlte in der Frühlingsluft neues Leben. Und sie sollte ihr Kind, ihr allezeit fröhliches verlieren! Sie griff sich an die Kehle; sie hatte das Gefühl, ihr Herz steige ihr aus der Brust qualvoll empor bis dahin. Willenlos tat sie nach den Anordnungen des Arztes bis in die Nacht. Immer schläfriger wurde das Kind, immer kühler die kleine Hand, immer schwächer der Druck, womit es die der Mutter umfaßt hielt. „Gott, mein Gott", schrie es in ihrer Seele auf, „ich kann das Kind ja nicht missen, ich kanns nicht!" Da — noch ein paar krampfhafte Zuckungen — dann wurde der kleine Körper still. Luise nahm ihr totes Kind in die Arme, unendlich sanft, und trug es in die Kammer. Dann schob sie den Riegel vor die Haustür, legte sich auch ins Bett und starrte zur Decke empor, regungslos, lange. Endlich bewegte sich ihr Knabe neben ihr und sagte im Traume: „Mutter, nun nicht mehr weinen!“ Da erst löste sich der starre Schmerz in Tränen; sie weinte, bis ihr der Schlaf vollständiger Erschöpfung die Augen schloß.

Beim Erwachen gebrauchte sie einige Zeit, um sich zu besinnen. Da lag ihr totes Herzblatt neben ihr mit einem Engelsangesicht voll unbeschreiblichen Friedens. Und ein wunderbarer Friede zog bei diesem Anblick auch in ihre Seele. Sie setzte sich neben ihr Kind und betete. Ja, danken konnte sie für das wonnige Glück, welches ihr der Herr in diesem Kinde gegeben hatte. Nun erhob sie sich und sorgte für ihr Vieh, dann für ihren erwachenden Knaben, der sein entschlummertes Schwesterlein in ehrfürchtiger Scheu immer wieder betrachtete, und bedachte alles, was eine so traurige Lage erfordert. Sie schrieb ihrem Mann, der aber zum Begräbnis seines Kindes nicht kommen konnte, der weiten Reise wegen. So hatte sie jeden Weg allein zu gehen, jeden Schritt selbst zu tun, bis ihr Kindchen in kühler Erde gebettet lag. Und dann war sie mit ihrem Knaben allein. Dieser, wenn er die Mutter traurig sah, drückte sich wohl an sie und bat: „Mutter, nun nicht mehr weinen!“ Dabei aber wandte er das Gesicht ab und weinte selber leise seine heißesten Tränen.

Der Sommer brachte harte Arbeit im Dorfe, und Luise mußte von früh bis spät in erster Reihe stehen, bald bei Draken, bald bei Gröppels. Im Herbst gab sie einem Knaben das Leben, der in der Taufe den Namen Wilhelm erhielt. Sein älterer Bruder freute sich unbeschreiblich, trotzdem der neue Ankömmling durchaus nicht liebenswürdig war, viel verwahrt sein wollte und entsetzlich schreien konnte, wenn er nicht seinen Willen bekam. Fritzchens Geduld kannte keine Grenzen, auch als der Kleine später kein größeres Vergnügen kannte, als seinem Bruder das Haar zu zausen. Erst als er mehr und mehr an Kopfschmerzen zu leiden begann, klagte er zuweilen über die Unart seines Bruders. Wenn die Mutter dann und wann vom Kirchgange beiden einen Stuten mitbrachte, so war der in Wilhelms Hand weg wie der Blitz, Fritz ab[er] gab seinem Bruder immer noch abbeißen; der aber biß so kräftig ab, daß für Fritz bald nichts mehr übrig blieb.

Einmal an einem eisigkalten Wintermorgen mußte Luise um 2 Uhr aufstehen und auf Gröppels Hofe in der Uchte dreschen helfen. Ihr Mann konnte nicht mit, weil er's im Kreuze hatte. Als Luise gegen sieben Uhr zurückkehrte, lag ihr Jüngster am Fußende auf dem Oberbett, blau und steif vor Kälte. Seine Stimme war nur noch eine heiseres Quieksen. „Was ist das?" fragte Luise bestürzt. „Oh, der hat so greulich gebrüllt", sagte der Vater, „daß ich ihn dorthin geworfen habe. Es war einfach nicht auszuhalten."

Anderthalb Jahre war Wilhelm alt, da bildete sich das Kopfleiden seines älteren Bruders zu einer ernsten Krankheit aus, so daß er dauernd zu Bett liegen mußte. „Mutter", sagte er nun wohl einmal, „wenn ich wieder gesund bin, dann soll mir Wilhelm doch ja nicht wieder das Haar reißen." Der alte Rat Kirchner, der wiederholt längere Zeit an seinem Bette saß, schüttelte immer ernster den Kopf. Wieder war es Sommer, der Mann auf Ziegelei in der Fremde, und Luise mußte häufig von ihrem kranken Knaben fort, sei's, daß sie Futter herantrug für ihr Vieh oder Feld und Garten bestellte, sei's, daß sie unter Angst und Sorge ein Tagewerk auf einem Bauernhofe verrichtete, um nur einen Groschen Geld für den Fall der Not in die Hand zu bekommen. Wenn sie dann heimkehrte, so schnitt ihr der Anblick ihres bleichen, abgezehrten Knaben in die Seele, und es machte ihr bitteren Schmerz, daß sie ihm zur Stärkung und Pflege nichts anderes bieten konnte als eine Tasse frische Ziegenmilch. Trat sie damit in die Kammer, dann zwang sie sich zu einem Lächeln und fragte, ob ihm auch die Zeit nicht lang geworden sei. Wenn er dann so rührend geduldig antwortete: „Nein, Mutter, ich habe immer gebetet, wie wir's bei Herrn Lauber in der Schule gelernt haben", – er war kurze Zeit schon zur Schule in Klingen gegangen – "da hat es gar nicht lange gedauert!" – Dann quoll heiß und dringend das Gebet in ihrer Seele auf: „Oh Herr, laß mir doch wenigstens den Knaben!" Als aber sein Zustand immer qualvoller wurde, als wilde Phantasien ihn immer mehr ängsteten, seine Wehelaute immer schneidender in ihr Ohr drangen, da bat sie zuletzt doch: „Herr, mach ein Ende!" Die letzten Tage kam Luise kaum von seinem Bette weg. Endlich, in einer Nacht, wo die Unruhe besonders groß gewesen war, richtete sich das Kind unversehens im Bette auf, faltete die Hände und rief laut, wie seine Mutter von klein auf mit ihm gebetet hatte: „Lieber Gott, mach mich fromm, daß ich in den Himmel komm!" Dann versank er in Bewußtlosigkeit, aus der er unmerklich hinüberschlummerte. Luise drückte ihm die Augen zu. Dann legte sie sich neben ihm aufs Bett und glaubte, sie werde nicht wieder aufstehen; so an Leib und Seele zerbrochen fühlte sie sich. Allmählich verrann ihr das Bewußtsein. Sie träumte, sie sähe ihr totes Luischen am Rande der oberen, mit Blumen übersäten Wiese, wie sie es so oft gesehen hatte, einen Haufen Marienblumen, Schlüssel- und Osterblumen neben sich; vor ihr lag der Bruder, den Kopf in ihrem Schoße, und sie strich ihm leise, leise übers Haar, was er immer so gern gehabt hatte. Dann streute sie ihm Blumen über Kopf und Nacken, und er erhob das Gesicht, jetzt so froh und gesund, und dann gingen sie beide Hand in Hand den Wiesenrand entlang.

Ein kräftiges Zupfen am Arme weckte Luise. „Mutter, trinken!“ – Ihr drittes Kind saß aufrecht neben ihr im Bette, derbe Gesundheit im Gesicht. Da durchdrang wie ein leises Erwarmen ihre Seele das Gefühl, daß ihr noch nicht alles genommen sei. Sie erhob sich, warf noch einen Blick auf ihren toten Knaben, nahm den irdenen Topf und ging, ihre Ziege zu melken. „Bicke du dinken!“ lallte das Kind, nachdem es gesättigt war und tappte mit dem Rest der Milch über die unebenen Dielen in die Kammer zum toten Bruder. „Komm, Wilhelm, Fritzchen schläft“, wollte Luise sagen, aber es kam kein Ton über ihre Lippen. Wieder fühlte sie den quälenden Druck vor ihrem Halse. Sie nahm ihr lebendes Kind an sich, sank vor dem Bette des toten auf den kalten Lehmboden der Kammer nieder, legte die Stirn auf den Bettrand und überließ sich eine Weile ihrem namenlosen Schmerze, während der Kleine nach den Händen des Bruders griff und sich wunderte, daß die so kalt waren. Endlich erhob sich Luise, wusch ihren toten Knaben und kleidete ihn in sein Totenhemd. Hierauf säuberte sie Kammer und Stube, brachte den kleinen Wilhelm zur alten Frau Berger, die in einem Anbau neben Ridders Hause wohnte, verschloß das Haus und machte sich auf den Weg nach Klingen, um die Anmeldung für das Sterberegister auf der Pfarre zu besorgen. Ein schwerer Gang war das; fast wollten die Füße sie nicht mehr tragen. Einige Frauen in Kleinenmolte erkundigten sich mitleidig: „Nun, Wieschen, wie geht's deinem Jungen?“ „Gut“, sagte sie mit einer ihr selbst fremden Stimme und blickte starr vor sich auf den Weg. „Doch nicht tot?“ „Ja!“ Sie wandte ihr zuckendes Gesicht nach der anderen Seite. Wie aus weiter Ferne hörte sie hinter sich die Ausrufe der Teilnahme. Im Klingener Wege aufwärts steigend gelangte sie auf eine freie Ebene und schritt zwischen Kornfeldern dahin.

Zuletzt senkte sich der Weg nach Klingen hinab, und vor ihr lag das Dorf mit dem hohen Turme, der sie mahnend und tröstend zum Himmel wies. Nachdem sie die Anmeldung für das Kirchenbuch gemacht und das Geläut bestellt hatte, begab sie sich mit müden, schweren Schritten auf den Heimweg. Eben war sie draußen vor dem Dorfe, da begannen hoch droben im Turme die Glocken zu läuten. Wie oft hatte sie die gehört, und wie klangen die nun so ganz anders, wo sie mit ihrem ehernen Munde ihrem eigenen Kinde ein Totenlied anstimmten. Nun kam alles, was sie an Schmerz und Leid erfahren hatte, noch einmal mit solcher Gewalt über sie, daß sie am Wege niedersank und weinte, so bitterlich, so grenzenlos traurig wie noch nie in ihrem Leben. Und von oben rollten unaufhörlich und erhaben die Tonwellen über sie hinweg ins Land, und nun war's ihr doch auch wieder, als riefen die Glocken ihr zu, freundlich, tröstend: „Weine nur, weine, weine! Wir kennen deinen Schmerz, und wir fühlen ihn, und wir klagen mit dir um dein totes Kind, wir klagen, klagen, klagen! – Aber mußt nicht verzagen. Du bist nicht verlassen und allein. Wir verkünden deine Trauer, und alle, die uns hören, trauern mit dir und wollen dir helfen tragen, was dir allein zu schwer werden müßte." Und dann vernahm sie aus noch größerer Höhe eine andere Stimme: „Ich habe deine Tränen gesehen. Weine nicht mehr! Dein Sohn lebt!" Sie erhob sich und schritt nun gefaßt nach Hagenborn zurück ihrem Hause zu.

Zum Begräbnis kam Luisens Vater. Er brachte „Stuten" mit für die Trauergäste, denen im Trauerhause Kaffee gegeben wurde. Wilhelm lief mit seinem Stuten immer wieder an den Sarg heran und stammelte: „Bicke abbeißen!" Er begriff nicht, warum sein Bruder nicht teilhaben wollte an einem so auserlesenen Genuß, der wahrlich nicht oft geboten wurde. Und als alles vorüber war, da empfand Luise, daß sie doch nicht gänzlich vereinsamt war, denn nun gab Gott, der Herr, daß der kleine Wilhelm, der bis dahin nur sehr undeutlich gesprochen hatte, fast mit einem Male jedes Wort sagen konnte und den ganzen Tag plauderte. Als ihr Mann im Herbst von der Ziegelei nach Hause kam, war er überrascht von der Fixigkeit, mit welcher der Zweijährige sein Mundwerk handhabte. Aus dem nun folgenden Winter dämmern meine ersten Erinnerungen auf. Jener Zweijährige nämlich – war ich.

Meine ersten Erinnerungen

Der Dorfbewohner hat es jetzt in vielen Stücken bequemer als seine Vorfahren. Wenn er auf fester, ebener Chaussee seinen vollbeladenen Kornwagen zur Stadt fährt, so denkt er kaum noch daran, daß sein Großvater oder Urgroßvater zu derselben Reise allemal zwei Tage gebrauchte. Noch sieht man hier und da die alte verlassene Handelsstraße, die bald über steile Anhöhen, bald durch holprige Gründe führte. Der alte Hohlweg, der sich vor der letzten Anhöhe vor Erdenau hinaufzog, liegt jetzt unter Bäumen versteckt, teilweise von Gestrüpp überwuchert, völlig verlassen da. Noch glaubt man das Stampfen und Stöhnen der armen Gäule zu vernehmen, die, von lautem Halloh und unbarmherzigen Peitschenschlägen angetrieben, ihre schwere Last diese Anhöhe hinaufschleppen mußten, bis sie droben mit fliegenden Flanken und dampfenden Nüstern verschnaufen konnten. Im Wäldchen auf der Anhöhe steht noch ein alter, schon halb zerbröckelter Turm, der ehedem als Wartturm gedient haben soll, wenn den Bürgern von Erdenau Gefahr drohte.

Damals verlor der Fuhrmann im günstigsten Falle einige Stücke vom Wagen; im schlimmeren fiel ihm an irgendeiner besonders unebenen Stelle der Wagen um, oder er versank bis an die Achse im heimtückischen Rettlehm[1] und konnte nur durch zahlreiches Vorspann wieder flott gemacht werden. Als einmal bei Tauwetter ein Hagenborner den alten Rat Kirchner aus Blumenstein bat, nach seinem kranken Vater zu sehen, lehnte der Arzt rundweg ab. „Aber Großvater", rief sein Enkel verwundert, „warum willst du nicht mit dem Manne gehen?" „Ich würd's gern tun, mein Junge", war die Antwort, „wenn der Rettlehm nicht wäre."

Dazumal fuhr die Woche zweimal die Post von Hohenheim[2] über die Höhe nach P. Und immer war's eine geglückte Fahrt gewesen, wenn der

1 in Lippe gebräuchlich: Lettlehm – besonders zäher Lehm zwischen Muschelkalk-Schichten.
2 Detmold

alte Postknecht auf die Frage: „Na, Simon, wie war es diesmal?“ antworten konnte: „Oh, t’hat ganz got gahn, ’k hewwe man dreimol ümmesmetten.“

Noch in anderer Hinsicht haben es die Landleute jetzt viel bequemer. Früher mußte das Futter für die Pferde mit der Hand geschnitten werden. Schon wegen dieser ihm zustehenden Arbeit, zu der ein ansehnliches Maß an Körperkraft gehörte, genoß der Großknecht bei dem übrigen Gesinde ein gewisses Ansehen. Noch erinnere ich mich deutlich des taktmäßigen Geräusches, mit welchem Königs Großknecht, an der Schneidelade stehend, mit den Füßen die Schnellrute[1] hinabdrückte, mit der Linken das Stroh festhielt und mit der Rechten das schwere, an der Schnellrute befestigte Schneidmesser kraftvoll und doch wie spielend durch die Füllung gleiten ließ. Ich hatte das Geräusch von draußen in kindlicher Einfalt für ein urkräftiges Niesen des Mannes gehalten. Das Muster eines solchen muß Bussen Großknecht in Kleinmolte gewesen sein. Mutter Berger, die seinerzeit als Kleinmagd dort in Diensten gestanden hatte, erzählte, wie der eines Morgens in der Uchte sämtliches Stroh zu Häcksel geschnitten hatte, was sechs Mann ausgedroschen hatten. Und jedesmal, wenn die Drescher kaum eine Lage beendet hatten, stand er schon wieder in der Tür und wartete auf frischen Stoff. Das ging nimmermehr mit rechten Dingen zu, und noch in seinem Alter gingen wir Kinder scheu an ihm vorüber, weil man uns erzählt hatte, er stehe mit dem Bösen im Bunde und verstände die „schwarze Kunst“. – Jetzt wird überall das Futter mit der Maschine geschnitten.

Das Uchtedreschen galt noch in meiner Jugendzeit von Martini[2] bis Petri[3] als etwas Selbstverständliches. Da hatten die Einlieger fast täglich des Morgens gegen 1/2 3 Uhr – und unsere Dorfuhren gingen immer sehr viel früher als die Stadtuhren – im „rechten Hause“ zum Dreschen anzutreten. Am Abend vorher wurde der Dreschflegel nachgesehen und ausgebessert. Wenn dann meine Eltern morgens gegen 2 Uhr aufstanden, dann wurde auch ich aus tiefem Kinderschlafe geweckt. Wie aus dämmernder Ferne taucht die Erinnerung auf, wie ich, noch halb im Schlafe,

1 Teil der Schnittlade
2 11. November
3 22. Februar

angezogen wurde und ein Töpfchen Ziegenmilch mit eingebrockten Brotstücken zu mir nehmen mußte. Dann zogen wir gemeinsam mit Mutter Berger – Ambrügge aus Draken altem Hause ging nie mit; das Dreschen machte ihr Rückenschmerzen, behauptete sie – durch die kalte Winternacht nach Draken oder Gröppels Hofe. Der Vater trug mich, die Mutter die Dreschflegel auf dem Rücken. Da meine Mutter den Ruf hatte, leicht aufstehen zu können, so schliefen die anderen ruhig solange, bis sie durch kräftige Schläge gegen das Fenster von ihr geweckt wurden. Auf der großen Deel steckte mich die Mutter zwischen die zum Dreschen aufgeschichteten Schäuwe[1], und nun konnte ich weiterschlafen; so ganz leicht war das freilich nicht; meine Kleidung, aus alten Stücken hergerichtet, hielt nicht besonders warm, und die Dreschflegel klapperten mißtönig in meine Ohren. Nach einer Stunde wurde ich in das ausgedroschene Häcksel umgebettet und wühlte mich tief hinein. Endlich, wenn die fahle Helle des Wintermorgens hereindämmerte, war die Uchte zu Ende. Frau Gröppel hatte zwar nicht mitgedroschen, aber sie hatte das Wenden des Getreides besorgt und die Unterhaltung in den Pausen geführt. Das Stroh wurde nun in die Scheune hinübergetragen, das blanke Korn oben in die Ecke der Deel geschoben. Und nun wurde das „Imbt", Hafergrütze in Milch gekocht, eingenommen. Um acht Uhr kehrten wir nach Hause zurück. Als Lohn wurden Vater und Mutter je 2 1/2 Silbergroschen gutgeschrieben, die im Herbst beim Ackerlohn angerechnet wurden.

Als ich drei Jahre alt war, bekam ich ein Brüderchen. Und meine zweite Erinnerung aus frühester Kindheit stellt mir vor die Seele, wie an dem Sonntage, an dem mein Bruder getauft wurde und den Namen August erhielt, schon von früh an Festtagsstimmung bei uns herrschte und mehr Menschen wie gewöhnlich bei uns ein und aus gingen. Ich höre noch, wie Mutter Berger sagte: „Bald kommt August, paß mal auf!" Dann stehe ich in der Stube und knuppere mit ungewohntem Behagen an einem Kaffeebrote, das August mitgebracht haben soll. Da, hinter dem Ofen, liegt er in seinem Kissen auf der Bank und schläft. Ich beuge mich über ihn, auf den Zehen stehend, und sehe ein sanftes Kinderantlitz mit einem so gut-

1 Korngarben

mütigen Zuge um den Mund, daß es mir ordentlich ans Herz griff. Nun hatte ich wieder einen Bruder, das empfand ich mit inniger Freude. Er gedieh recht gut und benahm sich im Gegensatz zu mir sehr geduldig. Freilich, wenn er später, als er schon laufen konnte, oft lange Zeit still zufrieden auf einem Platze saß, dann prophezeite Frau Ridder nichts Gutes. Alle Anzeichen seien da für einen Wasserkopf; sein älterer Bruder habe ja auch das Kopfleiden gehabt; so etwas liege zu oft in der Art. Die Mutter war deshalb einigermaßen in Sorgen um den Kleinen und fragte den alten Rat Kirchner. Dieser als rechter Landarzt gab immer Verordnungen, die nicht so schwer zu befolgen waren: „Ach was! Gebt ihm nur recht viel Schinkenspeck, dann soll er schon flink werden." Das tat die Mutter, diese Kur bekam meinem Bruder prächtig, und wegen eines Wasserkopfes machte sich die Mutter keine Sorge mehr.

Im Sommer

Meine Mutter liebte den Winter nicht; besonders der Schnee war ihr zuwider. „Ich muß die Erde sehen können!" pflegte sie zu sagen. Das mochte freilich wohl noch seinen besonderen Grund haben. Je härter der Winter auftrat, desto schneller schmolz unser Haufen Brennholz zusammen, und die dünnen Wände am Häuschen hielten die Wärme nur dürftig. Sobald aber die Wiesen ober- und unterhalb unserer Hütte wieder aus Schnee und Eis hervortraten, wenn auch erst schmutzig und braun; wenn an dem lehmigen Bergeshange, der sich vom Hagen her hinter dem ganzen Dorfe hinabzog, der Schnee bis auf wenige Streifen hinter den Hecken und in den Vertiefungen, die sogenannten Heckegäuse[1], verschwunden war, dann sahen wir unsere Mutter wieder voller Lebens- und Schaffenslust.

Die letzten Wochen vor Ostern ging es bei uns recht unruhig her. Ein Ereignis ersten Ranges war es für uns Kinder, wenn der Schneider ins Haus kam. Seine Vornamen Johann Bernhard wurden von jedermann in Janbernd zusammengezogen, seinen Familiennamen wußten wir nicht. Schon sein Kommen und Gehen bot uns viel Stoff zu allerlei unterhaltenden Betrachtungen. Er ging mit weiten Schritten, und bei jedem Schritte gab er seinem Körper einen sonderbaren Ruck nach oben und vorn zugleich. Dabei hob er jedesmal beide Schultern und Ellenbogen, so daß es aussah, als ob er auffliegen wollte. Unsere Mutter nannte ihn deshalb auch nicht anders als „Fliegeberndt". Bei der Arbeit erzählte er viel und aufgeregt. Ich setzte mich dann am liebsten so, daß ich sein Gesicht von der Seite sehen konnte, und hatte ein ungeheures Vergnügen daran, wie sein Kinn mit dem vorstehenden Barte sich lebhaft zitternd auf und ab bewegte und die Augen, die immer etwas vorstanden, wie mir schien noch mehr hervortraten. Unterdes nähte er für meinen Vater leinene Hosen, Kittel und Gamaschen. Schuster Darholt aus Leutmannshof lieferte ein Paar derbe

1 Heckengänse = Schneereste

Schuhe. Was das Schweinchen hergegeben hatte, wurde bis auf eine halbe Speckseite, einen Schinken und ein paar Würste in einen Sack gestopft. Endlich, in einer Nacht kurz vor oder bald nach Ostern, wurden wir Kinder geweckt. „Nun Adieu, Wilhelm! Adieu, August!" Nur unvollkommen wach, wußten wir kaum, was dies zu bedeuten hatte, hörten noch, wie Vater und Mutter das Haus verließen und die Tür verschlossen, und schliefen weiter. Erst wenn der helle Morgen durch unser einziges kleines Kammerfenster schien, trat die Mutter mit tränenden Augen wieder zu uns herein und sagte: „Kinder, unser lieber Vater ist nun fort." Sie hatte ihm den schweren „Pucken" bis Erdenau getragen, wo er mit vielen anderen zusammentraf, mit denen er nun gemeinsam zu Fuß die Reise über das Münsterland nach Holland unternahm. Tagsüber sowie an den folgenden Tagen erzählte uns die Mutter, wo der Vater nach ihrer Schätzung wohl sein mochte. „Jetzt ist er in R., jetzt wohl schon in O. Jetzt geht er durch Papenburg, jetzt endlich kommt er nach Emden. Nun muß er über den Dollart fahren; das ist ein böses Wasser und hat schon viele Menschenleben verschlungen. Ja, es soll zu bestimmten Zeiten seine Opfer verlangen. Unserem Hauswirt Ridder hat sein Großvater erzählt, wie er einst mit vielen anderen über den Dollart gefahren war. Noch standen sie am jenseitigen Ufer, da hörten sie eine Stimme aus dem Wasser rufen:

'Längst ist die Stunde verflossen,
der Knabe ist noch nicht da!'

Im selben Augenblick stürzte mit furchtbarem Geschrei ein Kind aus einem der Häuser, die nicht fern vom Ufer standen, und verschwand in dem Wasser."

Erst wenn wir einen Brief vom Vater erhalten hatten, war die Mutter beruhigt und ging nun mit Eifer daran, unseren Garten umzugraben und Erbsen, Bohnen und Kartoffeln zu pflanzen. Ich aber erzählte den Nachbarn stolz, Vater sei jetzt in Holland. „Wo denn?" „Appingerdam in Groningerland." „Was will er denn da?" „'n Beutel voll Geld holen."

Neben unserem Garten in Gröppels Baumhofe sang ein Buchfink so hell und fröhlich, als wüßte er sich eins mit mir in Frühlingsfreude. Lange und oft lauschte ich seinem jubelnden Schlage, wie er da vor mir in dem noch kahlen Gezweige zutraulich saß. „Horch, Mutter: Zizzit, zizzit, zizzeringe, zweita!" übersetzte ich seinen Schlag. Du lieber Freund meiner

Kindheit, der du so viel beigetragen hast zu den bescheidenen Freuden meiner frühesten Erdentage, wo mögen deine zarten Gebeine in Moder und Staub zerfallen ruhen? In jedem Frühjahre, wenn deine jüngeren Brüder mitwirken in dem vielstimmigen Chor der Lüfte, muß ich deiner mit Wehmut gedenken!

War der Garten bestellt, dann wurden auf einem gemieteten Stück Feld Lein und Roggen gesät und Kartoffeln für den Winterbedarf gepflanzt. Daneben mußte unser kleiner Viehbestand, ein Schwein und zwei Ziegen, versorgt werden. Grasraine und Wegränder in den umliegenden Feldern wurden von der Mutter abgesucht. Auch wurde, um das teure gekaufte Brennholz zu schonen, fleißig trockenes Reisig im Hagenborner Holze gesammelt, und wir suchten eine Ehre darin, den aufgeschichteten Holzhaufen im Herbste dem Vater noch unberührt wieder zeigen zu können. Alle diese Arbeiten mußten meistens vor Tage geschehen, damit die Mutter hernach auf einem der Bauernhöfe einen Tagelohn verdienen konnte. So erwachten wir manchmal erst, wenn sie durch die knarrende Haustür trat und ihre Bürde, Grünfutter und Holz, dröhnend zur Erde fallen ließ. Nachdem sie mit dem trockenen Holze Feuer angemacht und Kaffeewasser darangestellt hatte, trat sie mit frohem Lächeln in die Kammer, in der Hand einen Strauß mit duftenden Walderdbeeren oder blauen Heidelbeeren. Nachdem wir gewaschen und angekleidet waren, wobei uns der Geruch der frischen Milch, die im irdenen Töpfchen am Feuer kochte, lieblich in die Nase stieg, tranken wir mit unserer Mutter in der Stube unseren Morgenkaffee mit „eingeglocktem“ Brote, das Mutter selbst gebacken.

Diese Stube, eine anstoßende Kammer mit Lehmfußboden, eine kleine Deel und ein darüberliegender Boden waren die Räumlichkeiten unseres Hauses. Ställe für Schwein und Ziege waren vorgebaut. Ein Ofen, der von der Deel her geheizt wurde, sprang bis in die Mitte der Stube vor und teilte diese in zwei Hälften. Ein kleiner Tisch, ein Stuhl, eine Bank hinter dem Ofen, eine solche hinter dem Tische, ein kleiner Schrank für das Eßgeschirr und eine Wanduhr – das war das Stubengerät. Der gedielte Fußboden war so uneben, daß mein Bruder, wenn er mit seinen etwas unsicheren Schritten durch die Stube tappte, an der höchsten Stelle regelmäßig hinfiel, weshalb sein Kopf beständig Flecke und Beulen von der Ofenkante aufwies. Auch die Türschwelle nach der Deel hinab zu überschreiten gelang ihm erst nach vielfältiger Übung. Auf der Deel stand neben der Wasserbank mit einem Eimer auch das Bükefaß[1], die „Stanne“[2], in welcher unsere Mutter die Wäsche „bükte“ und ihr mit Holzasche und heißem Wasser eine solche duftende Reinheit zu geben wußte, wie ich sie später nirgends wieder gefunden habe. Die Asche dafür – aus Buchenholz – nahm sie aus einem steinernen Aschebehälter, der neben dem Herde stand. Nicht weit davon lag der schwere Hauklotz mit der Barte[3], und ich erinnere mich, daß Mutter uns einmal in der Abenddämmerung dabei überraschte, wie wir mit der Barte ein tiefes Kerb in eine der Steinplatten hackten und uns über die herausspringenden Funken diebisch freuten. Endlich standen in einer Ecke noch Racke und Hechel[4]; das waren sehr wichtige Hausgeräte insofern, als unsere Mutter sich damit in Fällen der Not immer einen Groschen Geld zu verschaffen wußte.

Vor unserer Haustür stieg der „Brink“ etwa dreißig Schritt bis zu Ridders „rechtem Hause“ hinan. Mittten am Brinke stand ein schöner, großer Apfelbaum. An Ridders oberer Tür vorüber ging der Weg am überdachten Ziehbrunnen vorbei durch eine Pforte in die Dorfstraße. An der anderen Seite, hinter unserem Häuschen, floß murmelnd der Dorfbach zu Tale, bildete auf jedem Gehöfte einen Teich und tränkte oberhalb und unterhalb unseres Hauses je eine große Wiese. Gerade hinterm Häuschen befand sich ein ziemlich großer Teich, an dem wir beide, trotzdem Mutter Berger uns immer erzählte, der „Büllemock“[5] hause darin, so gern die hohlen Butterblumenstiele zu zierlichen Rädchen aufbliesen. Natürlich plumpste ich dabei etliche Male über Kopf hinein und hatte, als mich Mutter triefend herauszog, ganz deutlich gespürt, wie der Büllemock mich an den Beinen festgehalten hatte. Ich wußte nur immer nicht recht, ob ich mir besagten Büllemock als einen Mann unter dem Wasser, als einen riesigen Frosch oder noch anders vorstellen sollte. Hinter Teich, Bach und Wiesen zog

1 Faß zum Einweichen der Wäsche
2 Tonne auf Füßen – siehe Anmerkung 1
3 Beil
4 Geräte zum Flachsbrechen und Kämmen
5 Wassergeist

sich eine Berglehne abwärts, von der ein Teil, „der Busch“, mit Bäumen und Gebüsch bedeckt war und für mich gar mancherlei Geheimnisse barg.

An milden Frühlingsabenden setzten wir uns mit unserer Mutter ein Weilchen vor die Haustür oder unter den Apfelbaum. Zuerst erfreuten wir uns am Gesange der Drossel im Busche. Dann begannen die Fledermäuse um die Häuser und über die Wiesen zu huschen; allerlei Käfer schwirrten vorüber; ein großer Hirschkäfer zog in schrägem Fluge mit tiefem Brummtone heran, stieß gegen den Baum und fiel vor uns auf den Boden. In Teichen und Wiesen begann das Konzert der Frösche. Durch die Eulenlöcher am Giebel von Draken altem Hause, zu Häupten von Ambrügge, die einsam vor ihrer Tür saß und „grünte“[1], schwebten Schleiereulen geräuschlos aus und ein. Aus dem Busche kam gelegentlich der Igel und streckte sein schwarzes Schnäuzchen um die Hausecke. Ambrügges jüngste, schon halb erwachsene Tochter saß am Bache machte sich Pfeifen aus Weidenruten und klopfte dabei mit einem Messer den Bast los; unermüdlich sang sie bis zur völligen Dunkelheit den langen eintönigen Reim dazu, der begann:

Sappe, sappe Piepen,
Wannehr wutte riepen
usw.

Manchmal kam auch unser Hauswirt Ridder mit seiner Tochter Julia den Brink herab und setzte sich zu uns. Dann stopfte er bedächtig seine Pfeife, schlug sich mit dem Stahl Feuer am Stein und legte das glimmende Stückchen Zunder auf den Tabak. Wenn er dann den Rauch in dünnen, spärlichen Wölkchen durch die Abendluft blies, dann begann er die Unterhaltung gewöhnlich: „Nun, hat ‚er‘ schon geschrieben?“ Ridder war in seiner Jugend auch ein Hollandgänger gewesen, und Holland war ihm in allen Dingen ein unerreichtes Ideal geblieben. Was wußte er doch alles zu erzählen von den fruchtbaren Feldern dort, von den reichen und sauberen Bauernhöfen, den fetten Kühen, den schnellen Pferden, „und alles so sauber“. Die Riggser Glocke, die Logg’ser Orgel und das Samster Bauland müssen, wenn ich seiner Darstellung glauben darf, wahre Wunderdinge gewesen sein. Pfeife und Tabakdose, von Holland mitgebracht, benutzte

1 von gründen = nachdenken

er sparsam und pietätvoll bis an sein Ende. Noch weiß ich den Spruch, glaube ich, auswendig, der auf der Dose stand:

For eene goode friend
Dor stat mien doesche oopen,
Man niet for alle man,
De op de beetel loopen.

Auch beim Kochen sowie beim Waschen erreichte man, so behauptete er, bei uns auch nicht entfernt die Sauberkeit, die er in Holland gefunden hatte, und geringschätzig schnitt er hier jede Gegenrede seiner Frau kurzerhand ab, so sanftmütig und nachgiebig er sonst war. Da der Gegenstand auch uns nahe anging, so drehte sich das Gespräch oft den ganzen Abend um Holland, und nur selten kam die Rede auf etwas anderes. Einmal trabte ein Reiter die enge Dorfstraße hinauf, mit kurzem, stolzem Gruße an uns vorüber. Ein bewunderndes „Ah" entfuhr meinen Lippen. „Wer war das?" fragte unser Hauswirt. „Das war ja Meiers Verwalter aus Untermoosbach", erwiderte meine Mutter. „Ach, der!" machte Ridder mit einer Gebärde entschiedener Verachtung. „Den hatte ich nicht vermutet; hätte ihn sonst gar nicht gegrüßt." Ich war damals höchst erstaunt über diese Worte. Erst später hörte ich über den „Verwalter" etwas Näheres.

Wenn einmal auch Heinrich Drake, Fritz Brinken oder sonst jemand aus der Nachbarschaft sich zu uns gesellte, dann schwirrte etwas von Nord- und Südamerika oder vom Dänen, der „gekloppt" worden war, durch die Unterhaltung. Ich lernte auch schon das Lied vom meerumschlungenen Schleswig-Holstein singen, wobei ich am Schluß den Text umgeändert hatte in „Schleswig-Holstein stand vor de Wand!" Eines Abends zogen mehrere Soldaten singend und juchzend hinter dem Dorfe hinauf nach Hohenheim. Da hieß es: „'s gibt Krieg, die dort müssen auch mit." Mich überkam zum ersten Male eine Ahnung davon, daß Krieg etwas Düsteres, Unheilvolles bedeutet. Wochenlang sprach alles vom Kriege, wo man ging und stand. Dann hieß es, „der Österreicher" habe verspielt. „Ja, ja", hörte ich Bauer Gröppel zu unserem Hauswirt sagen, „der Preuße ist den andern alle zu geschwinde." Wir hörten des Abends immer gern über diese Dinge reden und bedauerten es allemal, wenn uns Mutter in die Federn trieb, sobald die Nebel aus Bach und Wiesen aufstiegen.

Im Winter

Kaum war mein Bruder imstande, einigermaßen mit mir Schritt zu halten, ohne daß ich nötig hatte, ihn ständig an der Hand zu führen, da brachte uns Mutter Hüttemann aus Kleinen-Molte ein Schwesterchen. Daß ich darüber nicht sehr erfreut war, wird man einem sechsjährigen Jungen nicht so böse anrechnen dürfen; ich meinte, ich hätte mit dem Bruder eben genug zu hüten gehabt. Es war gerade die Zeit der Kartoffelernte. Kaum 14 Tage war die Kleine alt, da fing die Mutter an, auf unserem Felde am Wendeholze die Kartoffeln aufzugraben und sackweise nach Hause zu tragen. Dann sagten wohl die Nachbarsfrauen erstaunt: „Menschenkind, kannst du das schon wieder?“ Und die Mutter lächelte trübe und sagte nur: „Es wird Zeit!“ „Aber warte doch noch ein paar Tage.“ Sie aber schüttelte den Kopf: „Von Aufschieben kommt nichts.“ Das war eine von den Redensarten, die man oft von ihr hörte. Später schaffte sie nicht nur unser eigenes Gemüse aus der Erde, sondern half auch noch auf den benachbarten Höfen dabei. Sobald der Hagendorfer Wald seine Blätter abgeworfen hatte, trug sie Laub zur Streu für das Vieh heim und schüttete es auf den Boden. Endlich, spät im November, schickte uns Mutter eines Abends allein ins Bett. Sie selbst blieb auf und erwartete den Vater. Und wieder wurden wir in der Nacht geweckt, dieses Mal mit frohem Tone: „Guten Abend, Wilhelm! Guten Abend, August!“ Schlaftrunken gaben wir unserem Vater die Hand und bekamen von ihm jeder einen dicken „Stuten“, mit dem wir bald wieder weiterschliefen.

Am anderen Tage zählte der Vater sein im Sommer verdientes Geld der Mutter vor. Neunzig Taler! Wie staunten wir, als diese Fülle auf dem Tische lag. Nun wurde die Miete für Haus, Garten und Feld bezahlt. Dann ging der Vater mit seinen Jungen zum alten Schuhmacher Darholt im Langenhause hinter Leutmannshof, der nun auch sein Geld bekam und uns neue Schuhe anmessen durfte. Der Alte stand in dem Rufe, daß er mehr könne als Brot essen. Krebsverdächtige Geschwülste ließen die Leute von ihm besehen, und das stärkste Nasenbluten sollte er stillen können. Überhaupt war meine Heimat an Wunderdoktoren und klugen Frauen so reich, daß man sich wundern mußte, wie überhaupt noch jemand krank sein konnte. Besonders berühmt war der alte Teichmann in M. Zu dem kam einst der Bauer Müssen aus Hagenborn, unter dessen übergroßer Sparsamkeit nicht nur das Gesinde, sondern auch das Vieh zu leiden hatte, und klagte, daß seine Schweine so unbegreiflich abmagerten. Teichmann verordnete, man solle die Hausdeel so dicht mit Weizen bestreuen, daß man die Fußspuren der Schweine darin sehen könne. Dann sollten die Schweine hineingetrieben und – das sei nun die Hauptsache und wohl zu beachten! – die Körner ihnen von rückwärts in die Borsten gestreut werden. Diese Kur schlug bei den Borstentieren wundervoll an; der Wunderdoktor ließ sich aber die Behandlung auch teuer bezahlen, wogegen Vater Darholt seinen Rat und seine Hülfe umsonst gewährte. Leider schien er kein Mittel zu wissen, seine Schuhsohlen unzerreißbar zu machen, und die Bezahlung seiner Rechnung machte allemal ein großes Loch in unseren Geldbeutel. War dann noch das Holzgeld und die Rechnung beim Tuchhändler in Erdenau bezahlt, dann war der Talervorrat bis auf einen kleinen Rest zusammengeschmolzen, und im Winter verdiente der Vater damals fast nichts.

An den Winterabenden erzählte der Vater, was er vom Kriege zwischen Preußen und Hannover gesehen oder durch andere gehört hatte. Eines Sonntags war er nach Emden gekommen und hatte die preußischen Kriegsschiffe im Hafen liegen sehen. Man hatte ihm erzählt, daß der Kommandant schon glühende Kugeln bereit gehalten und gedroht habe, die Stadt in Brand zu schießen; da habe sie sich ergeben. Auch hatte er erzählen hören, wie der blinde König von Hannover gewähnt habe, er könne es mit „dem Preußen“ aufnehmen. Anfangs habe die Sache auch günstig für ihn gestanden. Dann aber sei ein neues, gewaltiges Preußenheer unter Manteuffel (grausig klang mir der Name!) herangekommen, und bei dessen Anblick habe die Tochter des Königs voller Schrecken ausgerufen: „Vater, gib's auf! Die ganze Welt ist schwarz von Menschen!“ Aber stolz habe der blinde Welfe geantwortet: „Wie kann ein König von Hannover dem Preußen nachgeben?“ Da war es mit ihm am Ende. Und merkwürdig – sobald es bekannt wurde, daß Preußen von Hannover Besitz ergriffen, wehten auf fast allen Häusern in Emden die preußischen Fahnen, darunter einige sehr alte mit dem Adler des alten Fritz. Nur ganz vereinzelt hörte man die griesgrämige Bemerkung: „Habt euch was Rechtes eingetauscht; das Pferd habt ihr verloren und 'nen Kuckuck wieder bekommen!" Mein Vater hatte in diesem Sommer auf einem Werke gearbeitet, das einem Herrn Hildebrand, dem Vater von Mutters früherem Dienstherrn, gehörte. Sein jüngster Sohn hatte bei der Hannoverschen Kavallerie gestanden und kam einige Tage nach der Schlacht waffenlos nach Hause. Sein Vater, ein stolzer alter Friese, sprach kein Wort über dies Mißgeschick, doch war es ihm anzusehen, wie bitter er es empfand.

Kurz vor Weihnachten mußten wir nach der Howe am Walde gehen, um bei Schäfer das Schlachten zu bestellen. Frau Schäfer erfreute uns meist mit einem duftenden Bratapfel aus dem Ofen. Ihr Mann, der im Sommer als Ziegelmeister in die Fremde ging, zog im Winter von Haus zu Haus, schlachtete und wurstete. Wenn der Duft frischgekochten Fleisches das ganze Haus durchdrang, das Hackemesser lustig klopfte, die Würste blank und rund aus dem Kessel aufs Stroh gelegt wurden und schließlich am Wurstebock im Rauche prangten, dann schwelgten wir in lauter Wonne. Noch sehe ich meinen Bruder vor mir, wie er in Holzschuhen, seine kleine Extrawurst am Bande in der Hand hin und her schlenkernd, durch den Schnee dahinstapft, um Mutter Berger seine Wurst zu zeigen. Allgemach rückte Weihnachten heran, und mehr und mehr drehten sich unsere Gespräche um das Christkind, welches in der heiligen Nacht umhergehe, ungesehen durch verschlossene Türen komme und guten Kindern Äpfel, Nüsse und gebackene Tiere bringe, unartigen aber eine Birkenrute auf den Tisch lege. In der Nacht schliefen wir unruhig. Sobald die Mutter sich erhob, erwachten auch wir. Voller Ungeduld hörten wir, wie das Feuer im Ofen anfing zu knattern und wie die Mutter das Kaffeewasser daranschob. Endlich durften wir aufstehen und eilten nach unseren Schuhen, die wir am Vorabend sorgfältig geputzt ans Fenster gestellt hatten. Da stand in jedem Paar ein stattlicher gebackener Mann nebst einem ebensolchen Pferde. Und Pferde waren immer meine besondere Liebhaberei. „Mutter, wenn ich groß bin, ich nehme Pferde", so lautete mein bestimmter Vorsatz. Ich wußte noch nicht genau, wie viele ich haben wollte. Einstweilen wurde das eine, gebackene im Schuhe vor Vaters Bett gefahren, der darüber höchst erstaunt war, nun aber auch aufstand und mit uns Kaffee trank. Ich war sechs Jahre alt, als mich mein Vater zum ersten Male mit in die „Lichterkirche" nach Klingen nahm. An seiner Hand tappte ich im Dunkeln über hartgefrorene, rauhe Wege Klingen zu. Trupps von anderen Kirchgängern schritten vor, neben und hinter uns und vergrößerten sich mehr und mehr. „Fall nicht auf den Rauhsen[1]!“ warnte mein Vater von Zeit zu Zeit. Endlich erblickte ich im fahlen Dämmerlichte vor mir die Umrisse des gewaltigen Turmes. In der eiskalten Kirche – geheizte Kirchen waren damals noch unbekannt – flimmerten zahllose Kerzen. Am Chor wogte eine vielköpfige Kinderschar. Nun begann die Orgel über uns leise zu murmeln, die Gemeinde sang und der alte Pastor Kirchner, ein Bruder vom Sanitätsrat, hob an zu reden über Elisabeth und ihren Sohn. Nichts aber machte solchen Eindruck auf mich als das „Ehre sei Gott in der Höhe!“, von den Kindern am Altare gesungen. Seitdem erklingt mir die Engelsbotschaft am Weihnachtsmorgen immer besonders lieblich, weil ich sie mir gar nicht anders denn in Verbindung mit jener schönen Melodie vorstellen kann.

Im selben Winter mags auch gewesen sein, daß ich die Kunst des Schlinderns erlernte, wobei man sich nach einem kräftigen Anlauf, die Füße schräg hintereinandergestellt, über die Eisfläche gleiten ließ. Zuerst boten uns die Teiche eine völlig ebene Fäche. Bei andauerndem Frostwetter aber überzog das Eis auch die Wiesen, Draken und Ridders oberhalb, Gröppels unterhalb des Häuschens. Da nun diese nach dem Tale hin sich senkten, so konnten wir in langer Bahn über eine ganze Wiese hinablaufen. Geschickte Schlinderer ergriffen sich dabei gegenseitig an den Händen, schlingerten sich einer um den anderen und glitten so in kunstvollen Spiralen die Wiese hinunter, während die Anfänger in einer Ecke der Wiese sich mit ängstlich gespreizten Armen mühsam im Gleichgewicht erhielten. Doch fielen nicht nur sie, sondern auch die Erfahrenen sehr häufig ganz erschrecklich auf dem Eise hin, so daß es mir noch jetzt im Ohre donnert in der Erinnerung an manchen schweren Fall. So verbrachten wir oft den ganzen Nachmittag auf der Eisbahn, ja, oft hörte man das Stampfen, Schurren und Schleifen auf dem Eise noch, wenn schon der Mond die Fläche beschien.

In Erdenau war im Winter ein Jahrmarkt, die Petrimesse, von den Landleuten Peterchen genannt, wo unser Vater sich mit anderen Zieglern über

1 hart gefrorene Erdbrocken

die Angelegenheiten des nächsten Sommers besprach. Von dort brachte er uns gewöhnlich ein Stück Pefferkuchen und ein Blashorn mit, das nun einige Tage bei uns ein fröhlich lärmendes Dasein führte, bis es zuletzt mit mißtönig heiserer Zunge seine letzten Töne lallte und schließlich in die Ecke geworfen wurde. Und ein denkwürdiger Tag war es, als ich zum ersten Male mit dem Vater zu diesem Markte gehen durfte. Unser Weg nach Erdenau führte am Stoote vorbei, und hier gesellten sich unter vielen anderen auch der Fliegeberndt und ein langer, rothaariger junger Mensch zu uns, der immer das größte Wort hate und von allen der rote Herm genannt wurde. Als wir rüstig mit einem kurzen „Guten Morgen" vorbeischreiten wollten, rief der rote Herm meinem Vater zu: „Na, Wilhelm, du hast es ja heillos druck, du bist wohl bange, daß du die Kermisse nicht für dich allein kriegst?" „Nein, du sollst deinen Hals noch voll genug kriegen", gab mein Vater zurück.

„Oho, man nicht gleich so grob! Alles mit Maßen, hat jener Schneider auch gesagt, da hat er seine Frau mit der Elle geprügelt. Ist's nicht wahr, Janberndt?" „Paß nur auf, du roter Schlingel", knurrte dieser, „daß du meine Elle nicht noch kennenlernst."

„Woher kennst du den Roten?" fragte ich meinen Vater, als wir weitergingen. „Er war einen Sommer mit mir zusammen auf der Ziegelei, nachdem ihn der schwarze Christian vom Torfgraben weggejagt hatte. Hat's mehr am Munde als in den Händen." Aus dem Schelten und Lachen hinter uns vernahmen wir noch, daß dem Fliegeberndt eine alte Geschichte aus seiner Jugendzeit wieder aufgerückt wurde. Auf der Kirmes in Blumenstein sollte er einst, als er seine Doris heimführte, mit einer Witwe Bekanntschaft gemacht haben, und von dieser, die Gefallen an ihm fand, in ihr Haus geladen worden sein. Sie hatte ihn mit Kaffee und Kuchen sehr freundlich bewirtet, und er hatte das gern hingenommen.

Dann aber hatte er sich zum Gehen erhoben, und als die Frau verschämt fragte: „Wann kommst denn nu wieder?", hatte er mit der größten Unbefangenheit geantwortet: „Ja, wenn wieder Kermitz iß, dann komm' ich wieder."

Da oben auf dem Berge, da steht eine Kuraßel,
da tanzen sieben Schneider mit einer Mammesell,

hatten wir oft gesungen. Auf dem Markte in Erdenau sah ich zum ersten

Male ein Karussell, in dem ich für je drei Pfennige einige Male herumfahren durfte, erst mit Zagen, dann wie von einem Rausche erfaßt, in höchstem Entzücken.

An einer Straßenecke stand ein Geiger in fadenscheinigem Rocke und spielte, während seine Tochter die Triangel schlug: „Ach, ich bin so müde, ach, ich bin so matt!" Vorne am Marktplatze drehte ein Leiermann seine Orgel und sang ein Lied zum Preise seiner Schönen. Als er die Worte schnarrte: „Mein Schatz ist rrrosenrrrot!", wandten sich unwillkürlich meine Blicke nach seinem Weibe, die das Geld einsammelte und von Zeit zu Zeit in den Gesang mit einfiel, hager, die Haare brandrot, das Gesicht voller Sommersprossen. „Die aber nicht", konnte ich nicht unterlassen zu murmeln. Dann fiel er in eine andere Melodie und besang die schrecklichen Taten eines Räuberhauptmannes, der irgendwo ein junges Mädchen geraubt hatte und es nachher gegen die Übermacht andringender Soldaten wie ein Löwe verteidigte, bis er unter ihren Kugeln zu Boden sank, nachdem er Berge von Erschlagenen um sich her aufgetürmt hatte. Die düstere, eintönige Melodie lag mir noch lange nachher im Ohre.

In einer Rundgemäldehalle sahen wir, wie Preußen und Österreicher aufeinander schossen, wobei sie einander die Flinten beinahe ins Gesicht hielten. Als die größte Sehenswürdigkeit erschien mir ein Mann, der auf übermannshohen Stelzen auf dem Markte herumstapfte, den Leuten im oberen Stocke in die Fenster sah und dabei Violine spielte. Sogar auf einer Stelze konnte er stehen und mit der anderen wie mit einem Gewehre präsentieren. Der rote Herm, der wohl etwas getrunken haben mochte, versuchte, mit seinem Stocke hinter die Stelze zu haken, was ihm einer von den übrigen Marktleuten verwies. Bald darauf gingen wir miteinander die Straße hinab, und der rote Herm hatte seine Bouteille frisch füllen lassen und trank überall seinen Bekannten zu. Als er unter der Menge des schwarzen Christian ansichtig wurde, brummte er: „Der alte Bock hat mir manchen hinter die Ohren gegeben; jetzt soll er mir nichts mehr tun." Laut rief er: „He, Christian, komm, trink mal einen!" „Ne, Junge, wenn ich trinken will, kauf ich mir selbst 'n Schluck." „Oho, alter Knopp", prahlte der rote Herm und stellte sich so recht breitspurig vor den Alten, „siehst du wohl, daß aus Jungens auch Kerls werden?" „Und willst du mal sehen, daß, was Kerls sind, auch Kerls bleiben?" kam die Antwort, und damit erhielt der Rote eine so fürchterliche Ohrfeige, daß er auf der anderen Straßenseite in die Gosse flog.

Einige Zeit nachher war Fliegeberndt bei uns auf Arbeit und erzählte von den Dingen, die sich auf der Petrimesse zugetragen haben sollten. Ich traute meinen Ohren nicht, als ich die Darstellung hörte: „Na, natürlich, der rote Herm, der kann sich ja in heiler Haut nicht bergen, der faßte dem Stelßenkerl hinter die Stelße und ruckte daran. Da kriegte er dir aberst welche mit der anderen Stelße hinter die Ohren, da kann ich dir aberst gut für sagen! Na, Herm ging denn nun auf den Kerl zu, aber, haste nicht gesehen, stehen da vier oder fünf verwegene Brüder um ihn herum, und ein so'n Kujon, der nebenan eine Wahrsagebude stehen hat, reißt ein Brett von seinem Kasten, und ehe Herm sich dessen versieht, hat er eins mit dem Brett über'n Dösel, daß ihm der rote Saft die Nase herunterläuft. Na, Danjers Fritze und Winters August, die sind denn nu auch nicht gefroren, die springen denn zu, und nun geht's aberst los, da kann ich dir aberst man dreiste gut für sagen! Ich faßte schnell meinen lieben Herm und zog ihn um die Rathausecke, sonst wär's ihm schlecht gegangen. Das Pack vom Markte hält zusammen wie Pech und Schwefel." Mit eigentümlichen Empfindungen hörte ich diese Erzählung an; ich war mißgestimmt, ärgerlich, und wußte nicht recht worüber. Ich wußte noch nicht, was für Streiche die Phantasie manchen Menschen spielen kann.

Von einem späteren Markte kam der Vater mit der Nachricht heim, daß er sich nach H. „festgemacht" habe. Noch lagen die Heckegäuse an Wiesenrand und Bergeshängen; wir fühlten kaum wieder die Fühlingswärme und entdeckten die ersten Schlüsselblumen, da rüstete der Vater wieder zur Abreise. Zwischendurch stand er öfter an der Tür, nickte zum Nachbar Reiher hinüber oder antwortete dem schwarzen Christian auf seine Frage: „Na, Wilhelm, machen wir zusammen?" – „Jawohl, übermorgen." Kaum zwanzig Wochen war die Familie zusammen gewesen, da ging das Oberhaupt wieder in die Ferne, und Mutter und Kinder waren wieder allein.

Die Schule

Von allen Festen ist mir Ostern immer das liebste gewesen. Nach dem langen Winter, den wir Dorfbewohner, zumal wir im Häuschen, in seiner Strenge doppelt fühlten, klangen mir die Glocken, die Ostern einläuteten, überwältigend fröhlich und verheißungsvoll. Freilich, das Osterlämmchen habe ich nie zu sehen bekommen. Nachher erzählte mir Bergers Mutter jedes Mal, sie habe ganz deutlich gesehen, wie es vor der aufgehenden Sonne drei frohe Sprünge gemacht, und dann grämte ich mich; ich hatte diesen wundervollen Anblick wieder einmal verschlafen. Doch erging es mir das nächste Mal nicht besser.

In der Woche nach Ostern kam ich in die Schule in Klingen zum alten Küster Fromm. Schüler der Oberklasse nahmen mich am ersten Tage unter ihre Obhut, und mit ihnen saß ich mittags von 12 bis 2 Uhr in der Schule, habe aber von diesem Tage keine weitere Erinnerung, als daß einer der größten Jungen von dem kleinen alten Herrn drei Stockschläge auf die Hand bekam, wobei der Staub aus seinem Rockärmel in eben so vielen Wolken aufstieg. Am Schluß der Stunde erhielt ich von Vater Fromm, nachdem ich zwei Silbergroschen entrichtet, einen Stuten, den ich daheim als erste Errungenschaft aus der Schule mit nicht geringem Stolze auf den Tisch warf. Diese alte Observanz, mit vielem andern nun längst in das Reich des Nichts hinabgesunken, bildete damals eine Quelle allgemeiner Freude. Anderen Tages mußte ich der Unterklasse zugeführt werden. Meine Mutter begleitete mich über zwei Feldbreiten und dazwischenliegende tiefe Schluchten bis auf den Köllenberg, von wo man über das Dorf Kleinenmolte hinweg Klingen sehen konnte, und spähte über die frisch grünenden Saaten hin nach irgendeinem Mitschüler aus. Schon war mir das Weinen nahe, denn der Weg durch Kleinenmolte, wo letzthin so viele Hunde an den Weg gesprungen kamen, dünkte mir ein überaus gefahrvolles Unternehmen. Da erschallte plötzlich fröhliches Holluo! hinter uns, und Wilhelm Drake setzte in mächtigen Sprüngen auf schmalem Pattwege durch das Kornfeld. „Komm, Wilhelm, ich nehme dich mit!“ Nun konnte meine

Mutter beruhigt umkehren; sie wußte, ihr Sohn hatte einen guten Gesellen bei sich, Wilhelm Drake! Noch heute wallt mein Herz in Liebe und Dank, wenn ich deiner gedenke! – Wilhelm war der Sohn des früheren Dienstherrn meiner Eltern. Seinen ältesten Bruder hatte mein Vater einst verwahren sollen, und er hatte dem vierteljährigen Kinde, weil es unaufhörlich schrie, in Verzweiflung sein eigenes Frühstück, ein derbes Ende Leberwurst, in den Mund gehalten. Daran hatte dann der Kleine so tapfer gesogen, daß bald nichts mehr davon übrig war, ohne hernach die geringsten Beschwerden zu äußern. Aus ähnlich hartem Holze waren alle Draken geschnitten, und Wilhelm war außerdem immer fröhlich und stets hülfsbereit. Mit fast ehrerbietiger Scheu sah ich an ihm empor, wenn vor seiner drohenden Gebärde oder einer zornigen Bewegung von ihm die Kleinenmolter Hunde angstvoll in ihre Hütten krochen, oder wenn er die sich sammelnden A.B.C.-Schützen mit der Miene eines Heerführers in sein Gefolge aufnahm. Vor der Mergelkuhle, nahe vor dem Orte Klingen, hörten wir die Turmuhr schlagen. „Lauft, Jungens, wir kommen sonst zu spät!" rief Wilhelm. Ich konnte seinen weiten Sprüngen nicht folgen; da ergriff er meinen Arm, und an seiner Seite flog ich bis vor die Schultür. Er gehörte zu einer älteren Klasse und wandte sich dem oberen Schulraume zu, während ich zögernd eine Treppe hinabschritt. Als nun vollends meine Altersgenossen die Tür von innen zuhielten, wußte ich nicht ein noch aus und wollte schon mutlos umkehren. Doch mit gewohntem Scharfblick hatte Wilhelm meine Lage erfaßt. Mit drei Sätzen war er an meiner Seite. Wäre mir Herkules damals schon bekannt gewesen, er hätte in meiner Vorstellung an überragender Größe nicht entfernt an Wilhelm hinangereicht, wie dieser sich mit seinen Schultern gegen die Tür warf, daß sie sperrweit aufflog und die Zwerglein dahinter übereinander purzelten. Die Gestoßenen, mit der Linken ihre gequetschten Nasen haltend, machten Miene, über mich herzufallen; ein drohender Blick Wilhelms, ein scharfes „Nehmt euch in acht!" hielt sie davon zurück.

Unsere Schule lag neben dem ehemaligen Friedhofe, der sich jetzt als großer Rasenplatz rings um die Kirche zog. Ein einziges verwittertes Grabmal mit unlesbarer Inschrift, oben in eine Urne auslaufend, erinnerte noch an seine einstige Bestimmung. Die breiten, freien Treppenstufen vor der Kirche dienten uns als Ausfliegeplatz, wenn wir „Kriegen" spielten oder

„Vogelverkaufen". Am Rande des Kirchplatzes standen zwei uralte Linden, deren eine im Innern eine geräumige Höhlung zum Versteck bot, trotzdem aber jedes Jahr üppig grünte und blühte. Vor Jahrhunderten sollte hier einmal eine große Versammlung getagt haben, in der von den Landständen und der Geistlichkeit die Einführung der Reformation beschlossen wurde.

Jetzt sahen wir den herrlichen Kirchturm, der uns so oft schon aus der Ferne gegrüßt hatte, täglich vor uns. Es ging die Sage von ihm, daß beim Aufbringen des Hahnes der Sohn des Schieferdeckermeisters verunglückt sei. Erst auf vieles Bitten habe der Vater ihm erlaubt, hinaufzusteigen. In der furchtbaren Höhe vom Schwindel ergriffen, habe er das Loch, in welches er die Metallstange mit dem Hahn hineinlassen sollte, mehrfach gesehen und hinabgefragt: „Vater, in welches Loch?"

Der unglückliche Vater aber habe ihm vor seinem Todessturz nur noch zurufen können:

„Ich befehle dich Gott!"

Auch an die Glocken im Turme knüpfte sich eine Sage. Die jetzigen Glocken sollten nicht die ersten sein. Diese waren vielmehr, da man sie läuten wollte, ohne daß man sie taufend geweiht und ihnen Namen gegeben hatte, in mächtigem Schwunge durch die Schallöcher hinaus weit über das Land hinweg bis in Steinmeyers Wiese bei Großenmolte geflogen und dort an einer sumpfigen Stelle klaftertief in den Erdboden geschlagen. Der Eigentümer der Wiese sollte einmal in der Heuernte einen Wiesenbaum hineingestoßen haben. Da sei er zuletzt an die Glocke gekommen und habe ihren Klang aus der Tiefe vernommen.

An heißen Sommertagen schöpften wir Wasser zum Trinken aus dem Küsterbrunnen, und zweifelnd spähten wir in seine geheimnisvolle Tiefe, aus der — so hatte man uns immer gesagt — Frau Hüttemann die kleinen Kinder holte. Vor dem Orte lag der alte jüdische Friedhof mit eingesunkenen Gräbern und verwitterten Grabsteinen, deren geheimnisvolle Inschriften uns zu den sonderbarsten Deutungen Anlaß gaben. Von uns war keiner so klug wie Dietrich König, der eines Sonntags morgens, als er zur Kirche ging, mehrere Bauern mit offenen Mäulern vor der Synagoge stehen sah, die den Kopf bald auf die eine, bald auf die andere Seite legten und die Inschrift über dem Türbogen betrachteten „Ja, wer doch wüßte, wie das heißt", meinten sie. „Das wißt ihr nicht?" fragte Dietrich, der herzu kam.

„Na, paßt mal auf. 'Mein — Haus — ein — Bethaus — für — alle — Völker'!" (Er mochte es vom alten Pastor Kirchner erfahren haben.) Sprachloses Staunen bei den anderen. Im Weggehen hörte Dietrich noch, wie die Leute, die Augen mit fast abergläubischer Scheu immer auf ihn gerichtet, einander zuraunten: „Dietrich kann wahrhaftig Hebräisch!" Unzählige Male hat dieser das kleine Erlebnis lachend zum besten gegeben.

Noch fremdartiger als die hebräischen Inschriften mutete uns der Gesang an, der des Sonnabends aus der Synagoge erschallte und in seinen unbekannten Lauten und dem eintönigen Gemurmel so gar nicht mit unsern Begriffen von Gesang übereinstimmte. Die sieben oder acht Judenfamilien, die in der Klingener Gemeinde zerstreut wohnten und sich hier zu ihrem Gottesdienste versammelten, hatten von uns allerlei Belästigung zu erdulden, denn sehr respektvoll benahmen wir uns weder gegen die „Judenkirche" noch gegen die erwähnte Begräbnisstätte. Sie hatten darum auch beständig bei unserm Lehrer oder beim alten Pastor Kirchner Klage zu führen über Unfug von unserer Seite. Indes wurde wohl nicht ernstlich dagegen eingeschritten. Vielleicht dachten im Grunde alle wie der Meier aus Dickenhagen, der auf der Kegelbahn einst mit dem alten Abraham aus Klingen in Streit geriet. Als ihm von seinem Gegner sein Unrecht klar bewiesen wurde, brach er die Sache kurzerhand ab mit den Worten: „Ach was, Bammel, bist doch nur 'n alter, schmutziger Jude!" Wir nannten alle Juden nur bei ihrem oft sonderbar verstümmelten Vornamen; die Familiennamen kannten wir meist gar nicht.

An einem Frühlingstage hatten wir eben die Schule verlassen, und wieder saßen verschiedene von uns rittlings auf den Grabsteinen neben dem Wege und sangen ein Lied zum Preise von Frau Rosalie H. aus Kleinenmolte, dessen Kehrreim lautete: Schummelachai, Schumm! Da kam gerade ihre Tochter Settchen, einen Korb am Arme tragend, hinter uns aus dem Dorfe. „Wartet", rief sie, „wartet nur, ihr unartige Jungens, wollt ihr gleich herunter von die Grabsteine! Gleich herunter von die Gräber! Wartet, ich gehe sogleich und sag's d'n Herrn Lehrer oder d'n Herrn Pastor!" Wir lachten, lachten desto mehr, je mehr sie schalt und sich erboste. Mit einem Male verstummte aller Gesang und aller Lärm, die Reitenden glitten von den Steinen herab und standen betreten und stumm am Wege. Von Kleinenmolte her schritt ein hochgewachsener Mann in schwarzer Kleidung mit einem Angesichte, auf dem Freundlichkeit und ernstes Nachdenken wunderbar vereint waren, an uns vorüber. Aus Verlegenheit vergaßen die meisten von uns, ihre Mützen abzunehmen. „Das ist der neue Pastor!" flüsterten einzelne.

Kleinenmolte

Etwas gedrückt trabten wir in der Richtung auf Kleinenmolte von dannen, von Zeit zu Zeit einen scheuen Blick nach Settchen hinüberwerfend, die neben uns herging; wir hatten die Empfindung, daß sie jetzt unter dem Schutze des Mannes stünde, der uns solchen Respekt eingeflößt hatte. Ihr Vater trug außer seinem uns unbekannten Familiennamen noch den Vornamen Levy, der von seinen Mitmenschen in Laibchen umgeändert war. Vor einer Reihe von Jahren hatte er in Kleinenmolte, wo bereits ein „Krug" auf dem Berge bestand, einen kleinen Laden eingerichtet, in welchem seine kleine, fleißige Frau irdenes Geschirr verkaufte, während er selbst dem Handel mit Fellen nachging. Allmählich erweiterte sich der Laden auch noch für Kolonialwaren, und Mutter Salchen, die für jeden ein freundliches Wort hatte, zog einen Kunden nach dem anderen vom „Berge" herab in ihr Haus. Unterdes ging Vatter Laibchen zum Viehhandel über und überließ die Felle, Ziegenlämmer, Knochen und Lumpen seinen zwei hoffnungsvollen Söhnen Schlom und Anzel. Es ging die Sage, daß Vatter Laibchen einmal vom Müller aus dem Molter Bruche ein Kalb geholt, vorher aber seinen Jungen befohlen habe, unterdes im Garten die Kartoffeln zu hacken. Der ungewohnten Beschäftigung bald überdrüssig, hatten sich die beiden aber bald in die Stube begeben und Sechsundsechzig gespielt. Vatter Laibchen findet bei seiner Rückkehr die Kartoffeln noch ungehackt, tritt ins Haus und hört, wie seine Söhne abwechselnd auf die Tischplatte schlagen und Trumpf! Trumpf! rufen. Und als eben Anzel von neuem Trumpf! sagt, da fährt „Vatters" Weidenrute, mit der er soeben das Kälbchen angetrieben hat, sausend auf seinen blauen Kittel herab. „Ich will euch helfe Ti- rumpf! Ti-rumpf!" krähte der Alte in den höchsten Fisteltönen, jedes -rumpf mit einem kräftigen Schwaps[1] begleitend. Nach und nach stiegen auch Schlom und Anzel von den Ziegenfellen zu Ziegen, Käl-

1 schwappen: mit der Rute schlagen

bern und Ochsen empor. Vatter Laibchen erweiterte sein Haus nach hinten zu einer Schlachterei, zu der wieder ein paar Jahre später in einem hübschen Seitenflügel eine Schankwirtschaft trat. Nun war Vatter Laibchen ein gemachter Mann. Ich sehe ihn noch vor mir, wie er mit behäbig gerundeter Körpermitte auf irgendeinen Bauernhof trat und mit seiner hohen Stimme allemal begann: „No, wat gifft't? — Nicks to handeln?" Er grämte sich augenscheinlich sehr wenig, wenn wir Jungen hinter ihm her sangen:

Häst' Laibchen nich seihn?
Häst' Laibchen nich seihn?
Hei hadd nenne Stiewel,
Mott Schluren[1] anteihn.

Kurz vor Ostern erhielten wir von Mutter Salchen, wenn wir auf dem Rückwege aus der Schule unsere Einkäufe besorgten, ein Stück ungesäuerten Osterkuchen, Matzen genannt. Hierdurch, sowie durch andere kleine Zugaben, wußte sie sich unsere Kundschaft zu wahren. Indessen sank der Krug auf dem Berge immer tiefer. Der Krüger, ein Müllerssohn aus Faulengrund nicht weit von Erdenau, hatte sich, so wurde erzählt, früher um die Hand von Elfriede Arning bemüht und gehofft, einmal der Waldmüller zu werden. Als ihm dies fehlgeschlagen, hatte er die Krügerswitwe auf dem Berge geheiratet. Anfangs ging das Geschäft noch leidlich, da der junge, forsche Wirt sehr unterhaltend sein konnte und es der Frau auch nicht an Fleiß und Ordnungsliebe fehlte. Doch hatte sie nicht wie Mutter Salchen die Gabe, die Leute anzuziehen, und ihr Mann ging lieber fischen und jagen, als daß er auf den Laden achthatte. So verwandelte sich seine Wirtschaft allmählich in eine Spelunke, in der nur noch fahrendes Gesindel, Marktleute, Zigeuner und Vagabunden Unterkunft suchten. Mit Grausen gingen wir manchmal unten am Berge vorüber, wenn der Lärm da oben gar zu wüst herunterschallte, sahen auch wohl einmal zu Brandts hochgelegenem Hofe hinüber, stoben aber sofort auseinander, sobald ein wild aussehender Kerl seine Faust gegen uns erhob. Der „Krüger" — anders wurde der Besitzer

1 Latschen, Pantoffeln

nie genannt — streifte nun fast immer in Feld und Wald umher. War einmal in den Wiesen, die sich in der Talmulde am Moltebache ausdehnten,ein Stauwerk in der Nacht abgelassen, dann ballte der Bauer zornig die Faust und murmelte: „Da hat wieder der Kleinenmolter Krüger gefischt." Von unserem Schulwege aus sahen wir ihn häufig am hellen Tage im Weidenbusche am Flusse sitzen, wo er seine Angeln gelegt hatte. Knallte im Pielenberge oder im Hagen ein Schuß, so hieß es: „Da hat der Krüger wieder ein Reh geschossen." Seine Frau konnte den völligen Zusammenbruch des Geschäfts nicht aufhalten, und so wurde zuletzt die Besitzung verkauft, und Krügers zogen nach Hagenborn, wo der Mann gänzlich von dem lebte, was die Frau durch Tagelohn erwarb, selbst aber seinen Wilddiebereien schamloser denn je nachging. Die Handlung wurde noch einmal eröffnet, kam aber nicht zur Blüte; Mutter Salchen behielt die Hand oben. Nur einen konnte sie nicht gewinnen, das war ihr Nachbar Busse, der Besitzer des größten Hofes in Kleinenmolte. „Solange ich bei Christenleuten etwas bekommen kann, kaufe ich bei keinem Juden", sagte er in seiner ruhigen, bestimmten Weise und entnahm seinen ganzen Bedarf aus der Handlung von Trampe in Klingen. Sein Sohn Eduard war in der Schule mein Nachbar und wurde mir durch sein feines und freundliches Wesen sowie durch sein höheres Wissen, das er sich in Privatstunden bei Pastor Rückert erwarb, immer mehr ein Vorbild.

Hämelerwald

Hämelerwald! Ort, den ich nie gesehen habe, und dessen Name doch auf viele Jahre ein Wort voller Schrecken für uns geworden ist! Vielleicht finden meine schlichten Erinnerungen einmal den Weg zu dir. Trage mir's nicht nach, daß ich noch jetzt beim Klange deines Namens Herzweh verspüre! — So manchen Brief hatte meine Mutter unter der Adresse „Hämelerwald" abgeschickt, wo der Vater den Sommer über schwer gearbeitet hatte. Erst im Dezember kehrte er zurück, spät abends, bei Sturm und Glatteis. Sein Sack mit dem zerschlissenen Zeuge war schwer von Nässe und Eis. „Wirf ab!" sagte die Mutter, als sie ihm die Tür öffnete. „Ja, das kann ich wohl hinwerfen," erwiderte er mit verzweiflungsvollem Stöhnen, „es ist auch das Einzige, was ich bringe."

Wir Kinder, die wir erwartungsvoll dastanden, ahnten nur etwas Trübes, die Mutter aber wußte nach den wenigen Worten des Vaters gleich alles. Sie wußte, daß der Vater nichts verdient hatte, daß Haus- und Landmiete, Holz und Ackerlohn nicht bezahlt werden konnten; daß wir das Korn zu dem bereits verzehrten Brote nicht bezahlen und somit nur schwerlich Brotkorn auf neuen Borg erhalten würden; daß der Jude in Blumenstein den Rest seiner Forderung abermals nicht bekommen würde; daß ihre Kinder vergebens auf warmes Winterzeug und neue Schuhe gehofft hatten. Und ein ganzes Jahr, bis — den günstigen Fall angenommen — wieder Geld ins Haus kam. Und gerade dieses Mal begann der Winter sehr streng zu werden, und der Preis des Roggens stieg außerordentlich hoch, bis zu 2 1/2 Taler den Scheffel. Wohl schwand das Lächeln froher Erwartung aus unsern Mienen, als der Vater uns kaum beachtete, aber ein wirklicher Schrekken durchzuckte mich erst, als ich das gramerfüllte Gesicht meiner Mutter sah. Nachdem sie den Vater in die Stube geleitet und wir Kinder vergebens auf den Stuten gewartet hatten, den er uns sonst immer mitbrachte, eilte die Mutter hinaus, um Kaffee zu machen. Der Vater mochte wohl ahnen, daß sie noch etwas anderes tun würde, und ging an die Stubentür, wie es schien, um ihr etwas Tröstendes zu sagen. Als er aber die Mutter auf dem schweren Haublock inmitten der dunklen Deel sitzen sah, nur von den zuckenden Flammen des Herdfeuers beleuchtet, die Schürze mit den Händen gegen das Gesicht gedrückt, da brachte er kein Wort heraus, ging zurück und ließ sich schwer auf den Stuhl fallen. Wir Kinder schlichen bedrückt zu Bett und schliefen harmlos bis zum Morgen.

Als wir aufstanden, saß die Mutter schon hinterm Spinnrade. Mit zuckenden Lippen stellte sie uns Kaffee und Brot hin, dann spann sie weiter, emsig, unermüdlich, aber ihr Gesicht sah aus, als ob aller Frohsinn darin für immer ausgelöscht wäre. Irgend jemand um Hülfe angehen, das konnte sie, die so gern, wie sie zu sagen pflegte, ehrlich durch die Welt kommen und am liebsten niemand etwas schuldig sein wollte, auch jetzt nicht. Da ging die Tür auf, und herein trat in ihrer heftigen und harten Weise Frau Ridder.

„Na, wie sieht's hier aus mit dem Verdienste?" herrschte sie uns an. Als die Mutter mit niedergeschlagenen Augen und leiser Stimme gesagt hatte, wie die Sachen standen, redete Frau Ridder viele harte Worte über meines Vaters Unvorsichtigkeit. Zum Schluß befahl sie mehr als sie riet, das Schwein zu verkaufen, damit wir doch etwas Geld in die Hand bekämen. Da stand der Vater schweigend auf und ging ins Holz, die Mutter griff unwillkürlich nach dem Halse, wo sie wieder den quälenden Druck fühlte; dann erhob sie sich schwerfällig, ging hinunter zu Bauer Gröppel und bat ihn, das Schweinchen auf seinem Wagen mit zum Markte nach Erdenau zu nehmen. „Bist du nicht klug?" fuhr Gröppel auf. „Wovon willst du denn leben mit deinen Kindern?"

Und auf einen schüchternen Einwurf ihrerseits fuhr er fort: „Die paar Taler Ackerlohn kann ich nächstes [Jahr] auch noch gebrauchen, und die da oben" — er wies in richtiger Ahnung des Zusammenhangs nach Frau Ridder, die eben mit einem Eimer Wasser vom Brunnen ins Haus ging — „soll ihre Miete schon auch noch bekommen. Daß du mir nicht das Schwein weggiebst! Ich leid's nicht!" Wie wohl tat dieser Klang menschlicher Teilnahme meiner gequälten Mutter. So behielten wir unser Schwein, d.h. wir schlachteten es bald, da Schrot zu fernerer Mastung nicht gekauft werden durfte. Aber nun blieben auch alle die vielen Lücken ungestopft, und es gab mir immer einen Stich ins Herz, wenn ich aus der Schule kam und der Mutter Angesicht so sorgenumdüstert sah. Wie muß es ihr in der

Seele weh getan haben, als sie zu Weihnachten nicht einmal die paar Pfennige beschaffen konnte für einige Christkindchen, sondern ein unförmliches Etwas, aus Brotteig hergerichtet, auf den Tisch legen mußte, das wir aber nicht als Pferd anerkennen wollten, sondern mißmutig zurückschoben.

Nach den Festtagen ging die Mutter nach Königs Hofe und kam mit einem großen Sack zurück. Sie hatte erfahren, daß Königs neue Bodenseile machen wollten und hatte gebeten, den Werg dafür spinnen zu dürfen, um etwas Geld zu bekommen. „Und du, Vater", sagte sie, „trägst uns Holz aus dem Walde zum Heizen und Brotbacken; kaufen können wir keins dieses Jahr." Das tat der Vater dann auch. Brinken hatte Holz vom Stamme verkauft, und der Vater erhielt die Erlaubnis, die Stümpfe mit den Wurzeln auszuroden und heimzutragen. Davon konnten wir sogar noch einen Vorrat für den Sommer aufsparen. Als unser bißchen selbstgebautes Korn verbraucht war, mußten wir aufs neue kaufen, obwohl das alte noch nicht bezahlt war, und es war für die Mutter ein schwerer Gang, als sie Dietrich König bat, ihr einen Scheffel Korn einzumessen. Warum gerade ihn und nicht Gröppel, Drake oder einen anderen, näher wohnenden, das weiß ich nicht so genau. Aber Dietrich König war immer und für jedermann die letzte Zuflucht. Wenn kein anderer mehr Vorräte hatte, — er hatte immer noch in Hülle und Fülle, hatte alles in bester Beschaffenheit, gab am bereitwilligsten, maß den Scheffel am vollsten. Er genoß sowohl bei Seinesgleichen, wie namentlich bei geringen Leuten unbegrenztes Ansehen, und seine hohe Gestalt mit den breiten Schultern, dem charaktervollen Kopfe und dem energisch geschlossenen Munde, den doch auch wieder ein schalkhafter Zug umspielen konnte, war für jedermann der Inbegriff des Reichtums und der Freigebigkeit.

„Na, Mädchen, das hat wohl nichts gegeben dieses Jahr?" begann er, indem er meiner Mutter voraus die Treppe zur Kornkammer hinaufstieg. Ihre Augen füllten sich mit Tränen. „Ach was, 's ist schon gut. Gieb mir deinen Sack her." Er maß ihr den Scheffel ein und trug den gefüllten Sack die Treppe hinunter. „Fritz, diesen Sack hier nimmst du noch mit zur Mühle." Den andern Abend brachte der Knecht den Sack mit Mehl in unser Haus. Meine Mutter war voll Dankes. „Meinst du denn wohl, Fritz, daß ich wieder kommen darf und daß Dietrich uns das ganze Jahr Brotkorn geben wird?" „Na, aber sicher, da sag' ich dir so gewisse gut für; der hat noch nie einen mit leeren Händen weggeschickt." Somit war ihr auch die Sorge um Brot von der Seele genommen. Einmal bemerkte sie zu Dietrich: „Aber wie lange wird's noch dauern, bis wir bezahlen können!" Darauf sagte er: „Kannst hier nächsten Sommer arbeiten helfen, dann verdienst du's ab. Die Kinder bringst du natürlich mit. Hier auf dem Hofe ist Platz genug."

Glücklicherweise war der Flachs das Jahr gut geraten, und an manchem kalten Wintermorgen hörten wir im Halbschlafe stundenlang Mutters Racke klappern. Den gereinigten, zum Spinnen fertigen Flachs trug der Vater des Abends im Sacke nach Erdenau, und von dem Erlös mußten die notwendigsten Ausgaben bestritten, mußten die Steuern bezahlt werden.

Die Ernte in Kartoffeln, die sonst unser vornehmstes Nahrungsmittel bildeten, war im Herbst auch spärlich ausgefallen, und blutenden Herzens mußte die Mutter noch froh sein, daß der Großvater, der uns in einer dringenden Not fünf Taler lieh, meinen Bruder für die Dauer des Winters mit sich nach Ellernbruch nahm, weil es ihr zu schwer fiel, alle ihre Kinder zu sättigen. Unsere Ziegen gaben schon lange keine Milch mehr, und so mußten wir das Gebräu aus Runkelschnittchen auch noch schwarz trinken. Wenn die Mutter ihr Gespinst auf Königs Hofe ablieferte, so erhielt sie neben dem Lohn, der uns gutgeschrieben wurde, von Riekchen König, der Schwester des Bauern, ein großes Butterbrot, welches größtenteils in ihre Tasche wanderte, um von uns daheim andächtig verspeist zu werden. Außerdem füllte ihr Riekchen die Schürze gewöhnlich noch mit einem großen Stück Brot, einer Schnitte schneeweißem Speck, Grütze, Graupen und getrocknetem Obst.

Eines Mittags kam ein Bettler in unser Haus. Wir aßen gerade mein Leibgericht, Blindhühnchen (Wurzeln und Bohnen) mit Speck. Ein dünnes Schnittchen Speck war noch übrig; das nahm die Mutter nebst einer Brotschnitte und reichte es dem Manne. Der bedankte sich sehr wortreich, erzählte, daß Frau Ridder ihn abgewiesen habe und schloß: „Die ärme Leite seien tausendmal brraverr wie die rreichen Bauerrn!" Ob die Mutter, als sie sich wieder niedersetzte, in Vaters Blick etwas wie Mißbilligung las? „Vater", sagte sie ruhig, „wenn ein Armer dem andern gibt, dann jubeln die Engel im Himmel."

Endlich nahm auch dieser Winter ein Ende, und der Vater rüstete sich zur Reise in die Fremde. Aber, oh weh! Es fehlte das Geld dazu. Die Mutter redete ihm zu, Drake darum zu bitten; der werde es ihm gewiß leihen. Er ging, blieb sehr lange aus und kam endlich bleich wie der Tod zurück. „Hast du's denn nicht?" fragte Mutter. „Ja — einen Taler hat er mir gegeben." So mußte die Mutter um Mitternacht noch einmal hingehen und um das noch Fehlende bitten. Drake lieh es gern und schalt über die Blödigkeit meines Vaters.

Da stand nun die Mutter mit uns Kindern allein, ohne Geld für die notwendigsten Bedürfnisse. Doch wir waren gesund und draußen lockten der warme Sonnenschein und die milde Frühlingsluft hinaus in Garten und Feld zur Arbeit, da gewann sie bald wieder neuen Mut. Am Tage vor Ostern zogen viele Kinder durchs Dorf und baten auf den Höfen um Eier. „Mutter", meinte August, „soll ich auch?" „Nein, Kinder", wehrte sie ab, „wenn's uns auch hart geht — betteln wollen wir nicht!" Ein Festtag war es für uns, als wir zu unserem dünnen Kaffee nach langer Zeit wieder frische Ziegenmilch bekamen. Gern teilten wir sie mit dem soeben von Gröppels Hofe geholten, schneeweißen Schweinchen und mit Prinz. Das war unser großer, graugestreifter Kater, der nicht nur Mäuse und Ratten fing, sondern auch manchen Kampf mit Gröppels schwarzem Hofhunde „Wasser" zu seinen Gunsten beendete, indem er sich auf dessen Rücken schwang und sich dort trotz aller Abschüttelungsversuche seines Gegners seßhaft behauptete. Jede erjagte Beute zeigte er erst vor und miaute so lange, bis wir ihn belobt hatten; dann erst verschlang er sie.

Noch einmal brach eine trübe Zeit herein, als es mehrere Wochen hindurch regnete und empfindlich kalt wurde. Wir hatten einen weiten Schulweg, der zwischen den Feldbreiten mehrmals durch tiefe Gründe hindurch führte. Diese waren im Winter häufig ganz mit Schnee gefüllt, im Frühjahr aber verwandelten sie sich dann in reißende Gießbäche. Beim Überschreiten oder Überspringen derselben holten wir uns fast immer nasse Füße, und damit gingen wir dann in die Schule. Nun hatte die Mutter im Verlauf des Winters schon ihr dürftiges Unterzeug für mich zurecht gemacht, damit ich an meiner Gesundheit nicht Schaden litte, aber für meine nun ganz zerschlissenen Schuhe wußte sie keinen Ersatz, und neue wollte Meister Darholt erst machen, wenn die alten bezahlt wären. Die

Mutter nähte und nagelte immer noch die Sohlen zusammen, so gut sie konnte, aber wenn ich aus der Schule heimkam und mir die Zähne vor Nässe und Kälte aufeinander schlugen, dann weinten wir beide miteinander. Aber trockene und durchwärmte Strümpfe gaben mir bald die Körperwärme zurück, ein Töpfchen warm gehaltenen Kaffees mit aufgeweichter Brotrinde tat das übrige. Daß die Mutter selber beim Futtersuchen draußen an den Hecken und zwischen dem Korne gänzlich durchnäßt wurde, daran dachte niemand.

Auch für die Schule fehlte es an diesem und jenem. Alter, lieber Lehrer Hanning! Wenn ich zurückdenke an die zwei Jahre Unterricht, die ich bei dir genossen habe, dann will es mir freilich scheinen, als ob du nicht immer auf den Höhen der Erziehungs- und Lehrkunst gewandelt seiest. Oft hieltest du die Zügel recht lose in der Hand. So fand jeden Morgen erst ein Wettkampf zwischen Knaben und Mädchen statt. Sobald nach Gesang und Gebet der Lehrer das Zeichen gab, daß mit Lesen angefangen werden sollte, sprangen der oberste Knabe und das oberste Mädchen gleichzeitig auf, und Eines suchte das Andere zu überschreien. Ich kann feststellen, daß hier — was sonst nicht immer der Fall sein soll — der männliche Teil meist das letzte Wort behielt. Kämpfe ernsterer Art ergaben sich beim Kopfrechnen. Wer eine Frage nicht beantworten konnte, erhielt seinen Platz weiter nach unten. Sein klügerer Nebenmann setzte sich nun aber nicht etwa ruhig über ihn, sondern mußte sich seinen besseren Platz erst erstreiten. War er der Stärkere, so war die Sache natürlich einfach; war er der Schwächere, so verzichtete er nicht selten ohne weiteres; war er ihm an Körperkraft einigermaßen gewachsen, dann sah er sich seinen Gegner erst von der Seite an, zog, schob oder stieß ihn nach unten. Blieb der andere hartnäckig, dann rief er: „Herr Lähr, ich komm 'er über!“ worauf die Antwort erfolgte: „Ja, sieh zu, ob du'r über kommen kannst!“ Hierauf ein Drängen, Balgen, Stoßen, Schlagen mit oder ohne Erfolg. Einige, darunter Wilhelm Drake, mit dem ich in der mittleren Klasse wieder zusammengekommen war, Fritz Weber und andere stiegen aus der Bank und fochten die Sache ganz nach den Regeln des Ring- und Faustkampfes auf dem freien Platze hinter den Bänken aus. Erst maßen sie sich mit den Blicken, dann erfaßten sie sich blitzschnell mit den Armen. Ein wütendes Stampfen begann, und die Arme knackten. Dichte Staubwolken wirbelten auf und umhüllten die

Kämpfenden. Man hörte nur noch, wie die beiden keuchten und halblaute Drohungen ausstießen. Wilhelm Drake hatte es besonders häufig mit einem starkknochigen und schwerfleischigen Gesellen zu tun. Beide waren den Wissenschaften ziemlich gleichermaßen abhold, desto eifriger aber darauf bedacht, ihren Ruhm als streitbare Kämpen nicht geschmälert zu sehen. War der Kampf nun nicht anders zu Ende zu bringen, dann faßte Wilhelm seinen gewichtigen Gegner um den Leib, hob ihn frei vom Boden auf und warf ihn mit dumpfen Krachen auf den Boden; dann nahm er mit größter Befriedigung den schwer errungenen Platz in Besitz.

Aber ungeachtet dieser Gepflogenheiten, die gewiß nicht den Beifall des Schulrats gefunden hätten, lernten wir im ganzen doch mit Lust und Eifer, und der Lehrer hatte ein Herz für uns und ein Verständnis für die Lage eines jeden. Meine Schiefertafel war zerbrochen, und da zu einer neuen das Geld fehlte, schrieb ich lange Zeit auf einer Scherbe. Als das Schreibheft vollgeschrieben war, kaufte ich mir für die letzten zwei Pfennige meiner Mutter einen Bogen Papier. Der Lehrer sah mich mit eigenem Blicke an, dann faltete er schweigend den Bogen zusammen und zog mir Linien darauf.

Als endlich trockenes Wetter einkehrte, hei! wie flogen da die zerrissenen Schuhe in die Winkel. Nun gings barfuß den ganzen Sommer hindurch. Ein Ende hatte nun auch das Gepolter, wenn die entfesselte Jugend hinausstürmte aus den Schulräumen; fast unhörbar watschelte die Barfüßerschar hinaus, und draußen gab es ein lustiges Rennen, das nur auf Steinen und Stoppeln zuweilen prickelnde Hindernisse fand. Dabei behielten wir alle gesunde Füße, und viele Jahre später wunderten sich meine Bekannten aus der Stadt, daß ich alle Zehen frei bewegen konnte, während die ihrigen, verbogen und verkrüppelt, in einem Klumpen dicht aneinander gedrängt lagen. — Und nun kam die Zeit, wo meine Mutter ihre Haus- und Gartenarbeit schon in aller Frühe besorgen mußte, um tagsüber auf Königs Hofe arbeiten zu können.

Der König von Hagenborn

Königs Hof! Schon der Name weckt mir nach mehr als fünfzig Jahren eine Welt angenehmer Gefühle. Er ist mir der Inbegriff alles dessen geworden, was ich in meinem Leben von der oft gepriesenen Herrlichkeit des Landlebens gehört und kennengelernt habe. Was Reichtum und Fülle heißt, habe ich erst auf Königs Hofe erfahren. Fest gegründet, behäbig, sicher, ehrwürdig – so war er mir immer erschienen, wenn ich das Dorf hinabging und ganz am unteren Ende links hinter dem Wiesengrunde auf mäßiger Anhöhe Königs Hof mit seinen Häusern, Gärten und Baumgruppen liegen sah. Das rechte Haus, ein mächtiger Fachwerkbau in Stroh gedeckt, kehrte der Straße die Giebelseite zu. Hell blinkten zwischen den weißen Wänden die Fenster herüber. Dichter Hauslauch erhob seine Blumensträuße über die Dachfirste.

Wie oft habe ich sehnsüchtige Blicke hinübergeworfen nach dem Blumen- und Pflanzengarten links neben dem Hause, wenn daraus feuerrote Nelken und andere Blumen herüber leuchteten, wie mich dünkte, in feenhafter Pracht. Voll der gespanntesten Erwartung, fast zagend schritt ich zum ersten Male neben der Mutter durch den Wiesengrund und stieg unter Obstbäumen den Hang hinan. Linker Hand traten wir durch die „obere Tür“ in die Küche, die mit ihrem Fußboden aus großen Steinplatten, der blanken Messingpumpe und ihrer sonstigen vornehmen Ausstattung in ganz Hagenborn nicht ihresgleichen hatte. [. . .] In der geräumigen Speisekammer nebenan befanden sich nicht nur zahllose Milchsetten, -töpfe und -schüsseln, sondern in einer Ecke stand ein riesiges Faß mit selbstgebrautem Bier, von dem sich jeder, der Durst hatte, nach Belieben zapfen mochte.

Aus der Küche traten wir linker Hand in die große, helle Wohnstube. In uraltem Gehäuse tickte in vornehmer Ruhe eine Wanduhr. Daneben hingen schneeweiße Handtücher. Links vom Eingange stand ein großer Kachelofen mit allerlei schönen Bildern an Türen und Platten. An der Wand hing ein Barometer, das einzige in Hagenborn zu jener Zeit, und ein Tages-

kalender. Ein großer, schwerer Eichentisch für das Gesinde zog sich von einer Ecke aus die Wand entlang, in einer andern stand ein kleinerer für den Hausherrn, ein dritter für Besuch stand hinter dem Ofen. An diesem saßen heute wir einmal und aßen. [. . .]
Ging man von der Küche aus an der Stube vorüber, so gelangte man auf die riesige Deel. Der Küche gerade gegenüber führte eine Tür in den Blumen- und Pflanzengarten. Die Deel hinabschreitend, hatte man zur Linken den Stall, wo in langer Reihe die Milchkühe standen; in einem Anbau dahinter befand sich das Jungvieh. Gegenüber in einem anderen Anbau befanden sich die Pferdeställe. An beiden Seiten der Deel hingen aus Stroh geflochtene Körbe, bei denen tagsüber fortwährend gackernde Hühner ab- und zuflogen. Am Boden über der Deel waren Träger und Balkenwerk von einer Dicke, daß man heute vier und fünf gleich große Häuser daraus bauen würde. Im Sommer schossen zahlreiche Schwalben, die an den Balken ihre Nester hatten, beständig aus und ein. Draußen vor der „unteren Tür" fuhr „Schweiz", der mächtige Hofhund, rasselnd aus seiner Hütte, wenn ein Fremder sich nahte oder ein vorwitziges Schweinchen Miene machte, auf die Deel zu laufen. Von dieser Tür führte ein gut gehaltener Fahrweg in sanftem Anstieg zwischen dem Schuppen, der zugleich Schweinehaus und Hühnerhaus war, und dem Schafhause hindurch, in dem Baumhofe hinauf durch das große, eichene Tor in die Felder. – Von der oberen Tür führte ein sauber mit Backsteinen gepflasterter Weg über den Hof an dem Backhause vorüber nach der Leibzucht, an deren Rückseite ein Garten und eine Baumschule lagen. Weinstöcke bedeckten die ganze Front der Leibzucht nach der Straße hin. Wenn Dietrich König mit hallendem Schritt den Steinweg entlang nach der Leibzucht ging, die gestrickte Mütze auf dem Kopfe, die er auf dem Hofe immer trug, in grüner Joppe, braune Gamaschen an den Füßen, dann erschien er mir wie das Urbild eines Mannes. So sah ich ihn meist des Mittags, wenn ich aus der Schule kam und meine Mutter schon auf dem Hofe war. Er hatte dann soeben nach dem Essen den Leuten Befehle für den Nachmittag erteilt. Jetzt, während die Mägde in der Küche das Geschirr spülten oder im Stall die Kühe melkten, die Knechte irgendwo im Stroh oder im Heu den Mittagsschlaf hielten, ging er in seine Werkstatt, die er sich in der Leibzucht eingerichtet hatte, und besserte aus, was an Garten- und Ackergerät Schadhaftes eingeliefert

worden war, oder er ging in die Baumschule und schnitt, band auf oder veredelte. Das war seine Erholung. Damals wandten die meisten Landwirte dem Obstbau nur geringe Beachtung zu, und König war der Einzige, der unermüdlich auf eine gründlichere Obstbaumpflege bei den Nachbarn hinarbeitete. Bei seinen besonderen Freunden, Drude in Gehren, Brennecke in Altengehren, Meier in Untermoosbach u.a. sah er von Zeit zu Zeit selbst nach den Bäumen. Dann guckte er wohl auch unvermutet in die obere Tür und sagte zu dem Meier oder zu seiner Frau: „Der Krüppel dort an der Mauer muß weg! Könnt herschicken und einen bessern holen lassen. Aber nicht zu tief pflanzen!" Widerspruch gegen seine Anordnungen erhob niemand; alle Bewohner von Hagenborn und den Nachbardörfern erkannten seine überragende Einsicht willig an. Häufig hatte er am Bienenstande im Garten zu tun, und ich durfte mitgehen und ihm Handreichung tun. Oh, das war schön, wenn die Wärme der Sommersonne brütete über Garten, Baumhof und Wiese, und von den Johannisbeersträuchern und dem Buchsbaum, durch die wir dahinschritten, kräftig-würziger Geruch ausströmte. War die Arbeit beendet, dann durfte ich von den Stachel- und Johannisbeeren essen. Inzwischen hatten sich die Leute wieder in der Wohnstube eingefunden und tranken aus runden, mit Blumen bemalten Tassen Kaffee. Unglaubliche Mengen Brot, Butter und Milch wurden dabei verzehrt, und meine Mutter zupfte mich öfters leise am Ärmel und mahnte, die Butter nicht zu dick aufzustreichen.

Nach dem Kaffee zogen die Leute unter der Führung Dietrichs, der einen Spaten, eine Hacke oder eine Forke über der Schulter trug, ins Feld, meine Mutter aber begab sich meistens wieder in den Garten, der auch viel Arbeit erforderte und zum großen Teile von ihr allein besorgt wurde. Oft habe ich sie dort in brennender Sonnenhitze an der Arbeit gesehen, selbst während der Mittagspause, wo alle andern im Schatten des Hauses weilten. War die Hitze ganz unerträglich, dann schickte ihr Riekchen, die Schwester des Bauern, ihre weiße Kattunschürze hinaus, die sie über Kopf und Nacken hing. Wenn in der Ernte die Arbeit drängte, dann ging die Mutter schon kurz vor Mittag nach Köngs Hofe und hatte, wenn die Mägde vom Felde kamen, sämtliche Kühe gemolken. Dann war sie so erhitzt, daß sie von dem kräftigen, stark gefetteten Mittagsmahle kaum einige Bissen hinunterbringen konnte. — Ich mußte, wenn ich morgens schon da war, den Klee vom Wagen laden und auf der Deel auseinander legen, der frühmorgens taunaß vom Felde geholt worden war und beim Abladen meistens schon heiß war, damit er nicht [zu] heiß wurde. Nachmittags, wenn Fritz Weber, der Schweinehirt, gemächlich seine Herde vor sich her den Hof hinauftrieb, den linken Arm beladen mit seinen Butterbroten, dann war es meine Aufgabe, die Eier aufzusuchen, die von den Hühnern lange nicht alle in die Strohkörbe gelegt, sondern außerdem noch in Stroh und Heu auf Böden und Bühnen, in den Holzhaufen und andern Schlupfwinkeln versteckt wurden. Was für Entdeckungsgänge in unbekannte Räume und geheimnisvolle Winkel waren da zu machen!

Nicht selten kamen Herren aus B., um den überall bekannten und angesehenen Bauern zu besuchen und zum Schluß allemal seinem Schinken und seinen Würsten Ehre anzutun. Ich erinnere mich, wie er einmal einem Stadtherrn eine prachtvolle Mettwurst reichte mit der in unerschütterlichem Ernst gesprochenen, trockenen Bemerkung: „Pferdewurst!" Der Gast rührte die Wurst nicht an, und Riekchen, die jene Bemerkung nicht gehört hatte und das verräterische Zucken der Mundwinkel bei Dietrich nicht bemerkte, nötigte umsonst und war gekränkt, daß der Besuch nicht zulangte.

Ein anderes Mal waren zwei junge Apotheker aus B. beim Krebsfangen von Königs Grundstück auf das seines Nachbarn Henke gekommen und stapften fröhlich und nichts Böses ahnend in der Wiese hin und her. Da nahte zornig der Eigentümer, der nicht so gastfrei war wie Dietrich, und stürmte mit drohend geschwungener Heugabel auf sie los. In weitem Bogen flog der Sack mit den gefangenen Krebsen in den Fluß; dann eilte der ergrimmte Bauer hinter den beiden Stadtjünglingen her, die in ihrer Angst mitten durch den Fluß wateten und pudelnaß und schreckensbleich auf Königs Hofe wieder ankamen. Sogar der Appetit an Riekchens prachtvollem Pfannkuchen war ihnen vergangen. Das Anerbieten Dietrichs, seine Kleider anzuziehen, bis ihre eigenen getrocknet wären, konnten sie im Hinblick auf seine Reckengestalt unmöglich ernst nehmen, und so eilten sie ziemlich hastig der Stadt zu, bis ins obere Feld geleitet von Dietrich, der nicht unterließ, sie wiederholt aufs wärmste zum Wiederkommen einzuladen.

Überhaupt war in Königs großer Stube fast beständig irgend jemand am Essen. Postbote oder Gendarm, Kollektant oder Handelsmann, alle stärkten sich hier für die fernere Wanderung. Nur einmal habe ich gesehen, wie einer das angebotene üppige Vesperbrot nicht annahm; das war Pastor Rückert. Er wollte noch mehr Besuche in Hagenborn machen und dankte. Das verdroß Dietrich offenbar. Wie es denn hier gehe, fragte der Pastor. „Ja, Herr Pastor, wir halten es mit dem Worte: Tue recht und scheue niemand. Damit kommen wir, denke ich, auch in den Himmel." „Aber nur aus Gnaden kommen wir hinein, aus Gnaden, und die Gnade erlangt man durch Buße." „Ei nun, wenn man recht getan hat, wozu braucht man da noch Buße?" „Haben Sie denn immer recht getan?" Das wollte König nun nicht sagen. „Also kommen Sie um die Buße doch nicht herum." „Aber", meinte König, „das ist dann früh genug, wenn man sterben muß." „Wissen Sie denn, daß Sie da noch Zeit haben? Aber abgesehen vom Sterben – schon im Leben haben wir alle die Gnade sehr nötig." „Wozu denn?" „Daß wir bewahrt bleiben vor schwerem Falle." „Ach was, dafür muß man aufpassen." „Dann will ich Ihnen nur wünschen", sagte der Pastor und seine Stimme klang sehr ernst, „daß Sie mit diesem Aufpassen nicht zuschanden werden. Sie sind nicht verheiratet?" „Gott sei Dank, nein!" „Dies Wort klingt mir aber sehr sonderbar. Sprechen Sie so von einer göttlichen Ordnung?" Was Dietrich noch mehr redete – er sprach allerlei von Dummen, denen zu spät die Augen aufgingen und dergl. –, das habe ich nicht genau behalten, wohl auch nicht alles verstanden. Der Pastor ging sichtlich mißgestimmt fort, und ärgerlich, wie mir schien, schritt Dietrich den Hof hinauf ins Feld.

Erntezeit

Unter vieler täglicher Arbeit meiner Mutter und während ich immer Neues sah und lernte, kam die Zeit der Ernte. Noch erinnere ich mich des Males, daß ich den schweren Korb mit dem Vesperbrot den Mähern ins Feld hinaustragen durfte. Es war an einem heißen Sommernachmittage. Von einer Anhöhe hinter Königs Hofe aus weidete ich mich an der Aussicht. Vor mir senkte sich das Gelände allmählich zu einer weiten Talmulde. Unten am Abhange, der weiter links mit Eichen bestanden war, floß die Molte. Dahinter dehnte sich im Grunde die Kuhweide aus. Jenseits zogen sich in sanfter Neigung Königs Felder bis an die Landstraße, die über die Anhöhe von Erdenau nach Blumenstein führt. Ein Teil des Feldes war mit Roggen bedeckt, und in langer Reihe rückten die Mäher an der gelblichweißen Fläche allmählich vorwärts. Über das Tal hinweg klang das Rauschen der Sensen, die im Takte durch die Halme fuhren. Da trug ich meinen Korb noch einmal so stolz in dem Bewußtsein, in diesem herrlichen Getriebe auch ein kleines Rädchen zu sein. Mit dem gleichen Stolze beobachtete ich später, wie unsere Getreideladungen sich höher auftürmten als die des Nachbarn Henke. Unser Großknecht, der im Aufladen besonders geschickt war, durfte das aber auch wagen, denn von keinem der Hagenborner Höfe führten so gute Wege in die Felder, keine Haustür hatte einen so mächtigen Bogen wie Königs. Wenn der vollbeladene Wagen den Hof hinabrollte, durch die untere Tür ins Haus, rauschend, knisternd und die Deel verdunkelnd, und die schnaubenden Pferde erst oben auf der Deel anhielten, freudig stampfend, als wären auch sie stolz auf solch wertvolle Ladung, dann blickte Riekchen König wohl freundlich nickend und lächelnd aus der Küche in die Deel hinab.

In solchen Zeiten war meine Mutter vom Morgen bis zum Abend auf Königs Hofe. Ich schüttete dann mittags unserem Vieh daheim das zurückgestellte Futter in Trog und Stall; die Mutter hatte dafür keinen Augenblick Zeit. War der Tag vorüber und das Abendessen beendet, dann sagte meine Mutter: „So, dann gute Nacht!“ „Ach was“, schallte es dann meistens von der Deel her, „erst mal hier eingepackt!“ Ein großes Laken mit frischem Klee hob Dietrich ihr auf den Kopf. In der Küche legte Riekchen der etwas verlegen, aber dankbar Lächelnden ein Viertel eines Brotes und ein Stück köstlicher Butter in die Schürze. Unten am Berge hob Mutter vom Gatter aus ihr Jüngstes auf den linken Arm, nahm mich bei der Rechten, August, nachdem er von den Großeltern zurückgekehrt war, hielt sich am Rock der Mutter fest, und nun gings am späten Abend die Dorfstraße hinauf. Auf dem Torpfeiler vor Ridders Hofe, neben dem Brunnen, harrte unser schon lange der getreue Prinz, der nun mit behaglichem Miauen vor uns her dem Hause zu lief. Ungestümer äußerten Ziegen und Schweine ihre Freude über unser Kommen. Während die Mutter sie versorgte und von der frischgemolkenen, schäumenden Milch Prinz einen kleinen Rest hinstellte, schliefen wir gewöhnlich schon auf dem Fußboden ein und mußten von der Mutter ausgekleidet und ins Bett gebracht werden. Todmüde konnte nun endlich auch sie neben uns das Lager aufsuchen, aber doch war sie froh, denn nun kostete unser Haushalt fast nichts, und sie wußte, daß wir Kinder keinen Mangel litten. Freudig ging sie daher täglich aufs neue an die Arbeit. Ja, wenn die Erntearbeit am meisten drängte, wurde sie auch noch auf andere Höfe, zu Gröppels, Brinkens, Draken oder Müssen bestellt. Dann sagte sie fast nie ab, sondern ging vormittags zu Königs, um nachmittags den andern helfen zu können.

Wenn die Ernte im vollen Gange war, dann begannen in unserer Schule die Sommerferien. Nun mußte der Kuhjunge beim Einfahren helfen, während ich mit meinem Bruder im Grunde hinter der Molte die Kühe hütete. Die weite Niederung wurde durch einen Zufluß der Molte von Gehren her durchschnitten. Viel Mühe machte uns das Hüten nicht. Den Weg nach der Weide fanden die Kühe so ziemlich von selbst, und ausbrechen konnten sie nur an wenigen Stellen. So hatten wir reichlich Muße, uns in dem schönen Talgrunde umzusehen. Im Wiesengrunde an der Molte aufwärts sehend, erblickten wir unseren Klingener Turm im Hintergrunde, im Seitentale, uns viel näher, den von Gehren. Etwas unterhalb rauschte Königs Mühle, wo Müller Brand waltete, den unsere Mutter vor Jahren bei ihrer Ankunft in dieser Gegend in der Waldmühle zuerst gesehen und der seine schlesische Heimat so ziemlich vergessen hatte. Leute, die zu Wagen, zu Pferde oder auf ihrem Rücken Korn zur Mühle brachten oder Mehl abholten, boten uns Stoff zur Unterhaltung. Oft suchten wir Muscheln in dem Bache oder beobachteten das Spiel der Stichlinge und Barsche in dem Zuflusse der Molte, oder wir suchten nach gewaltigem Anlaufe diesen zu überspringen, was keineswegs allemal gelang. Auch den wunderschönen Eisvogel sahen wir oft, wie er unbeweglich auf einem Steine am Ufer nach Beute spähte oder im Schatten der überhängenden Gebüsche lautlos über die gewundene Wasserfläche dahinschwebte. Häufig sammelten wir Schafgarbe, Tausendgüldenkraut, Kamillen und andere Arzneikräuter, die unsere Mutter daheim trocknete und für Erkältungen oder Magenbeschwerden gut anzuwenden verstand. Kamillen bildeten besonders unsere Medizin; die waren beinahe für alles gut.

Wenn die Sonne am Abend hinter dem Wäldchen neben der Mühle zur Rüste gegangen war, und die weichen Töne der Gehrener Betglocke das Tal herabschwebten, dann trieben wir unsere Herde dem Hofe zu. Über eine Brücke der Molte gings, dann zogen die Tiere an der anderen Seite das ziemlich schräge, aber hoch aufsteigende Ufer entlang, in mehreren Reihen übereinander, da sich im Laufe der Zeit förmliche Terrassen gebildet hatten. An diesem Ufer standen eine Anzahl Eichen, unter denen eine durch Größe und auffallenden Wuchs so hervorragte, daß sie schlechthin „die Eiche" genannt wurde. Ihr riesiger Stamm strebte anfangs gerade aufwärts, beschrieb dann einen mächtigen Bogen und breitete sich endlich mit weit ausladenden Ästen zu einer ungeheuren Krone aus. Oft schon hatten Holzhändler den Baum um hohen Preis kaufen wollen – zum Schiffsbau, sagten sie –, aber immer hatte Dietrich geantwortet, keiner solle ihm seinen Baum anrühren. Oft habe ich von der Weide aus meinen Blick auf der erhabenen Krone des Baumes ruhen lassen, im Herbst seine eigenartig geformten Früchte gesammelt, manches Mal bei Regen und Sturm seinen Schutz gesucht.

Eines Tages kam von Gehren her Vatter Laibchen mit einer Kuh über unsere Weide. Sofort trabte der Ochse aus unserer Herde brummend auf die beiden los. „Junge, willste wohl treiben den Ochsen weg!" kreischte Laibchen in den höchsten Fisteltönen. Ja, da war gut wegtreiben. Ich schrie den Ochsen an, ich warf, ich schlug ihn mit dem Stocke – er kehrte sich nicht daran. Auf mein Hülferufen eilte Müller Brand herbei – in Pantoffeln. Hageldicht sausten die Hiebe, aber mit Grausen nahm ich wahr, wie hart so ein Ochsenschädel ist. Jetzt machte er eine kurze Wendung, und Müller Brand, dessen Pantoffeln im weiten Bogen durch die Luft flogen, lag rücklings am Boden. Unser Geschrei, das Jammern des Juden, der vergebens mit seinem Kühlein das Weite zu gewinnen trachtete, das Brüllen des Ochsen, alles klang zu einem unerfreulichen Konzert ineinander und mochte wohl auf dem Felde hinter Königs Hofe vernehmbar sein. Da erschien von der Mühle her Dietrich König. Erkannte das Tier die Stimme seines Herrn oder fürchtete es sich vor der blitzenden Heugabel auf seiner Schulter – es ließ ab von der Kuh und trottete brummend zu seiner Herde zurück. Da stand plötzlich mit schreckensbleichem Gesicht, in triefenden Kleidern, eine Hacke in der Hand, unsere Mutter neben uns, zog uns zu sich heran und fragte mit bebenden Lippen: „Hat er euch was getan?" Erst als sie uns beide unverletzt fand, legte sich allmählich ihre Erregung; daß und wie sie durch das Wasser gekommen war, wußte sie selbst nicht mehr.

An Sonntagnachmittagen kam zuweilen unser Hauswirt Ridder mit seiner Tochter Julia zu uns den Brink herab. Mutter holte ihm einen Stuhl aus dem Hause, sie selbst setzte sich auf den Hauklotz, wir Kinder lagen im Grase unter dem Apfelbaume. Nun stopfte sich Vater Ridder bedächtig die Pfeife, holte seinen Feuerstein hervor, legte ein Stück selbstbereiteten Zunder daran und schlug mit seinem Taschenmesser so lange, bis der Zunder Feuer gefangen hatte, und legte das glimmende Stück auf den Tabak. „So schmeckt das weit besser als mit dem Schwefelholz!" behauptete er. Nun ließ er sich über den Fortgang der Ernte bei Königs berichten, zwischendurch mit vorsichtigem Behagen in ganz dünnen Wölkchen in die Luft blasend. Dann meinte er wohl: „Ja, Dietrich baut schönes Korn; besonders sein Weizen ist prachtvoll. So kann es hier keiner sonst. Freilich, in Holland, da wurde der Getreidebau noch viel gründlicher betrieben, und mit dem Korn, was ich auf dem Samster Baulande gesehen habe, ist selbst Dietrichs Weizen gar nicht zu vergleichen. Und die Felder sind dort so sauber! Sogar der Hafer wird gehackt oder gejätet und ist nicht über und über gelb vor Hederich wie hier." Wie man denn Hafer hacken könne, fragte meine Mutter. „Nun, der wird in Reihen gesät", war die Antwort. Dazu schüttelte sie den Kopf und meinte, da müßten die Leute dort wenig zu tun haben. Das „Drillen" kannte man eben damals bei uns noch nicht.

Eines aber konnte nach meiner festen Überzeugung auch in Holland nicht großartiger sein: der Erntehahn. Hatten wir das letzte Getreide im Felde auf den Leiterwagen geladen, dann setzten sich Mägde und Knechte oben darauf, der Großknecht bestieg das Handpferd, Dietrich schritt zum letzten Male, die blitzende Forke auf der Schulter, hinter dem Wagen her, und mit Gesang zog alles dem Hofe zu, wo Riekchen zum frohen Empfange bereit stand.

Am nächsten Sonntage ging alles nach Klingen zur Kirche, um dem Herrn der Ernte, der Segen und Gedeihen gegeben, Ehre darzubringen. Nach der Rückkehr versammelte sich alles in der geräumigen Wohnstube, und das Gesinde setzte sich in seinen besten Kleidern, wie es sich für diesen seinen Ehrentag geziemte, mit frohen Mienen an den großen Tisch. Auch der schwarze Christian war darunter, der jetzt nicht mehr nach Holland ging, aber in der Heimat zur Erntezeit überall da, wo man ihn brauchte, seinen Sulinger wacker mit einbeißen ließ. Sogar Fritz Steinkämper aß mit. Ihm war richtig noch bei Lebzeiten der Großmutter, wie diese prophezeit hatte, der Hof verkauft worden.

Nach ihrem und seines Vaters Tod bewohnte er allein zwei Stübchen in der Leibzucht seines väterlichen Hofes, auf dem jetzt ein neuer Besitzer mit Namen Stock unermüdlich und fröhlich schaffte. Fritz ging im Dorfe umher, guckte bald auf diesem, bald auf jenem Hofe ein, fand überall viel zu tadeln und gab weise Ratschläge, wie alles besser zu machen sei. Auf Königs Hofe wollte er zuweilen beim Arbeiten helfen, sei's, daß er beim Aufrichten des gemähten Kornes das Koppelseil um die Schäuwe legte, sei's, daß er beim Einfahren die Pferde hielt. Hierbei fand er aber bald an jedem der vier Pferde so viele schlechte Eigenschaften, daß ihm der Großknecht nach kurzer Zeit ärgerlich die Leine aus der Hand nahm, worauf er dann sehr gleichmütig dem Hofe zusteuerte, um hier desto länger bei Riekchens Vesperbrot zu verweilen. Und was er da möglicherweise versäumt hatte, das holte er nun heute beim Erntehahn redlich nach.

Zu dem festlichen Mahle hatte nun alles, was an eßbarem Getier auf Königs Hofe lief und flatterte, Fleisch hergeben müssen, Rinder und Schafe, Schweine und Hühner. Von allen Gemüsearten, die Garten und Feld erzeugten, erschien ein Gericht auf dem Tische, und sich durch alle Gänge durchzuessen, war wahrscheinlich keine leichte Aufgabe, die gewöhnlich auch nur dem schwarzen Christian ganz gelang. „Ja, ja", pflegte er dann mit behaglichem Schmatzen zu sagen, „wie die Kaue geht, so die Maue geht! Mein Sulinger hat nochmal ganz barbarschen mit eingebissen, da kann ich dir man dreiste gut für sagen." – Der Letzte beim Essen war gewöhnlich ich. Erst hatte der Anblick so vieler Esser meine Aufmerksamkeit abgelenkt; kam dann aber mein Leibgericht, dicker Reis, auf den Tisch, so konnte ich zum stillen Entsetzen meiner Mutter kein Ende finden. – Nachher gab's noch Kaffee mit wunderschönem, selbstgebackenem Weißbrot. Die andern Tagelöhnerfrauen, die ihre Kinder nicht bei sich hatten, trugen in ihren Schürzen Fleisch, Weißbrot und einen Kump voll dicken Reis mit nach Hause.

Da „wir", wie ich selbstbewußt zu sagten pflegte, in dringenden Fällen auch auf anderen Höfen mitgeholfen hatten, so wurden wir auch hier zum Erntehahn eingeladen. Da hatte denn meine Mutter ihre liebe Not, mir den Mund zu stopfen, wenn ich Vergleiche anstellen wollte, die natürlich sehr zu ungunsten der anderen Höfe ausgefallen wären.

Zwei Feste

Beinahe wäre der Sommer, für uns Kinder wenigstens, ganz froh und sorgenlos dahingegangen, da kam meiner Mutter und mir gegen Herbst unsere drückende Lage bei zwei Gelegenheiten noch einmal in ganzer Schwere zum Bewußtsein. Als die Ernte beendet war, trat eine kurze Zeit der Ruhe ein, und wir blieben dann und wann einige Tage zu Hause. Eines Nachmittags kam ein Mann die eben gemähte Wiese herab auf unser Haus zu, die Mütze mit Blumen und bunten Bändern geschmückt, und hielt uns durchs offene Fenster eine Rede, von der ich nachher nur die Worte: „Hochzeit" – „schöne Mahlzeit" – „Löffel und Gabel mitbringen" – „schöne Musik" wiederholen konnte. „Mutter, was ist das für ein Mann?" „Das ist ein Hochzeitsbitter, der will uns einladen zu Brinkens Hochzeit." „Hochzeit?" Ich hatte die Ahnung von etwas Schönem: „Gehen wir denn hin, Mutter?" Nun gab es ein Widerstreben auf der einen, ein langes Bitten und Drängen auf der andern Seite. Ach, unsere Kleider waren längst nicht mehr hochzeitlich, und daß wir nicht einmal einen zinnernen Löffel unser eigen nannten, das war ein Umstand, der sogar bei mir Bedenken erregte; mit einem hölzernen könnte man sich doch an einer Hochzeitstafel nicht sehen lassen. Endlich willigte die Mutter ein, daß ich mit Bergers Mutter hingehen durfte. Meine zerrissenen Schuhe, die knochenhart geworden waren, wurden hervorgesucht und durch Einreiben mit Tran einigermaßen instand gesetzt. Einen Zinnlöffel mit halbem Stiel hatte ich irgendwo gefunden; den scheuerte ich tagelang auf dem Fußboden, bis er blank war.

Und dann kam der Hochzeitstag. Mit sämtlichen Nachbarskindern und ihren Müttern stand ich an der Dorfstraße und wartete in ungewohnter Erregung auf die kommenden Ereignisse. Da erklang die Dorfstraße herauf Hufschlag und Jauchzen. „Mutter, die Vorreiter kommen", rief Ridders Julia in die Küche zurück, worauf auch sie eilig an den Weg gelaufen kam. Und da jagten sie herauf, die Burschen des Dorfes, auf schnaubenden Pferden, die Mützen und Zäume mit Blumen geschmückt.

Sie waren der Braut bis Großenmolte entgegengeritten und wollten nun dem harrenden Bräutigam auf Brinkens Hof die Botschaft bringen, daß seine Braut sich nahe. „Seht ihr wohl, unser Heinrich ist der Erste“, rief Wilhelm Drake und zeigte auf seinen Bruder, der an der Spitze des Zuges ritt, „der kanns!“ „Nein, Henken Friedrich reitet viel schöner“, sagte Julia, dem schlanken, geschmeidigen Reiter auf dem zweiten Pferde mit einem eigenen Blick nachsehend, der ihr im Vorbeireiten freundlich zugenickt hatte. „Ja, Henken 'Lustig' kann viel besser laufen als Draken 'Peter'“, rief Möllers August, „paßt nur auf!“ Wie wir Jungen die Hälse reckten, nicht achtend der Kotspritzer von der engen, schmutzigen Dorfstraße her, den fünf oder sechs Reitern nach, die wie ein Sturmwind vorüberbrausen. Wir sahen noch, wie der starkknochige „Peter“ vor Brinken Hofe stutze, da das Tor geschlossen war, und wie die leichtfüßige Stute „Lustig“ an ihm vorbei mit elegantem Sprunge über das Hoftor setzte. Da war es mit unserer Fassung ganz vorbei. Wie rasend sprangen wir umher und brüllten immerfort: „Henken Friedrich Vivat (von uns „Fifatt“ gesprochen) hoch! 'Lustig' Vivat hoch!“ Julia sagte nichts, aber wie Stolz und Freude lags auf ihrem Gesichte. Bald kehrten die Reiter zurück, um der Braut wieder entgegenzutraben, in der Hand eine Flasche Wein schwingend. Friedrich Henke trug einen Kranz am Arme; im Vorbeireiten bog er sich seitwärts und warf den Kranz Julia über den Kopf, so daß er ihr um Hals und Schulter hing. Wir schrien alle: „Ridders Julia Vivat hoch!“ und diese lief fröhlich ins Haus, aber ihre Mutter nahm ihr mit grämlicher Miene den Kranz sofort ab.

Indessen kam der Brautwagen, von den Reitern begleitet, die Straße herauf. Als er sich uns näherte, hielt Bergers Mutter eine Stange quer über die Straße. Der Wagen mußte halten und die Braut sich den Weg freikaufen, indem sie eine Handvoll Kleingeld in unsern Haufen hinein warf. Im Augenblick lagen wir Kinder auf der Erde und durchsuchten das Gras nach den kleinen Münzen. Dann erst schrien wir hinter dem Wagen her: „Die Jungfer Braut soll leben Vivat hoch!“

Julia war unterdes zu ihrem Vater gegangen, der auf der Deel an einer Leiter etwas besserte. Sie erzählte voll Bewunderung, was sie gesehen. „Ach“, meinte er, „was ist das denn hier, da solltest du einmal nach Holland kommen. Da sind erstlich die Wege viel sauberer als hier. Und dann die Pferde!

Denen gießt man Blei an die Füße, damit die Beine schöner vorwärts geworfen werden. Der Sohn meines Bauern, bei dem ich arbeitete, hatte einmal im Wettrennen gesiegt, was ihm aber von einem andern bestritten wurde. Der Vater riet zum Nachgeben. ‚Niemals', erwiderte der Junge. ‚Solange mein Gaul noch ein Bein hat, reite ich, und ich will sehen, wer mir den Sieg entreißen will! Ja, das war was anderes!"

Nachmittags durfte ich dann richtig mit Bergers Mutter nach Brinkens Hofe gehen, wo unter grünen Bäumen auf hölzerne Gestelle lange Bretter gelegt waren. Der Hochzeitsbitter stellte Teller vor uns hin und trug die Speisen auf. Für die Hühnersuppe wollte sich mein Zinnlöffel nicht mehr recht schicken, für meine Lieblingsspeise, den dicken Reis, langte er vollkommen. Als der Hochzeitsbitter zum Schluß mit einem Teller rund ging, um für seine Mühe eine Vergütung zu erhalten, blickte ich vor mir nieder. Ich fühlte, wie mir das Blut heiß in die Wangen stieg, da ich nichts zu geben hatte.

Mittlerweile war es Abend geworden, und auf einmal erklangen aus der geöffneten „unteren Tür" des rechten Hauses süße, lockende Töne, wie ich sie nie gehört hatte. Burschen und Mädchen begaben sich auf die Hausdeel, wo auf erhöhtem Brettersitz Wilhelm Edler mit drei Gehülfen zum Tanz aufspielte. Ach, das war schön! Kaum erregte es meine Aufmerksamkeit, daß der Bräutigam mit seiner Braut den ersten, den Ehrentanz, allein tanzte. Ich beachtete es nicht, wie dann die Burschen ihre Mädchen zum Tanze holten, wobei sie die Zigarren im Munde behielten. Ich sah nur Wilhelm Edler, wie er die Geige strich, den Kopf seitwärts geneigt, als lausche er seinem Instrumente, aus dem so wunderbare Töne quollen. „Junge, das möchtest du auch wohl können, was?" fragte der eine von Edlers Gehülfen, der neben dem Gerüste auf dem Boden stand und die Baßgeige strich. Beschämt trat ich etwas zurück und betrachtete das Getriebe. In einer Kammer neben der Deel saß jetzt die Braut, einen großen Korb voll belegter Butterbrote neben sich. Die Hochzeitsgäste, zumal die älteren, begaben sich nacheinander in die Kammer, erlegten ihren Brautschatz, einen Taler, und erhielten als Quittung ein Butterbrot. Unterdes wurde auf der Deel der Tanz immer wilder, immer dreister erklang das Jauchzen der Burschen; hier und da schwenkte einer sein Mädchen hoch durch die Luft. Brennende Zigarren fielen zur Erde, die Füße der Tanzenden schleiften darüberhin, daß die Funken umherflogen und die Mädchen laut aufkreischten. Und plötzlich – ein merkwürdig dumpfer Knall, dem ein vielfaches Aufkreischen folgte. Holzsplitter flogen umher. Der Baßgeiger taumelte bis an die Wand zurück; einen Augenblick war allgemeine Stille.

„Teufel, wie riecht das hier nach Pulver!" Das waren die ersten Worte, die wieder vernommen wurden. Vom roten Herm kamen sie, der mit bösem Grinsen rückwärts gegen die Tür ging. „Jawohl, Pulver hat jemand in den Baß geschüttet, und das hat kein anderer getan als du!" rief Friedrich Henke zornig und drang nebst mehreren andern auf den Roten ein. „‚Wer kann mir das beweisen?" knurrte dieser, immer mehr zurückweichend. Da stellte sich unvermutet Heinrich Drake von den Bedrohten und rief: „Dummes Zeug! Spaß muß sein. Keiner rühre ihn an!" „Wie, Heinrich, du willst den schlechten Kerl noch in Schutz nehmen?" „Wer hier der schlechte ist, das fragt sich noch; der Rote ist es nicht." „Na, na", rief Arends August, „wir wissen's aber doch lange: Rote Haare, Ellernhüchte[1], tragen selten gute Früchte." Ein ernster Streit drohte auszubrechen. Dem Bräutigam gelang es endlich, den Frieden wiederherzustellen und die erschreckten Musiker zum Weiterspielen zu bewegen. Der Missetäter hatte sich unterdes entfernt. Viele Jahre später hörte ich zufällig, wie der rote Herm zu einem andern, der wohl mit dabei gewesen sein mußte, mit dem Grinsen, das ihn eigentlich stets begleitete, sagte: „Ha, Junge, was? Das war doch ein Mordsspaß. Wie die Späne herumflogen vom alten Brummbasse!"

Einige Zeit nachher feierte das Land den hundertsten Geburtstag eines früheren Landesherrn, dessen Andenken noch jetzt in hohen Ehren stand. Da wollte meine Mutter mich nicht gern zurückhalten, und doch tat es ihr so bitter weh, ihren Jungen so armselig gekleidet zwischen den vielen geschmückten Kindern zu wissen. Meine Schuhe waren nur noch Fetzen, mein Rock, der ehedem grün gewesen, hatte vor Alter und Flicken eine so sonderbare Farbe, daß ich ihn nur meinen Schimmel nannte. Mich bedrückte aber eine andere Sorge viel schwerer, nämlich die, daß wir kleinen Schüler mit unsern Liedern „Es klappert die Mühle am rauschenden Bach" und „Wollt ihr wissen wie der Bauer" uns neben den Schülern der oberen

1 Erlenbüsche

Klassen mit ihrem schönen mehrstimmigen Gesange hören lassen sollten. Die Scheu, von den Zuhörern belächelt zu werden, hätte mich fast bewegen können, zu Hause zu bleiben.

Aber aller Sorgen ungeachtet fand ich mich doch mit den andern Kindern am festlichen Tage in Trampen großem Saale in Klingen ein. Kaffee gabs da und einen Stuten, von dem ich die Hälfte für Bruder und Schwester daheim in die Tasche steckte. Wir ließen unsere Mühle klappern, und die Großen sangen unter andern Liedern: „Preisend mit viel schönen Reden." Pastor Rückert fragte, wer denn der Graf im Barte gewesen sei, und erzählte dann allerlei aus dem Leben unseres eigenen ehemaligen Landesherrn, der ebenso väterlich wie jener sein Volk geliebt habe. „Also hat's doch gegangen mit deinem Schimmel?" fragte die Mutter nach meiner Rückkehr, während Bruder und Schwester den wohlschmeckenden Stuten lobten. „Nun freue ich mich doch, daß du hin warst."

Als aber im Herbst kältere Witterung eintrat, da konnte ich draußen nicht mehr warm werden. Einmal war ich bei Königs mit ins Feld gegangen und wollte Kartoffeln auflesen, war aber bald ganz erstarrt und kam trübselig wieder ins Haus. Riekchen meinte, ich müsse erst mal vespern, und das fand ich sehr verständig. Bei Butterbrot hinterm warmen Ofen taute ich allmählich auf. Ob die Mutter da draußen nicht auch frieren mochte?

Endlich, endlich kam der Vater heim, und da er dieses Mal ziemlich gut verdient hatte, bekam ich neue Schuhe und wärmere Kleidung. Mit wie dankbarer Freude ich beides trug, werden mir nur wenige nachfühlen können. Nun wurde erst das Holz vom vorigen Jahre bezahlt. Neues gab's nicht. „Brennholz trägst du uns wieder, nicht wahr, Vater? Wir müssen erst aus den Schulden heraus!" Von unserer Brotkornschuld bei Dietrich hatte sie mit ihrem unverdrossenen Fleiß das meiste abverdient; den kleinen Rest hatte der Vater bezahlt. „Nun kann ich doch ruhig wieder kommen und holen", sagte die Mutter zu Dietrich, als sie den ersten Scheffel wieder bestellte.

Er sagte nichts, aber seinen hellen Blick verstand sie als Anerkennung, die ihr wohltat. „Hast wacker gekämpft und den Kopf oben behalten. Habe das nicht anders erwartet!" sagte ihr der Blick. Als sie aber hinzufügte: „Und Gottes Lohn habt ihr verdient, daß ihr uns und unsere Kinder nie in Not gelassen habt!", da nahm er ihr kurz den Sack aus der Hand und sagte, indem er ihn füllte: „Ach was, aber jetzt muß er besser aufpassen!"

Nun hätte die Mutter auch sehr notwendig ein neues Kleid haben müssen, doch blieb dafür, nachdem auch der Vater einen neuen Anzug bekommen hatte, gar nichts mehr übrig. „Schadet nichts," meinte sie kurz, „ich spinne mir eins."

„Schwein“

Leider konnten noch nicht alle Lücken zugestopft werden. Eines Tages saß meine Mutter auf der Deel und rackte, da vernahm ich auf einmal lauten Wortwechsel. Der gefürchtete Jude aus Blumenstein war wieder da, und unser Geld, das wußte ich, war fast dahin. Mit bitteren Worten warf die Mutter ihm vor, daß er uns nie unsers Lebens froh werden lasse, worauf er kalt und höhnend erwiderte: „Ja, gib's Geld, dann komme ich nicht wieder.“ „Es geht nicht! Voriges Jahr hat mein Mann schlecht verdient, und nun können wir nicht alles auf einmal zwingen.“ „Dann muß ich euch verklagen.“ Das fürchtete nun die Mutter mehr als den Tod, und darum hielt sie an sich. „Wie kommt's aber, daß unsere Schuld nicht kleiner wird? Wir bezahlen und bezahlen, und immer haben Sie noch soviel in Ihren Büchern?“ „Na, ihr bezahlt ja kaum die Zinsen.“ Er erhielt einige Taler, schwur aber hoch und teuer, nächstes Jahr müsse er alles haben, sonst gehe er „ans Gerichte.“ Es blieb uns noch ein Taler in der Lade.

Einige Tage darauf kam unser Großvater aus Ellernbruch. Er war trotz seiner siebenzig Jahre den weiten Weg zu Fuß gegangen und blieb die Nacht bei uns. Als er am andern Nachmittage wieder fortgehen wollte, machte ihm meine Mutter Kaffee. Da sie ihm zum zweiten Male eingießen wollte, sagte er rauh: „Laßt das! Damit habt ihr mir geholfen. Nun helft mir mit dem andern, worum ich, ihr wißt es wohl, gekommen bin.“ Stumm, betreten blickten die Eltern einander an und nickten leise; sie hatten das allerdings geahnt. Traurig sagte die Mutter, es sei uns nicht möglich gewesen, diesen Winter schon alles ins Reine zu bringen. „Dann laßt doch andere Leute warten; warum muß ich denn gerade der Letzte sein?“ Unsern letzten Taler holte der Vater und reichte ihn der Mutter. Diese sagte schüchtern zu ihrem Vater, dies sei unser letztes Geld; er möge vorläufig damit zufrieden sein. „So, wann soll ich das andere haben?“ „Das erste Geld, was ich in die Hand bekomme, sollt Ihr haben.“ – Im Frühjahr schickte der Vater schon nach wenigen Wochen von der Ziegelei Geld nach Hause, wovon nicht nur der Großvater, sondern endlich auch der Blumensteiner

Jude bezahlt werden konnte. Dann sagte die Mutter mit einer außergewöhnlichen Bewegung zu mir: „Wilhelm, nun haben wir keinen Pfennig Schulden mehr. Alles ist bezahlt. Oh, wie habe ich mir das gewünscht. Nur ehrlich durch die Welt kommen, mehr will ich nicht."

Schon oft hatte Frau Ridder, auf mich weisend, gesagt, was ein so großer Junge eigentlich noch zu Hause tue; Mutter solle mich doch in einen Dienst geben. Julia meinte dann wohl: „Aber Mutter, das schwächliche Kind!" Aber ihre Mutter blieb dabei: „Ach was, der kann sich recht gut schon sein Brot selbst verdienen." Wirklich kam ich im folgenden Sommer, neuneinhalb Jahre alt, nach Müssen Hofe als Schwein. So nannte man bei uns die Hüter der gleichnamigen Borstentiere. Zuerst litt ich sehr an Heimweh nach Mutter und Geschwistern, obwohl ich vom oberen Hofende unser Häuschen sehen konnte. In der Futterkammer, wo ich mit dem alten Jan-Hinnerk zusammen schlief, drückte ich am ersten Abend mein Gesicht weinend in das Kissen. Bald aber schläferte mich das anheimelnde Geknusper und Schnauben der Pferde ein. Andern Tages wurden meine borstigen Pflegebefohlenen zuerst auf den Hof getrieben, damit ich sie in Ruhe kennenlernte, und stolz versuchte ich, mit meiner Peitsche zu knallen, die ich unter Wilhelm Drakes Anleitung schon vorher „gestochen" hatte. Es dauerte aber lange, bis ichs im Knallen mit den übrigen „Schweinen" in Hagenborn aufnehmen konnte. Jeder von uns trug beständig einen Streifen Flachs in der Tasche, um seine Peitsche nach Bedarf mit einer frischen Schnur nebst Flock[1] versehen zu können, und ob der Klang der Peitsche im tiefsten Baß erdröhnte oder scharf und spitz die Luft durchschnitt, das hing hauptsächlich ab von der Beschaffenheit des Flocks.

Eines Tages hatte ich von dem Käufer eines Schweinchens ein Kassemännchen als übliche Gebühr erhalten. Warum mußte nun gerade Fritz Weber auf dem Nachbarhofe in so herrlich tiefen Tönen knallen. Bald hatten wir über den Zaun hinweg unsere Peitschen umgetauscht, wobei Fritz Weber mein Kassemännchen mit in den Tausch erhielt. Zu meiner Schande muß ich bekennen, daß ich mich über den Verlust des Geldes, von dessen Werte ich längst mehr hätte wissen müssen, weit weniger gräm-

1 dünnes Ende der Peitschenschnur

te als darüber, daß Fritz Webers jetzige Peitsche nach kurzer Zeit wieder in volleren Tönen klang als die meinige. Abends kam Bauer Müssen hinter den Handel; auf der Stelle mußte ich das Geld wiederholen und meiner Mutter bringen.

Sonntags nach dem Mittagessen gings nach Hause. Da hatte ich zuerst der Mutter und den Geschwistern wichtige Erlebnisse zu erzählen. Dann wurde nachgesehen, wie weit im Garten alles gediehen war. Hierauf setzten wir uns vor die Haustür in die Sonne, und gewöhnlich kam auch Vater Ridder mit Julia den Brink herab zu uns. Anknüpfend an meine Erlebnisse gab er uns genaue Schilderungen über die Viehzucht in Holland, wo die Tiere, durch tiefe Graben eingehegt, ohne Hirten weiden, wo die Ställe so sauber gehalten werden und wo namentlich die Milchwirtschaft so über die Maßen reinlich ist. „Aber, Vater, sieh doch nur meinen Milchschrank an! Sauberer kann er doch in Holland auch nicht aussehen." „Ach, sei doch still! Dort hat mancher Bauer ein paar Dutzend Kühe im Stalle. Ihr mit euren paar Kühen wißt gar nicht, wie man mit Milch umgeht."– Nach dem Kaffee gingen August und Lina mit mir und halfen beim Sonntagsnachmittagshüten.

Später mußte ich des Morgens früh mit meiner Herde nach einem ziemlich weit entfernten, mit Steinklee eingesäeten Felde, dem „Sonnenmorgen" ziehen. Erst mit Zagen, bald aber mit viel Selbstbewußtsein, trieb ich fröhlich knallend meine gemütlich grunzenden Krummschwänzler die Dorfstraße hinab und dann eine große, grasige Trift hinauf. Hier marschierten gewöhnlich mehrere Herden hintereinander. Gelegentlich wurde ein Zweikampf ausgefochten, nicht von uns Hirten, sondern von den wehrhaftesten und kampflustigsten unserer Tiere, und mit ermunternden Zurufen oder angehaltenem Atem standen wir rings umher und warteten auf den Ausfall desselben; Sieg oder Niederlage seines Tieres empfand jeder wie sein eigen. Ich hatte ein Säulein in meiner Herde namens Schnell, welches sowohl wegen seiner Zutraulichkeit als auch seiner Stärke und seines Mutes mein besonders Vertrauen genoß. Den Rest meines Frühstücks empfing es aus meiner Hand, es folgte jedem Rufe wie ein zahmes Hündchen und ließ sich gern von mir den Rücken kraulen. Nahte sich ein fremdes Schwein, dann sträubte es zornig die Rückenborsten, ging schräg seitwärts auf dasselbe los, hob sich auf die Hinterfüße und warf sich so von oben her auf den Gegner, der gewöhnlich nicht einmal den ersten Anprall aushielt. –

Zuletzt führte der Weg unter schattigen Eichen entlang, und hier setzte sich meine Herde in Galopp nach der saftig grünen Weide. Auf zwei Seiten war der „Sonnenmorgen" von dem schönen Leutmannshofer Forste umgeben, auf der dritten erblickte man hinter Gärten die Gebäude des Gutes Leutmannshof, ein stattliches Herrenhaus einschließend, das von schattigen Anlagen mit plätschernden Springbrunnen und schimmernden Teichen umgeben war. In den langgestreckten Gebäuden, die um den Wirtschaftshof herumlagen, wohnten zahlreiche Tagelöhner, in einem Flügel hauste Gutsförster Rodemeier. Oft schon war ich an all den Herrlichkeiten vorübergekommen, wenn ich zu Schuster Darholt ging; dann hatte ich ehrfürchtige Blicke geworfen nach den wundervollen Teichen, die stufenweise übereinander lagen, von dunklem Gesträuch umrahmt, von breitkronigen Bäumen beschattet, hatte die Schwäne angestaunt, die auf der regungslosen Fläche in stolzer Ruhe unhörbar dahinglitten. Auch vom Sonnenmorgen aus warf ich manchen sehnsüchtigen Blick hinüber, und schon Förster Rodemeiers Los, der für gewöhnlich den abwesenden Gutsherrn vertrat und manchmal mit Gewehr und Jagdhund in den Wald schritt, dünkte mir beneidenswert, wenngleich ich durch die Mutter erfahren hatte, daß er vor Jahren nur mit knapper Not dem Tode durch die Kugel des Wilddiebes entgangen war.

Im Sommer kam regelmäßig der Herr des Gutes, der in der Residenz ein vornehmes Amt bekleidete, zur Erholung auf sein Landgut. Auf seine Ankunft wurde von den Gutsleuten wochenlang gerüstet; im Walde wurden die Wege gereinigt und geharkt. Fragte man jemand nach dem Grunde aller dieser Rüstungen, dann hieß es allemal im Tone höchsten Respekts: Der Herr kommt. Endlich war er da, und ob nun seine hohe Gestalt unter den Bäumen seines Forstes dahinschritt, oder ob er mit den Damen auf dem erhöhten Sitze unter der Linde neben dem Schlosse saß und scherzte, immer war es ein kleiner Ausschnitt aus der vornehmen Welt, merkwürdig genug, um von uns einfältigen Dorfbewohnern angestaunt zu werden. Über die Maßen großartig aber war es, als eines Tages der Landesherr seinen Günstling in dessen Tuskulum besuchte. Da kam von der Chaussee bei Gehren her über die Heide Wagen auf Wagen angefahren. Das kostbare Geschirr der Pferde glänzte in der Sonne, sogar die Kutscher auf hohem

Sitze blickten stolz über uns hinweg, die Pferde schnoben, die Federbüsche an den Hüten der Damen und Herren wehten in der Luft; endlich verschwand alles im hohen Tore mit den steinernen Pfeilern, die oben ein fabelhaftes Tier im Wappen zeigten. Ich hatte meine Tiere, um alles in größerer Nähe zu sehen, eine grasige Trift hinabgetrieben. Nur ganz verstohlen wagte ich einen Blick durch das Tor. Da sah ich, wie Damen und Herren zwischen den Sträuchern und Beeten lustwandelnd miteinander sprachen und scherzten, sah auch zum ersten Male, wie die „Wasserkunst" einen Wasserstrahl beständig hoch empor schleuderte. Was für herrliche Dinge gab es doch in der Welt!

Zwei der Schwäne vom Gut hatten die Gewohnheit, vormittags nach dem eine Stunde entfernten Altengehrener Schloßteiche zu fliegen. Nachmittags kehrten sie dann zur bestimmten Stunde zurück. Oft habe ich, wenn ich traumverloren im Grase lag, die Hände zu beiden Seiten unter dem Kopfe, die Füße in der Luft schaukelnd, diese schönen Tiere betrachtet, wie sie mit schwerem Flügelschlage über mir dahinzogen. Zuweilen kam meine Mutter beim Futtersuchen in die Nähe, um nach mir zu sehen. Dann und wann kam Vatter Laibchen in Geschäften vorbei. Sonst sah ich selten jemand.

Wenn in Gehren die Glocke halb elf schlug, trieb ich meine Herde nach Hause und bekam fast regelmäßig Schelte von Frau Müssen wegen zu frühen Eintreibens. Nun mußte ich füttern, wozu ich in jeder Hand einen Eimer mit Schrotwasser und geschnittenem Grün aus dem rechten Hause ins Schweinehaus zu tragen hatte. Dann sollte schnell gegessen werden. Das Essen war aber in den meisten Fällen noch nicht gar, immer viel zu heiß und in Bezug auf Menge und Beschaffenheit gerade das Gegenteil von dem, was ich von Königs Hofe her gewohnt war. Auch trieb uns die Furcht, zu spät zu kommen, bald auf den Schulweg. Schwitzend, bestaubt, langten wir in Klingen an, und müde sanken wir auf die Schulbank. War's zu verwundern, daß der Schlaf bald über uns kam wie ein Gewappneter und daß die Köpfe sich senkten fast wie nach dem Takte? Mit Rührung gedenke ich meines lieben, alten Hanning, der mich immer wieder beim Namen rief und doch nicht zu härteren Mitteln greifen mochte, weil ihm sichtlich das Kind leid tat, das im Kampfe gegen den übermächtigen Schlaf immer wieder unterlag.

Munter wurden wir erst wieder, wenn wir die Schule verlassen hatten und unten in Bussen „Berge“, einer tief gelegenen Waldwiese etwas abseits von unserem Schulwege, schnell ein regelrechtes Ballspiel machten. Für unser Säumen erhielten wir daheim verdienten Tadel, gegen den ich leider, da ich sehr oft zu Unrecht gescholten wurde, unempfindlich geworden war. Schlimmer war es wohl, daß der Unterricht, den wir in der heißesten Tagesglut empfingen, fast ganz ohne Erfolg blieb.

Nach dem Kaffee wurde zum zweiten Male ausgetrieben. Die Trift hinauf kamen wir an verschiedenen Teichen vorbei, wo meine borstigen Schützlinge an heißen Tagen mit behaglichem Grunzen ein Schlammbad nahmen. Drüben trieb Fritz Weber von Königs Hofe seine Herde hinab zum Mühlengrunde. Auf dem Arme trug er etliche Butterbrote, bei denen er schon zu essen anfing, sobald er das Hoftor hinter sich geschlossen hatte, obwohl er soeben vom Kaffeetrinken herkam. – Schön bemalt trotteten meine Tiere nun vor mir her, Schnell immer in meiner Nähe, um sich die lästigen Bremsen verjagen zu lassen. So ein Nachmittag auf dem Sonnenmorgen war ganz herrlich. Das Buch saß wohl sorglich eingepackt im leinenen Schulbeutel; doch waren die Eichhörnchen, die in den Kronen der Waldbäume umherflitzten, die Rebhühner, die behenden Laufes die Furchen des nahen Kornfeldes durcheilten, die Bienen, die um mich her im Kleefelde summten, und sogar die Wespen, die mich einst jämmerlich zerstachen, als ich sie in ihrem unterirdischen Baue einmauern wollte, viel interessanter.

Eines Nachmittags gingen Rodemeiers Kinder vom Gute herauf in den Wald, um Bickbeeren zu suchen, eine hohe Frauengestalt schritt hinter ihnen her. „Oh, Tante Friede, sieh doch hier, was'n Bickbeer'n!“ rief der kleinste der Knaben. „Nimm nur deine Kleider in acht! Die Bickbeerflecken lassen sich nur schwer herausbringen!“ antwortete mit tiefer, wohlklingender Stimme die Angeredete. Das war also Elfriede Arning; ich wußte von Mutter, daß sie mit Rodemeier verwandt war und diesem seit dem Tode seiner Frau die Haushaltung führte. Es ging auch das Gerücht, sie werde demnächst Rodemeiers Frau werden. Jedenfalls waren ihr die Kinder sehr zugetan.

Gegen 5 Uhr kehrten von Altengehren die Schwäne nach Leutmannshof zurück. „Wie sie immer mit ihren Fittichen machen: Hug! Hug! Hug!“

sagte ich wohl einmal zu mir selbst. Um 6 Uhr fuhr drüben auf der alten Landstraße von Erdenau nach Blumenstein die Post an den zwei hohen Pappeln vorbei. Das dünkte mir ein herrliches Los, so Tag für Tag ein stolzes Gefährt durchs Land zu kutschieren und die Trompete hell ins Dorf hinein schmettern zulassen. Deutlich hörte ich bei schönem Wetter das Signal herüberklingen, dem wir die Worte untergelegt hatten:

Die Post, die kommt,
Die Post, die kommt,
Sie kommt von Erdenau — he -- r.

Endlich erklangen von Gehren her die milden Töne der Abendglocke herüber. „Bisewombombom, bisewombombom!" Auf diesen Ruf sammelten sich meine Tiere, die Bäuche schön gerundet vom frischen Klee, zur Heimkehr. Die frischgedrehte Schnur an der Peitsche, zog ich mit ihnen die Trift hinab, und in volltönigem Chor erklang der Peitschenknall von sämtlichen „Schweinen" ins Dorf hinein. Hinter jedem Hoftor verschwand ein Trupp. Hatte ich jedes Tier in seiner Zelle untergebracht, dann holte ich Stroh vom Boden zur Streu, anderthalb Bund für die ganze Herde. Oft erhielten die letzten nur noch wenige Halme; ich suchte daher, wenn irgend möglich, über die erlaubte Strohmenge hinaus noch etwas zu erhaschen und freute mich über die behagliche Sorgfalt, mit der meine Tiere ihr Lager bereiteten. Ich konnte mich sehr erbosen, wenn jemand die Schweine unreinliche Tiere schalt. Erst wenn alle tief im Stroh eingewühlt dalagen und nur hier und da ein träumerischer Grunzton hervordrang, ging ich ins rechte Haus hinüber, aß mein zurückgestelltes Abendbrot und setzte mich dann zu den Mädchen vor die untere Tür, wo sich manchmal auch junge Männer von den Nachbarhöfen einfanden. Dann wurden Lieder gesungen, wie „Es leuchten drei Sterne am Himmel", „Es war einmal ein feiner Husar", „In des Gartens dunkler Laube", „Es stand eine Linde im tiefen Tal", „Wilhelm, komm an meine Seite" u.a. Das letztgenannte, welches den Abschied der Königin Luise von ihrem Gemahl behandelt, hatten sie erst von meiner Mutter gelernt.

Diese Abendsitzungen waren schön; hinter uns in den Ställen stampften die Pferde, vor uns und um uns her blühten die Obstbäume oder dufteten die Linden, und in den Kronen sang die Drossel ihr Abendlied. Schön war es auch, wenn reihum Geschichten erzählt wurden, alte, grausige Sagen vom ewigen Fuhrmann, dem ewigen Jäger oder dem ewigen Juden. Der letztere sollte an verschiedenen Orten in meiner Heimat gesehen worden sein, so erst vor kurzem in der Bruchmühle am Hahnenberge. Bald nachher kam Vatter Laibchen an Königs Felde vorüber, wo Müller Brand mit bei der Ernte half und den Juden zu hänseln versuchte. „Vatter Laibchen, wißt ihr auch, wie lange euer alter Vetter mit dem langen Barte noch wandern muß?" „Weiß ich! Weiß ich ganz genau!" antwortete Laibchen. „Nanu, dann 'raus damit!" drängte der Müller. „No, wie lange muß er gehen", erwiderte der andere und schraubte seine Stimme zu den höchsten Tönen hinauf, „so lange – bis er 'n ehrlichen Müller antrifft." Beifälliges Gelächter belohnte den schlagfertigen Juden.

Der ewige Jäger sollte öfter im Hagenborner Walde zu hören sein. Aber Bergers Fritz, der Zimmermann, meinte verächtlich, da sei nichts los; in dem großen Hahnenberger Holze, da sei die Sache ernster. Er selbst sei dort einmal einem schwarzen Pudel begegnet, und als er sich bald darauf umgewandt, da sei das Tier schon so groß gewesen! – er zeigte mit der Hand mindestens die Höhe eines Pferdes.

Andere erzählten vom alten Bauern A., der vor dreißig Jahren gestorben war und jede Nacht die Trift auf und ab gehen mußte und immer rief: „Laßt hüten! Laßt hüten!", weil er Sonntags während des Gottesdienstes sein Vieh andern Leuten in die Felder getrieben hatte, oder vom alten Hinnerk B., der allnächtlich einen glühenden Stein im [. . .]-hagen herumtragen mußte, weil er bei seinen Lebzeiten einen Grenzstein zwischen seinem und des Nachbars Acker versetzt hatte.

In Steinkämpers Backhause wohnte der kleine Christoph Hampeter, der von niemand anders [als] Klein-Stöffken genannt wurde. In seinen jungen Jahren war er mit Anton Drake nach Kalifornien ausgewandert, war aber mit leeren Händen zurückgekommen und ging jetzt im Sommer auf Ziegelarbeit. Mit Bezug auf ihn sangen wir oft den Vers:

War 'mal 'n kleiner Mann,
Ha! Juchhe!
Nahm sich eine große, große Frau,
Handiddeliddelandandan! Hopsasasa!

Das nahm aber nicht nur er gewaltig übel, der überhaupt eines etwas zänkischen Gemüts war, sondern auch seine große Frau konnte es nicht leiden, daß man ihren Mann den Kleinen nannte. Eine Tochter nun von Klein-Stöffken, die einige Jahre älter war als ich, diente auch auf Müssen Hofe, und mit ihr mußte ich eines Abends nach dem Essen zu Schuster Darholt gehen. Schon ganz im Dunkeln kamen wir auf dem Rückwege durch den Leutmannshofer Wald. Wir hörten hier allerlei Tierstimmen, die uns, obwohl wir gar nicht weit vom Gute waren, immer unheimlicher dünkten. Tiefes Hundegebell erklang von dort her, anderes aus der Ferne antwortete. Allmählich klangen alle Stimmen in und außer dem Walde zu einem unentwirrbaren Getön zusammen. „Hörst du's? Da ist der ewige Jäger!" flüsterte ds Mädchen. Nun glaubte ich sogar das schauerliche „Wauld! Wauld!" deutlich zu vernehmen. „Aber hier spukt es doch nicht", meinte ich, Kaltblütigkeit heuchelnd. „Oho! Aber gehörig! Da sag' ich dir gut für!" behauptete das Mädchen überlegen. „Meine Großmutter hat hier oftmals den Alten mit der feurigen Kutsche durchfahren sehen." „Das ist wohl lange her?" warf ich ein. „Na, ich rate dir, sieh dich nur nicht um, wenn er dir begegnet; es könnte dir sonst das Gesicht im Nacken stehen bleiben." Das tat ich nun schon sowieso nicht. Unsere Schritte wurden immer länger und schneller, da jeder gern am andern Rückendeckung haben wollte. Doch fand das Mädchen immer noch Zeit, mir allerlei Haarsträubendes vom ewigen Jäger und sonstigen Spukgestalten zu berichten. Endlich kamen wir aus dem Walde ins freie Feld und wollten eben aufatmen, als wir hinter der Hecke auf der Grenze zwischen Gröppels und Ridders Echternkampe ein Rasseln vernahmen, dem ein Brechen in der Hecke und ein Knacken der Zweige folgte. Ein schwarzes Ungetüm stürmte an der Hecke entlang. „Der Welthund! Der große Welthund!" schrie das Mädchen. Es war kein Freudengeschrei, was wir anstimmten, als das Untier näher kam, schnuppernd und suchend, wie wenn es eine Spur verfolgte. „Was gibt's, Wilhelm? Bist du denn ein Kerl?" erklang unvermutet Heinrich Drakes klare Stimme, der aus einer andern Richtung vom Walde her kam und jetzt, ein Liedchen pfeifend, mit seinem Hunde dem Hofe zu schritt.

Eines Abends saß ich mit Heinrich Müssen, dem einzigen Sohn meines Dienstherrn, allein unter der Linde. Er war eben von Erdenau zurückgekommen, wo er sich hatte photographieren lassen. Bei der Gelegenheit hatte er sich einen kleinen Atlas gekauft, in dem wir nun mit vereinten Kenntnissen den ganzen Abend suchten. Fast wollte mir's scheinen, als wüßte ich dank unserer halberblindeten Karte in der Schule besser in Erdkunde Bescheid als er; nur eins konnte ich lange nicht finden, bis er mit überlegener Miene den Finger darauf legte: Spitzbergen. „Was habt ihr da?" erkundigte sich neugierig Fritz Weber, der herzukam. „Landkarten." „Was steht denn darauf?" „Oh, alles, Frankreich, Europa, Spitzbergen." Am anderen Abend kam Frau Müssen die Deel herab, und ich sollte zeigen, was ich wußte. Ich konnte mich ziemlich zurecht finden; war es aber zu Heinrich Müssens Kummer oder geheimer Freude, daß ich wieder Spitzbergen nicht finden konnte? Dessen ungeachtet erschien mir lange Zeit nichts so begehrenswert als eine Kartensammlung. Wer so etwas Herrliches doch auch hätte! Schweig still, mein Herz, wie könnte das je geschehen!

Bei Regenwetter war das Hüten weniger angenehm. Oft ging ich dann den ganzen Tag in durchnäßten Kleidern und lief spät abends noch hinauf zur Mutter, die zuweilen schon im Bette war, wieder aufstand, Feuer anmachte und meine Kleider trocknete. Kam ein Gewitter, dann durfte ich mich nicht unter einen Baum stellen und wurde desto sicherer durchnäßt. Dazu wurden meine Borstentiere bei plötzlichem und starkem Regen – oder machte es das Blitzen und der Donner? – häufig scheu und galoppierten, kurze, abgebrochene Grunztöne ausstoßend, wie rasend nach allen Seiten auseinander. Da suchte ich dann oft stundenlang im tropfenden Gebüsch oder im regenschweren Getreidefelde, rufend, lockend, drohend oder weinend meine Herde. Endlich wankte ich müde und verzweifelt, nur meinen getreuen Schnell vor mir her treibend, dem Hofe zu, und siehe da: die meisten Ausreißer hatten sich schon vor mir eingefunden, die anderen kamen bald nachher.

Schon in den ersten heißen Sommertagen war in Großenmolte ein toller Hund gesehen worden und hatte mehrere Hunde gebissen. Zeigte sich nun irgendwo im Felde ein Hund, dann gerieten wir Hirten allemal in große Angst und trieben nicht selten das Vieh auf eine andere Weide. Eines Nachmittags brach durch das Gebüsch ein schwarzer, struppiger Hund mit lang heraushängender Zunge. Ich stand anfangs wie gelähmt und hielt mich für verloren. Das Ungetüm hielt Umschau, als wenn es sich ein Opfer aussuche. Indem ich, die Entfernung für das Sicherste haltend, langsam rückwärts ging, schob sich Schnell an mir vorbei nach vorn. Ich glaubte, seine grünlichen, kleinen Augen funkeln zu sehen; er hob sich auf den Hinterfüßen zu nie gesehener Höhe und warf sich in grimmig auf das Untier. Dieses war mit einem Satze durch die Hecke verschwunden.

Bald darauf kam Tante Friede mit Rodemeiers jüngstem Knaben auf unsere Weide. „Junge, wollt ihr die beiden Schweinchen da – sie wies auf [die] beiden letzten [von] Schnells schneeweißen Ferkelchen, Fleck und Munter genannt – auch noch verkaufen?" Ich bejahte und sie ging nach Müssen Hofe, um mit Frau Müssen zu verhandeln. Abends beim Essen erzählte Frau Müssen, daß das Gerücht, Tante Friede heirate den Förster Rodemeier, unwahr sei. Sie habe gefragt, worauf die Gefragte unwillig und entschieden verneint habe. Sie sorge für die Kinder ihrer verstorbenen Freundin; später kehre sie in die Waldmühle zurück. – Bald darauf wurden Munter und Fleck in Schnells Begleitung nach Leutmannshof weggetrieben. Als das Muttertier erst gar nicht von Rodemeiers Hause wegzubringen war und hernach mit klagendem Grunzen hinter mir dreinlief, da behauptete ich ganz bestimmt, in seinen Augen Tränen gesehen zu haben. Man lachte mich aus. Vielleicht sind auch, was ich gesehen, meine eigenen Tränen gewesen.

Vom Sonnenmorgen aus sah ich endlich, wie auf den umliegenden Feldern der erste Roggen vor der scharfen Sense niedersank, in Schäuwen aufgerichtet und zuletzt eingefahren wurde. Ebenso erging es dem Weizen, dem Hafer, der Gerste und dem Rauhfutter. Wenn die vollbeladenen Erntewagen an uns vorüber schwankten, dann mußten wir mit Neid und Kummer immer wieder feststellen, daß unsere Wagen es nicht entfernt aufnehmen konnten mit denen von Königs Hofe, was [die] Höhe der Ladung betraf. Ebenso bemerkten wir mit Scham und Verdruß, daß keiner von unsern Mähern, auch der lange und dicke Anerbe Heinrich Müssen nicht, so breite Schwaden mähte wie der schwarze Christian, dessen Gröhlen wir von der andern Seite auf Meierarnds Felde hörten. Freilich ging der jetzt sehr gebrückt, und sein linkes Bein schleppte er etwas schwerfällig nach.

„Na, Christian," meinte Vater Müssen, „das will wohl nicht mehr so recht vorwärts?" Das aber paßte dem Alten nicht. „Was nicht? Mit eurem alten Schlackerdages[1] da", er zeigte auf Heinrich, den Sohn des Bauern, der mit dem Kornwagen hinterherkam, „nehme ich es noch zehnmal auf, da sage ich euch wahrhaftig gut für!" – „Aber der Rücken, Christian, der Rücken! Der sieht ja aus wie ein Wurstebügel[2]!" „Ich habe mich all mein Lebtage mehr gebückt als ihr auf Müssen Hofe alle miteinander; daher kommt das. Und mein Rücken paßt mir gerade so für's Mähen. Reicht mir lieber mal eure Butellje[3] her! Ist nichts mehr drin? Hätt' ich mir denken können." Klingend wetzte er seine Sulinger Sense, die ihn so oft nach Holland begleitet hatte. Sein Hintermann Franz reichte ihm die Flasche. „Jiuh – hu – hu – hu – hu!" Und – rra – a – tsch! rra – a – tsch! fuhren die Sensen wieder durchs Korn.

Meine Mutter sah ich jetzt häufig über die abgemähten Felder die schwere Schleppharke ziehen, womit die liegengebliebenen Ähren gesammelt wurden, oft in brennender Sommerhitze, zuweilen auch in strömendem Regen, während ich unter einer dicken Buche mich leidlich gegen beides schützen konnte. Auf die abgeernteten Felder mußte ich nun meine Herde treiben, damit die ausgefallenen Körner nicht umkamen. Ich fühlte mich aber auf den ungewohnten Fluren nicht heimisch und blickte oft traurig hinüber nach dem Sonnenmorgen, wo jetzt die Kühe weideten. Nur einmal noch wurde es schön, als in den Hecken zwischen den Feldern die Haselnüsse reiften und „licht" wurden, d.h. sich an den Enden in der Hülle schön bräunten und aus der Hülle lösten. Da hingen wir dann in den Zweigen der Hecke, pflückten, knackten und sammelten für den Winter. Dann rief ich wohl zu Fritz Weber hinüber, der auf Königs Felde hütete und meistens an einem seiner Butterbrote zu tun hatte: „Fritz, wieviel hast du schon?" „Siebenundachtzig." „Ho, ho, ich habe schon zweihundertunddreizehn." Einmal sah ich in den Stoppeln ein rauhhaariges zusammengekauertes Ungetüm liegen; ich machte eine schlagende Bewegung danach – es rührte sich nicht und sah mich an. Die Sache schien mir nicht geheuer. „Fritz,

1 langer Bursche
2 Stange zum Aufhängen der Würste
3 Flasche

komm doch mal her!“ Da flog’s mit an den Rücken gelegten, langen Ohren in mächtigen Sätzen dem Walde zu.

Allmählich legte der Herbst über den Wald einen ganz leisen, bläulichroten Schimmer, der langsam in Braun, Gelb und Rot überging. Am schärfsten trat uns dieser Übergang vor die Augen, wenn wir morgens auf unserm Schulwege den Kollenberg überschritten und über das Tal der Molte hinweg auf die Egge, den Pielenberg und andere Höhenzüge sahen. Kürzer wurden die Tage. Die Schule gab uns vierzehn Tage frei, damit wir beim Kartoffelaufgraben helfen konnten; dann fing der Unterricht morgens um acht Uhr an. Von nun an trieb ich meine Herde gleich nach Mittag ins Bruch, ein Gehölz mit uralten Eichbäumen, von dessen unterem Ende man in die Leutmannshofer „Herrenwiese“ im breiten Moltetale hinabsah. Während die Schweine die harten und glänzenden Früchte der Eichen auflasen, abschälten und verzehrten, machte ich die Entdeckung, daß jeder Baum seine besondere Fruchtform hatte, bald lang und schmal, bald kurz und kugelförmig, groß oder klein, stumpf oder spitz.

Hier im Bruche, eine halbe Stunde vom Dorfe, sollte ehedem Müssen Hof gelegen haben, und oft sah ich im Geiste den Raum um mich her wieder besetzt mit Gebäuden und belebt von Menschen und Vieh, denen die Quelle dort in einer runden Vertiefung am Abhange als Brunnen gedient haben mochte. Der Acker nebenan hieß der Friedhof. Waren hier zur Zeit einer großen Seuche Menschen oder Haustiere begraben worden? Oder hatte man in einem großen Kriege Gefallene hier bestattet? Oder war der Ort in grauer Vorzeit ein heidnischer Begräbnisplatz gewesen? Oft grübelte ich über diese Fragen, suchte aber umsonst an dem Gestein des Bodens nach einer Antwort.

Eines Nachmittags – es war gegen Ende Oktober, und der Herbstwind ging empfindlich kühl über die Felder – hörte ich hinten im Hagenborner Walde in der Gegend des düstern Grundes einen Schuß fallen. Kurz darauf sah Webers Fritz vom benachbarten Felde aus, daß Wilhelm Drake, die Arme an die Brust gedrückt, über das Feld dem Hause zulief. Ich hörte, wie Fritz Weber dem Laufenden zurief: „Wilhelm, hast du ihn?“ Er glaubte, Vater Drake habe einen Hasen geschossen. Abends hörten wir,daß ein Unglück geschehen war. Drake hatte das Gewehr auf dem Ackerwagen mit nach dem krummen Stück unweit des düstern Grundes genommen, um ein Reh zu schießen, das er wiederholt auf seinem Grundstück gesehen hatte. Als man dort angekommen war, sollte Wilhelm die geladene Waffe vom Wagen nehmen und nahm sie beim Laufe, der Hahn faßte hinter einen Zahn der Egge, die mit auf dem Wagen lag, der Schuß ging los, und die ganze Ladung drang meinem Freunde in die Brust. Noch am Abend wurde er ins Krankenhaus nach Hohenheim gebracht, wo die Ärzte ihm eine ganze Anzahl von Schrotkörnern aus der Brust herausholten! Wochenlang hing er am Rande des Grabes, schritt der Vater Drake finster blickend einher und sprachen wir von nichts Anderem als von unserm Freunde. Wie ein Wunder kam es uns vor, als nach vielen Wochen Wilhelm wieder unter uns erschien. Wir waren alle gespannt, von seinen Erlebnissen zu hören, doch wußte er wenig zu sagen. Vielleicht auch hielt er es nicht der Mühe wert, von der überstandenen Gefahr zu berichten? Am bittersten war ihm die Erinnerung, daß man ihm die Würste, die ihm sein Vater immer wieder hatte bringen wollen, rundweg verboten oder erst später in ganz kleinen Portionen verabreicht hatte. So schmale Kost war er nicht gewohnt, und mit grimmigem Lächeln fügte er wohl hinzu: „Nur einmal ist es mir doch geglückt; da habe ich eine derbe Wurst blitzschnell unters Bett gesteckt und abends im Dunkeln aufgegessen!"

Während Wilhelm Drake noch im Krankenhaus lag, stand ich noch manchen Nachmittag im Bruche und sah durch die fast entlaubten Baumkronen nach der Herbstsonne, die wie eine mattrote Kugel sich hinter Leutmannshof tiefer und tiefer gegen den Stoot hinabsenkte, zuletzt feurig rot und scheinbar immer größer werdend den Horizont erreichte und nun zusehends Linie um Linie hinter den Berg hinabglitt. Vom Schloßturm auf Leutmannshof schlug es halb fünf. „Bisewombombom!" Der Rückweg führte an meiner ersten Weide vorüber. Ade, schöner frühlingsduftiger Sonnenmorgen! Wie war so schön das Weiden auf deiner grünen, waldumkränzten Flur!

Endlich, an einem Tage im November, fiel der erste Schnee. Im Garten neben Müssen Hofe weidete ich zum letzten Male meine Herde auf den Überresten von Kartoffeln und Gemüse. Von hüben und drüben riefen wir „Schweine" uns die große Neuigkeit zu: „Morgen ist 'Sünte Märten'!" Andern Tages gleich nach der Rückkehr aus der Schule packte ich meine geringen Habseligkeiten zusammen. Noch einmal ging ich an den Ställen entlang, um meine Borstentiere zu sehen, die ich so oft auf die Weide geführt hatte. Ihre gutmütig blinzelnden Äuglein wandten sich wie fragend gegen mich, und wehmütig klang mir ihr vertrautes Grunzen in die Ohren.

Neugierig und lachend sahen mir August und Lina entgegen. Bald saßen wir im behaglichen Stübchen bei der Mutter und krüllten trockene Bohnen aus den Hülsen, und so wohl tat mir die Ruhe, die Befreiung von aller Last und Verantwortung und die fürsorgende Liebe im Elternhause, daß ich meinte, daheim könnte man doch von Rechts wegen nie unzufrieden sein.

Mündliche Überlieferungen

Im folgenden Winter sahen wir zum ersten Male, wie ein schwarzer Koloß mit langem, glänzendem Bauche, hohem Schwungrade und russigem Schornsteine unter ehernem Geklirre und Gerassel von sechs Pferden auf Königs Hof gezogen wurde. Ihm folgte, ebenfalls auf vier Rädern, ein langer und hoher Kasten mit allerlei Rädern und Walzen an der Seite. Dieser wurde auf die Deel geschoben, das eiserne Ungetüm, die „Lokkematie", wie wir es in annähernder Ahnung seiner Bestimmung benannt hatten, erhielt seinen Platz draußen vor dem Hause, ein Lederriemen von nie gesehener Größe wurde über das Schwungrad und ein Rad am Kasten gelegt. Ein berußter Mann machte Feuer im Kessel an. Dietrich hatte unterdes auf Hof, Deel und Boden Leute angestellt. Ein scharfer, langgezogener Pfiff: Die erste Dampfdreschmaschine begann in unserm Dorfe ihr Summen und Brummen, ihr Sausen und Surren. Zu ihrer Bedienung reichten Dietrichs Leute nicht aus; jeder Hof in Hagenborn stellte eine Person zur Hülfeleistung, und so wollten sich alle Höfe gegenseitig aushelfen.
Auch ich erhielt meinen Posten bei der neuen Arbeit. Ich mußte unter den Tisch kriechen, über den das ausgedroschene Stroh hinabglitt, und hatte das Ende des Seils zu halten, in das das Stroh gebunden wurde. Welch ein Leben das war! Wie summte es betäubend um mich her, stundenlang, immerzu, immerzu! Staub legte sich über Gesicht, Augen, Nase und Mund. Das heulte wie ein nimmersattes Ungeheuer. Selbst die Menschen gingen wie Teile einer Maschine ab und zu. Auch Klein- Stöffken war darunter und band Stroh in Bündel und wußte daneben immer meiner Mutter viel zu sagen, die Stroh weg trug. Der Name Hämelerwald klang wiederholt an mein Ohr. Eben verstand ich in dem Getöse die Worte: „Da sage ich dir man dreiste gut für, wenn Wilhelm mir geglaubt hätte, ehe er nach Hämelerwald ging, dann hatte er im Herbst hundert und zwanzig Taler! Ja, hund-" In diesem Augenblick erhielt er von dem roten Herm, der als Winterknecht auf dem Hofe war, einen Stoß, daß er vornüber ins Stroh fiel. Ob und was zwischen den beiden gesprochen wurde, konnte ich nicht

verstehen, sah aber, wie der rote Herm immer zorniger wurde, immer heftiger den Kleinen zu Boden stieß. Da sauste plötzlich eine ungeheure Ohrfeige dem Roten an den Kopf, daß er taumelte. Sich umwendend, sah er Dietrich völlig ruhig vor sich stehen. Wie eine Katze sprang er auf ihn los, aber – machte das der bloße Anprall an den Körper des Bauern, oder hatte ihm dieser einen Stoß gegeben? – wie ein Gummiball flog er rücklings ins Stroh, daß die Beine in die Höhe standen. Dann wies Dietrich ruhig nach dem Seitengange, und der Rote verschwand.

Nun waren in wenigen Tagen die Getreidespeicher von ganz Hagenborn leer und die Kornböden mit dem blanken, reinen Korne gefüllt. Vorbei war es jetzt mit dem Uchtedreschen am kalten Wintermorgen, und die Dorfbewohner konnten schlafen, bis es Tag wurde. Unsere Mutter freute sich über diese Neuerung, weil sie nun daheim bleiben konnte bei ihren Kindern. Das Wort Hämelerwald hatte seine Schrecken verloren, und nachdem unsere Schulden alle bezahlt waren, trug unsere Mutter den Kopf wieder freier, das Spinnrad flog lustiger herum, meinten wir, und wenn ihre Hände beide im Takte sich hoben und senkten beim Herausziehen der glänzenden Fäden, dann sang sie auch wieder ihre alten Lieder, von der Linde im tiefen Tal, vom Schifflein, darin drei Knaben waren, u.a. Hatte sie aber zu nähen, zu stopfen oder zu flicken, dann konnte sie uns stundenlang erzählen von Dingen, die sich in früheren Zeiten in unserer Heimat zugetragen hatten.

Eine Stunde hinter Erdenau lag das Gut Dießen, wo beide Eltern meiner Mutter gedient hatten. Ihr Vater hatte oft von dem Winter erzählt, wo „Kaiser Bonaparte" aus Rußland zurückkam. Da war die Winterkälte so scharf gewesen, daß den Pferden beim Ausfahren eines Teiches die Fußgelenke erfroren waren, während er selbst, der Großknecht, der damals einen Lohn von sechzehn Talern bekam, in einfach leinenen Beinkleidern ohne Unterzeug umherging und keinen Schaden davontrug. „Dazumal waren wir andere Kerls!" pflegte der Großvater seiner Erzählung hinzuzufügen. In jenem Winter füllte der Schnee nicht nur die Hohlwege zwischen den Feldern, er bedeckte auch noch die Hecken zu beiden Seiten und war bei der fürchterlichen Kälte so hart gefroren, daß Pferde und Schlitten darüber hinweggingen.

In meinem Heimatdorfe wußte man damals noch nichts von Petroleum;

auf allen Lampen brannte Öl, das aus Lein- oder Rübsamen gepreßt wurde. Zu diesem Zwecke ging ich einst mit einem Säcklein Leinsamen und einem Ölkruge nach der Waldmühle. Während der schwere Stempel ein ums andere Mal auf die ölhaltigen Samenkörner niederfiel, sprach eine sehr freundliche Greisin aus der Mühle, die unter der Linde saß, einige Worte zu mir, eine Tante von Elfriede Arning. Von ihr, die ehemals sehr schön gewesen war, erzählte man, daß sie in ihrer Jugend viel umworben war. Namentlich hatte sich ein junger Mann aus vornehmer Familie um sie bemüht, der auf dem Gute Riepen als Verwalter im Dienste stand. Es schien ihm aber, als ziehe sie den Sohn des Bauern Rewing im nahen Untermoosbach vor, und darum zog er mit in den Krieg gegen Bonaparte und soll dort den Tod gesucht und gefunden haben. Der junge Rewing aber meinte, Emilie habe Franz, den starken Müllerburschen, lieber. Nun grenzten die Wiesen des Waldmüllers und des Bauern Rewing im Moltegrunde aneinander, und ein alter Brauch war es, daß die Leute von beiden Seiten in fröhlicher Geselligkeit die Wiesen gemeinsam abmähten. Das sollte nun an einem sehr warmen Junimorgen wieder geschehen. Christian Rewing und der Müllerfranz mähten als die Vordersten. Aber anstatt nun, wie es beim Mähen Brauch und notwendig ist, von Zeit zu Zeit innezuhalten und die Sense zu streichen, mähten die beiden an der Spitze ohne Unterbrechung weiter und weiter. Jeder von ihnen wollte seinem Gegner die Demütigung bereiten, vor den anderen als der Schwächere dazustehen. Besorgnis ergriff die übrigen, als sie diese Absicht erkannten, aber ihre Zurufe nutzten nichts. Höher und höher stieg die Sonne, immer beängstigender wurde die Schwüle im feuchten Wiesengrunde. Immer ingrimmiger wurde der Ausdruck verbissener Wut auf den Gesichtern der beiden Nebenbuhler. „Christian“, rief Rewings alter Hofmeister, „so höre doch auf, ihr bringt euch ja um!“ „Erst soll der da aufhören!“ war die Antwort. „Franz, sei du der Klügere!“ „Das war ich schon immer“, erwiderte dieser. Und weiter mähten die beiden. Ihren heißen Atem hörte man weithin aus- und eingehen. Endlich fing der zweite an zu taumeln, indem er undeutliche Worte vor sich hinmurmelte. Triumphierend wollte der erste sich umsehen, aber bei der Wendung ergriff den fürchterlich Aufgeregten der Schwindel, und ohne einen Laut sank er zu Boden, wobei dem fallenden Hintermanne die Spitze seiner Sense in die Brust drang. Mir fiel bei dieser Erzählung meiner Mutter ein Lied ein, das Müssen Mädchen unter der Linde gesungen hatten und dessen letzter Vers lautete:

So gehts, wenn zwei Knaben ein Mädchen liebhaben,
Tut wunderselten gut;
Das haben wir beide erfahren,
Ja, ja, erfahren, was falsche Liebe tut.

Emilie hatte aber wohl keinen von beiden bevorzugt, während sie die blutige Brieftasche des gefallenen Offiziers zeitlebens aufbewahrt haben soll.

In Hagenborn wußte man allerhand Geschichten aus vergangenen Kriegszeiten. Einmal waren – ob zu Bonapartes Zeiten oder unter dem alten Fritz, das wußte niemand mehr genau – wiederholt Offiziere und Soldaten gekommen, um junge Leute für das Heer anzuwerben. Freiwillig wollte aber keiner „unter die Preußen" gehen. Da hielt sich denn der Werbeoffizier allemal an den Vorsteher oder Bauerrichter, von dem er sich die Namen der dienstfähigen Bauernsöhne oder Knechte angeben ließ und mit dessen Hülfe er ihrer habhaft zu werden suchte. Gelang das nicht, dann ging es dem Vorsteher oft sehr übel. So wurde der Bauer Henke einmal ganz schrecklich geprügelt, weil er mehrere junge Leute, die fortgelaufen waren, nicht herbeizuschaffen vermochte.

Auf Königs Hofe arbeitete einst Schneidermeister Jan-Herm aus Kleinenmolte mit einem langaufgeschossenen Lehrling. Um diesen zu holen, erschien unvermutet ein Unteroffizier. Beim Eintritt in die Stube verlangte er zuerst einen Schnaps. Meister Jan-Herm aber sagte barsch zum Jungen: „Stoffel, bring 'en Bolten ins Feuer!" Der verstand sofort, ergriff das Bügeleisen, klapperte damit am Herde und – war verschwunden, ehe der Werber seinen Branntwein getrunken hatte.

Ein anderes Mal hatte der Werber, ein Husar namens Grimm, den Rekruten mit einem Stricke hinter sein Pferd gebunden. Während er aber noch mit Dietrichs Urgroßvater über ein junges Pferd des Bauern redete, bewunderte der Großknecht Hennerk laut und mit vielen Worten des Husaren Pferd, ging mehrmals um dasselbe herum und durchschnitt unbemerkt den Strick, dem Rekruten beide Enden in die Hand gebend. Der trottete folgsam hinter seinem Führer her bis dahin, wo sich der Weg unter der düstern Buche um einen steilen Bergeshang herumbog. Dort sprang er über den Bach, brach durch das Dickicht und verschwand im Bruche, wohin ihm der Reiter nicht folgen konnte. Die „düstere Buche" am untern Ende des Dorfes, unweit der Stelle, wo der Dorfbach sich in die Molte ergießt, stand in meiner Jugend noch; jetzt ist sie verschwunden.

Einst ritten mehrere Werber auf Köllers Hof, um den Knecht zu holen; der aber war nirgends zu finden. Die Soldaten gerieten in Wut und machten Miene, den Bauern und seine Frau zu prügeln. Da rief der kleine Sohn des Bauern in die Stube: „Pappa, Simönken sitt in 'er Ahlen." So nannte man den obersten Bodenraum ganz nahe unter der Dachfirste. Schnell erkletterten die Soldaten den Boden, um den Vogel zu erwischen. Doch das ging nicht so leicht; der Verfolgte kletterte gewandt wie eine Katze immer näher unter das Dach. Als einer der Nachsteigenden ihn eben an den Füßen ergreifen wollte, kratzte der Flüchtling ein Loch in das Strohdach, schwang sich hindurch und fuhr draußen das Dach hinab. Zu seinem Glück fiel er auf den Misthaufen und war längst auf und davon, ehe die Verfolger vom Boden herabkamen.

Ein junger Kerl mit Namen Hansmeier, von seiner Geschicklichkeit im Klettern Hannböckchen genannt – er soll ein Vorfahr von Klein-Stöffken gewesen sein –, floh vor den Werbern auf eine Bühne neben der Deel, und als er keinen Ausweg fand, riß er das Messer von der Schneidelade und hieb damit hinter der Wand hervor so wütend seinen Verfolgern entgegen, daß man von ihm abließ. – Ein Vorfahr von Drake, Großvater oder Urgroßvater des jetzigen Bauern, der wohl auch lieber auf Rehe und Hasen schießen mochte als auf die Feinde des alten Fritz, hatte sich in einem Kleiderschrank versteckt, um den Werbern zu entgehen. Da hörte er, wie diese erst seine Mutter, da sie den Aufenthalt ihres Sohnes nicht angeben konnte, krumm zusammenbanden und unter den Tisch warfen. Dann wurde der alte Vater ebenfalls gebunden und so erbarmungslos geprügelt, daß der Sohn außer sich geriet. Er ergriff die Jagdflinte, die im Schranke stand, brach hervor und schoß dem einen der rohen Menschen die ganze Ladung Schrot in den Rücken, so daß dieser blutend zusammenbrach und starb.

Natürlich gelang es nicht allen Burschen zu entkommen, und mit der Zeit bekam man immer einige hundert Mann zusammen. Die wurden dann unter militärischer Bedeckung von Erdenau, wo sie den Fahneneid geleistet hatten, nach der alten Festung H. geführt. Unter einer solchen Schar befanden sich auch Töns Elert und Kord Balk aus Altengehren. Nach langem, beschwerlichem Marsche in strömendem Regen kam der Zug vor H. an. Unterwegs war die Hälfte der Angeworbenen desertiert, die Bewachung war daher eine sehr scharfe. Dennoch gelang es den beiden Freunden kurz vor der Weserbrücke, unbemerkt in das Gebüsch zu schlüpfen, das sich nach dem Flußufer hinabzog, und durch die triefenden Zweige bis unter die hölzerne Brücke zu gelangen. Hier kauerten sie nun stundenlang im Schlamm, bis auf die Haut durchnäßt, zitternd vor Angst und Kälte in der Herbstnacht, über sich das Getrappel der Husarenpatrouillen, um sich her das Rauschen und Gurgeln des Stromes, dessen Wasser vom anhaltenden Regen immer höher stieg, als wollte er die beiden, die sich, halberstarrt vom schneidend kalten Winde, nur noch mühsam festhielten, in seinen Fluten begraben. Mitternacht war vorüber, da sagte Kord: „Komm her, Töns, lieber will ich mich von den Preußen totschießen lassen, als daß ich unter dieser verd... Brücke elendiglich ersaufe." So kletterten die beiden mit steifen Gliedern mühsam den Abhang hinan, wobei sie sich immer geduckt im Gebüsch am Wege hielten und nur von Zeit zu Zeit einen Blick auf die jetzt öde Landstraße warfen. Endlich schlugen sie einen Feldweg nach links ein und entfernten sich von der Landstraße. Gegen Morgen befanden sie sich in einer einsamen Gegend und entdeckten im Felde eine offene Scheune mit Heu. Schnell krochen sie tief hinein und versanken sofort in einen tiefen Schlaf.

Durch einen stechenden Schmerz wurde Töns gegen Abend aufgeweckt. Er hörte verworrene Stimmen, und ehe er sich auf seine Lage besinnen konnte, war er durch einen preußischen Husaren hervorgezogen, der ihn anrief: „Hallo, Kerl, wo kommst du her?" „Aus Altengehren." „Wo liegt das?" „Amt Blumenstein." „Her mit dir!" Auch Kord kam jetzt hervor, und beide wurden vor den Offizier geführt, der nicht weit davon den Heutransport nach H. überwachte. „Prächtige Rekruten!" meinte er. „Aus Blumenstein?" Dann sollten sie auf zwei ledigen Pferden mitreiten und einer Patrouille den Weg nach Blumenstein zeigen. Über ihre Einkleidung werde sich nachher reden lassen.

So waren Töns und Kord abermals in den Händen der Preußen. Auf Wald- und Feldwegen, meist zwischen hohen Bergen dahinreitend, gelangte der Trupp in die Nähe von Blumenstein, wo man Kunde über den Anmarsch einer französischen Armee gewinnen wollte. Als eben die Reiter sich vorsichtig den offenen Toren der kleinen Stadt näherten, brachen plötzlich feindliche Reiter von rechts und links hinter ihnen hervor. Die Preußen, in der Minderzahl, konnten nicht mehr zurück und jagten in die Stadt. Da sprengten ihnen auch von dorther Feinde entgegen. Bald lagen zwei der Preußen zerschossen am Boden. Ein dritter hieb sich Bahn durch die Gegner und sprengte eine enge Seitengasse hinab, die zu einer offenen Pforte in der Mauer führte. Töns kannte diese Pforte und den steilen Fußpfad, der außerhalb den Berg hinabführte. Nie hatte er geglaubt, daß ein Reiter da hinab könnte. Der preußische Husar war mit Blitzesschnelle durch die Pforte verschwunden. Der Offizier, der Führer der Patrouille, sprang von seinem verwundeten Pferde gegen ein großes Hoftor des Kirchnerschen Gasthofes und schlug wie rasend mit seinem Säbel um sich. Mehrere seiner Angreifer taumelten blutend zurück. Da öffnete sich das Tor hinter ihm, er sprang hindurch, und das Tor wurde schnell geschlossen. Die beiden Freunde hatten starr vor Entsetzen diese Vorgänge mit angesehen. Endlich fiel ihnen ein, daß sie jetzt wieder frei waren, und ritten unbeachtet zur Stadt hinaus ihrem Heimatdorfe zu.

„Töns Hans Elert aus Altengehren, itzo Henke in Hagenborn!" las ich einst über dem Türbogen auf Henken Hofe, als ich einen Brief überbrachte, den mir der Briefbote zur Bestellung übergeben hatte. Mutter erzählte mir dann obige Geschichte, die ich freilich nur noch ungenau im Gedächtnis habe. Die beiden Freunde müssen wohl ihr Erlebnis öfter erzählt und den Aufenthalt unter der H. . .ner Brücke als wenig angenehm geschildert haben, denn noch jetzt sagt man bei uns, wenn man sich irgendwo recht behaglich fühlt: „Hier ist's wahrlich besser wie zu H... unter der Brücke."

Auf Brinkens Hofe hielt man einige alte Stücke wunderschönen Porzellans in hohen Ehren, an denen ein seltsames Fabrikzeichen und die Buchstaben K. v. P. mit einer Krone darüber sichtbar waren. Dieselben Buchstaben waren an einem alten, wurmstichigen Wagen noch erkennbar, der in einem Nebenraume der Scheune aufbewahrt wurde und von dessen Verdeck nur noch Säulenreste an den vier Ecken vorhanden waren. Den sollte ein Vorfahr des jetzigen Hofbesitzers mit heimgebracht haben, als er in Kriegszeiten ein Fuder Stroh in das Kriegslager hinter Hohenheim hatte bringen müssen. Er kam eben mit seinem Gespann den Weg von Rodenbeck nach Hohenheim zurück, der sich um den Fuß des Schanzenberges herumzieht, als ein Haufe flüchtiger Franzosen, mehrere Wagen in der Mitte, ihm entgegen kam. In allen Tonarten jammernd, fluchend, schreiend, hieben sie wie Besessene auf die Pferde. Soldaten zur Bedeckung marschierten oder ritten neben den Wagen. Urplötzlich brach aus dem Walde auf der Höhe eine Abteilung Preußen hervor und warf sich mit lautem Hurra auf die fliehenden Franzosen. Ein schreckliches Handgemenge entspann sich, in dem die Flüchtenden rasch zusammenschmolzen. Besonders fiel Kord Herm Brinken, der sich voller Grausen zwischen seine Pferde gedrängt hatte, ein Offizier unter den Franzosen auf, der deutsche Kommandoworte rief, aber wütend auf die Preußen einhieb, bis er von einem Husaren einen schweren Hieb über den Kopf erhielt. Blutend schleppte er sich unter Brinkens Wagen. Was von den Flüchtigen noch übrig war, wurde gefangen genommen. Kord Herm sah noch, wie die Preußen einen schweren Wagen sorgfältig bespannten und fortführten; später erzählte man sich in der Gegend, darin sei die französische Kriegskasse gewesen, viele tausend Taler. Auch eine Anzahl schöner Pferde hatten die Preußen erbeutet; sie verkauften die wertvollen Tiere für Spottpreise an die umwohnenden Bauern, die sich auf die Kunde von dem Geschehenen schnell zusammengefunden hatten.

Mehrere Wagen blieben stehen, und die Landleute nahmen heraus, was ihnen begehrenswert erschien. Der verwundete Offizier wies Brinken auf einen der Wagen und sagte: „Der gehört mir. Nimm für dich heraus, was du willst, und dann bringe mich fort, einerlei wohin!"

Brinken sah indes nur noch einiges Eßgeschirr im Wagen; das andere war herausgenommen oder zerstreut. Auch die Pferde waren abgespannt und verschwunden.

Er hing den fremden Wagen hinter seinen eigenen, half dem Verwundeten hinein und brachte ihn auf seinen Hof nach Hagenborn, wo er bis zu seiner Wiederherstellung verblieb. Es war ein sächsischer Offizier. Vergebens bot er nachher alles auf, seine wertvollen Pferde wieder zu erlangen; den Wagen mit Meißener Porzellan ließ er seinem Wirte zum Andenken.

Eine andere Begebenheit muß sich noch viel früher zugetragen haben. Es war für mich immer ein Ereignis, wenn ich mit Vater oder Mutter einmal nach der alten Hansestadt Erdenau gehen durfte, einer Stadt von etwa fünftausend Einwohnern, die ehemals viel größer gewesen sein sollte. Mit ehrfürchtiger Scheu blickte ich armer Dorfknabe zu den stattlichen Häusern, namentlich der Vorstadt, in den schöngepflegten Gärten hinüber. Dann gingen wir über den Lindenwall und sahen den Stadtgraben der ehemaligen Festung, von deren Stadttoren nur noch eins, das Wasserbrücker Tor, erhalten war. Weit draußen vor der Stadt ragte einsam und schwermütig der Stephansturm empor, welcher mit der jetzt in Trümmern liegenden Kirche ehedem der Mittelpunkt der Stadt gewesen sein soll. Seiner Spitze und seiner Kirche war er in einem verheerenden Kriege beraubt worden, den ein wilder Kriegsfürst, im Volksmunde Job Job von der Ohlen genannt, über die Stadt gebracht haben soll.

Als wir einmal zu Färber Baumgart in Erdenau selbst gesponnenes und gewebtes Leinen gebracht hatten, damit er es zu Kleidern für Mutter und Schwester schön mit blauen und roten Blumen bedruckte, erzählte mir die Mutter jene Geschichte, wie sie sich in der Umgegend von Erdenau noch erhalten hat. Danach war jener Fürst einst mit viel reisigem Kriegsvolk vor die Stadt gezogen, um sie zu züchtigen, weil sie in einem früheren Kriege zu seinen Gegnern gestanden hatte. Aber die Stadt hatte feste Mauern, tiefe Gräben und hohe Wälle, und die wehrhaften Bürger schlugen alle seine Angriffe siegreich ab. Da ließ der Fürst schweres Geschütz am Wallenberge auffahren und schoß von da her die Häuser der Stadt in Brand. Doch die Bürger von Erdenau konnten von ihrem Stadtgraben aus alle Straßen unter Wasser setzen und löschten das Feuer immer wieder. Viele Wochen schon berannte der Fürst die trotzige Stadt, Hunderte der Belagerer hatten bei den vergeblichen Stürmen ihr Leben eingebüßt, und die Belagerten verhöhnten von Mauern und Wällen herab immer kecker die fremden Kriegsvölker. Eines Tages trieben sie aus dem Wasserbrücker Tore einen Ochsen heraus, an dessen Hörner ein Spinnrad gebunden war mit der Aufschrift:

So unmöglich dieser Ochs kann spinnen,
Kann Job Job von Ohlen Stadt Erdenau gewinnen.

Da schwur der Fürst in schrecklicher Wut, jetzt werde er die Stadt dem Erdboden gleichmachen, es möge noch so viele Menschenleben kosten. Von neuem begann der Lärm des Angriffs, dumpf brüllten die Kanonen vom Wallenberge dazwischen, und die Brandkugeln flogen über die Kämpfenden hinweg in die Häuser. Am Rennstoß, einer Anhöhe vor der Stadt, hielt der feindliche Anführer in finsterem Schweigen. Durch einen Wink mit seiner Hand trieb er immer neue Heerhaufen gegen das Wasserbrücker Tor. Drinnen aber standen, um ihren Bürgermeister geschart, die wackeren Bürger und kämpften unverzagt gegen die immer erdrückender werdende Übermacht. Zuletzt drangen die Ohlenschen Truppen doch über die Brükke. Das Wasser im Stadtgraben färbte sich rot vom Blute der Ringenden. Wild klang der Siegesschrei der eindringenden Feinde in die Straßen der Stadt. Da flüchteten die Frauen und Kinder in die große St. Stephanskirche, die Orgel hub an zu spielen, und ergreifend klang der Gesang:

Wenn wir in höchsten Nöten sein,
Und wissen nicht, wo aus und ein,
Und finden weder Hülf noch Rat,
Ob wir gleich sorgen früh und spat,

So ist dies unser Trost allein,
Daß wir zusammen insgemein
Dich anrufen, o treuer Gott,
Um Rettung aus der Angst und Not.

Draußen tobte der Kampf weiter. Jeden Fußbreit ihres Bodens verteidigten die braven Bürger mit Heldenmut. In den vordersten Reihen der Ohlenschen tat sich ein riesiger Kerl hervor, der an einer Stange in der Linken ein Spinnrad schwenkte. Böttchermeister Mengedoht schlug ihm die Hand mitsamt der Stange herunter. Als sich aber der Bürgermeister einmal umwandte, sah er voll Schrecken, wie die Flammen aus dem Dache von St. Stephan herausschlugen. Da rief er mit seiner mächtigen Stimme, man solle vom Kampfe ablassen und die Frauen und Kinder zu retten trachten. Aus dem brennenden Gotteshause aber erklang es:

Drum kommen wir, o Herr und Gott,
Und klagen Dir all unsre Not,
Weil wir jetzt stehn verlassen gar
In großer Trübsal und Gefahr.

Sieh nicht an unsre Sünden groß,
Sprich uns davon aus Gnaden los;
Steh' uns in unserm Elend bei,
Mach uns von allen Plagen frei.

Auf daß von Herzen können wir
Nochmals mit Freude danken Dir,
Gehorsam sein nach Deinem Wort,
Dich allzeit preisen hier und dort.

Mit Mühe brachte man die zitternde Schar aus dem brennenden Gebäude; kaum waren die letzten draußen, da stürzten Dach und Gewölbe ein.

Auf dem Marktplatze, wo sich alles zusammendrängte, erwartete der Bürgermeister den Sieger. Als er des finster blickenden Reiters ansichtig wurde, trat er ihm entblößten Hauptes entgegen und erinnerte ihn daran, daß er mit ihm zusammen in Leyden studiert habe. Er hoffe, setzte er hinzu, daß er sich deshalb wohl eine Gnade ausbitten dürfe. – Die wäre? – Daß der Fürst seine Kinder verschone. – Die Bitte sei gewährt, erwiderte der Sieger, der Bürgermeister möge ihm seine Kinder zeigen. Dem Bürgermeister versagte fast die Stimme vor innerer Bewegung, als er, auf seine verängstigten Stadtkinder zeigend, sagte: „Diese alle sind es!"

Grollend entgegnete der Fürst: „Das ist Betrug; ihr habt mich nun zweimal verhöhnt, und das soll nicht ungestraft hingehen! Säet Hafer in die Straße dort, und wenn die Saat in drei Tagen grünt, dann mag die Stadt verschont bleiben." – In Schnelle eines Gedankens war die Pflasterung aufgerissen und die Straße mit Hafer besäet. Und siehe! Nach drei Tagen war die Straße grün, und Job Job von der Ohlen hielt Wort und tat der Stadt weiter kein Leid. Nur der stumpfe Turm von St. Stephan und die Haberstraße erinnern noch an jene schrecklichen Tage.

1870

Wenn wir an warmen Tagen durch Kleinenmolte zur Schule gingen, sahen wir manchmal den alten Schlapperkord vor seiner Haustür sitzen, wie er seine geschwollenen und schmerzenden Glieder in der Sonne erwärmte. Die Beine staken in dicken, wollenen Hosen, über die er nochmals wollene Strümpfe gezogen hatte. Sein Kopf mit der seitwärts herabhängenden, gestrickten Zipfelmütze sank mit jedem Jahre tiefer auf die Brust herab; nur dann und wann hob er ihn mit einem Ruck in die Höhe. „Der ist mit nach Spanien gewesen", murmelten die Jungen, wenn sie vorübergingen.

„Mutter, wo liegt Spanien? Wann ist Schlapperkord dagewesen?" fragte ich. „Als der unüberwindliche Kaiser Napoleon die Welt regierte, mußten unsere Soldaten für ihn in Spanien streiten." „Wo ist der unüberwindliche Kaiser geblieben?" „Der alte Blücher hat ihn geschlagen und vertrieben."

Zuweilen geriet der alte Veteran ins Erzählen. Einst hatte er bei Gerona auf Vorposten gestanden. Man hatte die Posten hinter Schanzen aufgestellt, die durch aufgeschichtete Wollsäcke noch sicherer gemacht waren. Da hatte er denn einmal eine sehr lange Nacht verbracht, als er am andern Morgen weder Freund noch Feind mehr erblickte. Schon hatte er seiner „Butellje" den letzten Schluck entnommen, und der Magen hing ihm bedenklich schief. Immer heißer brannte die spanische Sonne auf ihn herab. Endlich kam sein Freund Fritz Lübbeke. „Fritz, wo ist unsere Feldwache? Unser Bataillon?" „Schon vor Mitternacht abgerückt. Erst heute morgen konnte ich mich nach dir umsehen, und da ich dich nirgends fand, kam ich auf den Gedanken, daß man dich vergessen haben könnte." – „Wahrhaftig", so endete Kord seine Erzählung, „wenn Fritze nicht gekommen wäre, ich säße noch hinter meinen Wollsäcken!"

Später war er auch noch mit nach Rußland gewesen und hatte mit eigenen Augen gesehen, wie beim Rückzuge der Franzosen an der preußischen Grenze bei Kowno ein hoher französischer Offizier einem fallenden Soldaten das Gewehr entriß und auf die nachdrängenden Russen feuerte. Lebhaft schilderte er die Haltung des tapferen Franzosen, wie er dagestanden hatte, den bloßen Kopf zurückgeworfen, die Brust hochaufgerichtet, die vor Zorn und Kampflust glühenden Augen auf die Feinde gerichtet. Später habe ich erfahren, daß das der berühmte Marschall Ney gewesen ist. Zuletzt hatte Schlapperkord an der Belagerung von Montmedy teilgenommen, und oft fing er seine Erzählung an mit dem Satze: „Als wir noch vor 'Mummedie' lagen ..."

Im Frühling des Jahres 1870 hatte ich eben meinen Dienst auf Müssen Hofe wieder angetreten, als wir eines Abends am Himmel einen roten Schein bemerkten, der sich zusehends tiefer und tiefer färbte. Bangend standen alle im Dorfe vor den Türen und sahen nach den Wolken, die wie einander jagende, rollende und sich überstürzende Blutwellen am Himmel über uns sich dahin wälzten. Tagelang war diese Erscheinung Gegenstand unseres Gesprächs. „So viel Blut wird noch vergossen werden. Es giebt Krieg!" raunten die Leute einander zu.

Einige Zeit darauf hatte man eine feurige Kugel vom Himmel fallen sehen. Fliegeberndt hatte sie bei den zwei hohen Pappeln auf der Höhe vor Gehren gesehen. Knaben aus Großenmolte erzählten, im Pielenberge sei sie zur Erde gefallen. Fast überall hatte man sie bemerkt. „Mutter, ist es wahr, daß es Krieg giebt?" fragte ich am nächsten Sonntage zu Hause. „Das weiß Gott", war die Antwort.

Vatter Laibchen war auf den Kuhhandel zum Markte nach S...heim gewesen. Dort hatten die Leute vor ein paar Tagen am Himmel zwei Heere gegeneinander streiten sehen, bald vor-, bald rückwärts waren in den Lüften die Massen gewogt, Reiterscharen und Fußvolk, merkwürdigerweise alle ohne Kopf, bis endlich alles in der Richtung auf Norderode verschwunden war.

Der Frühling ging zu Ende. Das wogende Grün unserer Saatfelder verwandelte sich in ein bleiches oder sattes Gelb, und hier und da erklang schon die Sichel. An einem besonders heißen Julitage hatten wir uns in der Schule zu Klingen zwei Stunden lang redlich bemüht, den Schlaf fernzuhalten. Nun watschelten wir barfuß und leise die Treppe hinauf, um heimzugehen. Da kamen aufgeregt und verstört die meisten, lärmend und laut nur einige, die Schüler der oberen Schule die Treppe herab und flüsterten oder schrien: „Krieg, es gibt Krieg! Der Franzose hat ihn angefangen." Vorsteher Neumann stand vor seiner Haustür, dicke Rauchwolken aus seiner kurzen Pfeife stoßend. „'s gibt Krieg, Jungens! Da wird wieder viel Blut fließen." Vor dem Kruge stand inmitten einer Schar aufgeregt schwatzender Weiber Briefträger Blanke und fuchtelte mit seinem Stocke wild in der Luft herum. Nur abgerissene Worte vernahmen wir aus dem Menschenhaufen: Krieg — Franzosen — Österreicher — Dänen u.a. Schwer wie das Gefühl vor einem herannahenden Gewitter lag die Ahnung von etwas Schrecklichem, Ungeheurem auf unsern jungen Gemütern. Wann und wie wird das Unwetter losbrechen? Wen wird es vernichten? Vorsteher Neumann hatte gehört, der Russe halte mit uns. Das war uns ein großer Trost. „Oh ja, der Russe faßt die Franzosen von hinten, wir kommen von vorn!" jubelte Wilhelm Beine. „Du Schafskopp!" sagte Wilhelm Drake kalt, „dann schießen sie ja einander ins Gesicht."

Das Großmädchen auf Müssen Hofe trug jede Woche einen Korb mit Butter und Eiern nach Hohenheim. Jetzt kam es von dort zurück und erzählte, die Franzosen hätten viel mehr Soldaten, als in Deutschland Menschen lebten. Und bei uns müßten alle Männer bis zu vierzig Jahren „hin", ja, wenns ganz schlimm gehen sollte, bis zu sechzig Jahren.

„Sie kommen!" rief Fliegeberndt herüber, der den Weg hinterm Dorfe herunterkam. Aufgeregter noch als sonst flogen seine Ellenbogen, schoß die ganze Gestalt vorwärts. Die Augen traten fast aus den Höhlen. „Wer kommt?" „Die Franßosen", rief er, „die haben mehr Soldaten als wir. Eine Stadt mit Namen Szaarbrücken haben ßie schon erobert." Das klang schlimm. Einige Leute mit ganz feinen Ohren wollten gar in ungeheurer Entfernung Kanonendonner gehört haben.

Ziemlich kleinmütig von all dem Gerede eilte ich am nächsten Sonntage nach Hause. „Mutter, wenn nun aber die Franzosen hierher kommen!" „Ach was", entgegnete sie in vollster Zuversicht, „das wird Gott der Herr nicht zugeben, daß dies gottlose Volk uns unterkriegt." „Aber sie haben viel mehr Soldten als wir", warf ich ein. „Wenn auch; ein Preuße schlägt drei Franzosen tot." "Was sagt Dietrich zu dem allen, was die Leute erzählen?" „Der lacht über das viele dumme Zeug." „Muß unser Vater auch mit?" „Bewahre!" Das war der Klang unerschütterlicher Siegeshoffnung, den ich unter all dem gedrückten Wesen vernahm. Um vieles fröhlicher kehrte ich auf Müssen Hof zurück.

Einige Tage darauf nahmen die Reservisten Abschied vom Heimatdorfe, um sich zu ihrem Truppenteile zu begeben. Auch der junge Brinken, der schon bei Kissingen mit im Feuer gestanden hatte, mußte Abschied nehmen von seiner Frau und seinem Kinde. „Fritz, geh nicht von uns!“ weinte sie. Er aber tröstete sie: „Sei ruhig, Stine, ich komme wieder.“

Vor unserem Nachbarhofe stand Heinrich Köller auf das Tor gelehnt, stumm und düster. Der schwarze Christian kam die Straße herauf. „Na, Heinrich, gehst du auch mit?“ „Ja, aber wiederkommen tue ich nicht.“ „Ach was, schäme dich, so spricht 'n richtiger Kerl nicht. Ich konnte leider noch nicht mit damals, als Schlapperkord und die andern nach Mummedie gingen, aber leid tat es mir, da sag' ich dir gut für, ganz barbarschen.“ Doch Heinrich verharrte in trübem Schweigen. Etwas beklommen sah ich vom Zaune unseres Hofes nach ihm hinüber. Da klang die Dorfstraße herauf ein Ton, den ich nie gehört hatte und den ich doch gleich erkannte: eine Trommel. Pfeifen und Singen mischte sich darein. Die Straße herauf marschierten zwei Soldaten, der eine mit der Trommel, der andere mit der Flöte. Fünf oder sechs Reserveleute, junge Männer aus dem Dorfe, folgten ihnen. Vor Köllers Hofe kommandierte Friedrich Henke: „Halt! 'n Abend, Heinrich, ha, Junge, du gehst doch mit?“ „Nein,“ erwiderte der Angeredete dumpf, „ich gehe morgen nach Hohenheim.“ „Ach was“, rief der rote Herm, „sag der Alten Adieu und dann komm gleich, dann sind wir morgen sicher zur Stelle. Es sieht ja sonst aus, als ob du Bange hättest.“ Heinrich blickte den andern düster an. „Ich komme morgen früh zeitig genug.“ „Na, denn man zu, Jungens“, rief Friedrich. Und los wirbelte die Trommel, klang die Flöte und sangen die Söhne unseres Dorfes:

Wenn gleich fremde Mächte kämen
Und wollten uns die Freiheit nehmen,
Ei so soll das Pulver und Blei
Zeigen, daß wir Deutsche sein.

Ich aber hörte und sah nicht, daß meine Borstentiere, von dem ungewohnten Getöse scheu geworden, über den Hof hinweg nach allen Richtungen auseinanderstoben. Eine nie gefühlte Wonne durchrieselte mich vom Scheitel bis zur Zehe. Eine wilde Lust, mitzuziehen in den Streit für mein Vaterland, kam über mich. Ich rannte nach der andern Seite den Hügel hinan und sah, über den Zaun gebeugt, den Davonziehenden nach. Auf Ridders Hofe drüben stand Julia; alle gaben ihr die Hand. Dann stand sie, aufs Stacket gelehnt, und sah ebenfalls das Dorf hinauf, bis die kleine Truppe an Steinkämpers Hofe vorüber war und in den Tannenweg einbog, wo sie bald oben im Hagen verschwunden war.

Eben als ich mich umwandte, hörte ich, wie Heinrich Gröppel auf dem Nachbarhofe zu seiner Mutter sagte: „Oh Mutter, wenn ich einmal mit in den Krieg müßte, ich spränge in den Brunnen." Da fühlte ich etwas wie Verachtung im Herzen aufsteigen.

Und dann – wie kam es nur so plötzlich? – erklang überall, in der Werkstatt wie auf dem Acker, in der Schule und daheim, auf allen Straßen und auf unsern Weidefluren das neue Kampf- und Trutzlied. – Noch hatten wir es in der Schule nicht vollkommen gelernt, da brachten es auch schon die Landleute mit heim aus der Stadt. Alles, was an Liebe zur Heimat und an unbeugsamen Willen, sie zu schirmen, in uns geschlummert hatte, das trat jetzt als erhebendes und stolzes Gefühl in unser Bewußtsein und loderte als helle Kampfesfreude auf in dem unvergleichlichen Sange von der Wacht am Rhein.

Und schon kamen die Nachrichten von den Siegen bei Weißenburg und Wörth. Und während die Mädchen in der Schule Charpin[1] zupften, brüllten wir Jungen draußen, bis wir heiser wurden:

„Max Mahon, Max Mahon[2], Fritze kommt und hat ihn schon!"

Wieder einige Tage später kam das Großmädchen aus Hohenheim mit der Nachricht, unsere Truppen seien jetzt vor eine französische Festung gerückt, die sei so groß, wie es keine sonst in der Welt gebe. Sie heiße Metz und eine schreckliche Schlacht sei dort gewesen, viele Tausende seien gefallen.

Eines Abends las Heinrich Müssen mit vielem Stottern aus der Zeitung die Verlustlisten vor. Aus den Nachbardörfern war mancher Mutter Kind geblieben, doch war noch kein näherer Bekannter namhaft gemacht. Fritz Brinken war bei der Besatzung in Minden geblieben, der rote Herm sollte das eiserne Kreuz erhalten. Friedrich Henke, der bei den Husaren stand,

1 Verbandmaterial
2 Mc Mahon (1808-1893), frz. Marschall und Politiker

hatte an seine Eltern geschrieben, etwas so Schönes und Stolzes wie eine Reiterschlacht, die er kürzlich mitgemacht, gebe es in der ganzen Welt nicht.

Eines Tages kam Pastor Rückert ins Dorf. Auf seinem sonst so freundlichen Angesicht lag tiefer Ernst. Vor ihrem Hoftore stand Frau Köller, als ob sie ihn erwarte. Wir hörten, wie der Pastor mit seiner tiefen, klangvollen Stimme, ihre Hand in der seinen haltend, zu ihr sprach, wir sahen, wie ihr Blick starr auf ihn gerichtet blieb. Dann schritt die Frau müde und schwer, der Pastor an ihrer Seite, ins Haus. Als dieser nach einiger Zeit das Haus verließ, um noch einen Augenblick bei Müssen einzusprechen, hielt ich mich scheu in der Entfernung; der Ernst in seinen Zügen bedrückte mich. Auch bei Henken kehrte er noch ein, nur an Königs Hofe ging er ohne aufzusehen vorüber. – Wie ein Blitz durchzuckte mich plötzlich die Gewißheit: „Heinrich Köller ist im Kriege gefallen, ist tot." Und so war es. Und viele, viele Wochen ging Frau Köller umher, das Antlitz starr und steinern vor sich hin auf den Boden gerichtet. Keine Träne sah man an ihrem Auge. Wer zu ihr sprach, den sah sie unverwandt und starr an, ohne daß man gewußt hätte, ob sie ihn verstanden hatte. Pastor Rückert hat später gesagt, er wolle lieber die wildesten Ausbrüche des Schmerzes, die lautesten Klagen hören, als solch stummen Schmerz ansehen, an dem jedes Trostwort abpralle wie vor einer Felswand.

Sonntags in der Kirche nach der Predigt verlas Pastor Rückert die neuesten Siegesnachrichten, allemal ein Dankgebet anknüpfend. Oh, die Reihe der Siege war so groß, daß für jeden Sonntag Stoff genug vorhanden war. Wir Kinder vernahmen diese Nachrichten meist aus dem Munde unserer Mutter, und Wendungen wie: „Gott sei gepriesen für diese erste glorreiche Waffentat!" „Es soll Viktoria geschossen werden!" klingen mir noch heute in den Ohren. An den Wochentagen kam der Pastor häufig zu uns in die Schule, um uns vom Gange der Kriegsereignisse zu erzählen oder uns Bilder zu zeigen von den Männern, in deren Händen damals nach Gottes Rat die Geschicke unseres Volkes lagen, Männer, von denen wir vorher kaum gehört hatten und deren Namen nun mit einem Male in aller Munde waren. Da lernten wir sie alle kennen, die Herrlichen, die Gewaltigen jener großen Zeit. Bismarck und Moltke, Prinz Friedrich Karl und „unsern Fritz", Werder und Göben und so viele andere. Vorher hatten wir nur von König Wilhelm gewußt. – Zum Dank sangen wir unserm Pastor allemal eins der zahlreichen Kriegslieder vor, was ihm immer große Freude machte. Und auch ich habe sie vernommen, jene Botschaft, um die uns nachfolgende Geschlechter beneiden mögen, die Botschaft von einem Waffenerfolge so ruhmreich und glänzend, wie die Weltgeschichte bis dahin keinen aufwies, und ich habe mit einstimmen dürfen in den Jubel, den sie hervorrief, auch in unserm weltabgeschiedenen Dorfe.

Es nahte der Herbst. Eines Tages waren wir eben aus der Schule zurückgekommen und tranken unsern Kaffee, da trat Frau Müssen in die Stube und sagte: „Kinder, freut euch, sie haben Napoleon gefangen genommen, den Kaiser der Franzosen." Das war ein Jauchzen, vornehmlich bei uns Kindern. Von nichts anderem sprachen wir wochenlang als von „Napolium". Wir malten uns aus, wie das mit der Gefangennahme zugegangen sein möchte. „Ja, und denkt nur", rief Frau Gröppel über die Straße, „fast hätten sie unsern König mit gefangen genommen. Hatten schon einen Kreis um ihn geschlagen. Da sind aber die Drajuhners[1] gekommen und haben ihn wieder herausgehauen." „Die Drajuhners? Was für welche sind das?" Den ganzen Abend hörten wir nun die wunderbarsten Schilderungen von unsern Truppengattungen und ihrer Kampfesweise. Am wenigsten begeisterten wir Undankbaren uns für unsere brave Infanterie, vielleicht weil wir die einigermaßen kannten. Die Jäger, die so unglaublich sicher schießen konnten, das war schon etwas anderes. „Ach was", erklärte Heinrich Müssen, „die Hullahnen[2], die so einen viereckigen Teller auf dem Helme und dann die langen Lanzen haben, das sind die feinsten Soldaten." „Was Hullahnen, was Hullahnen", schrie Schneider Fliegeberndt, der andern Tages auf dem Wege zur Mühle an uns vorüber hopste und dem wir unsere neuen Kenntnisse über die schönsten und tapfersten Soldaten auftischten, „die Attellerie, die hat's getan. Das sind Kerls, die haben an den Füßen lange Lanßen, damit rennen ßie die Franßosen durch und durch und schleudern ßie über ihre Köpfe hinweg nach hinten. Ja, wahrhaftig, auch die Pferde beißen und hauen um ßich." In langen Stößen eilte er über die Weide dahin der Mühle zu und merkte es nicht, daß ihm einer von seinen Säcken vom Rücken herabglitt. „Mag er zweimal gehen, wenn er die Hullahnen

1 Dragoner
2 Ulanen

nicht leiden mag", sagten wir und schwiegen. „Mutter", meinte ich andern Tages im Elternhaus kleinlaut, „wenn ich bei die Attellerie komme, so was kann ich aber nicht." „Was andere können, kannst du auch." Dabei beruhigte ich mich einstweilen, wenn ich auch nicht völlig überzeugt war.

Am Sonntage darauf war in Bussen Berge eine Dankfeier. Pastor Rückert und die Lehrer der Gemeinde hielten Reden. Wir Kinder sangen Lieder, sagten Gedichte auf und hatten Wettkämpfe im Laufen, Springen und Klettern, wobei der Jubel seinen Gipfel erreichte, wenn unser verehrter Pastor mit dem ausgesetzten Preise noch eine Strecke davonlief und den Läuferschwarm im Zickzack hinter sich herzog. Schon strich der Wind kühl unter den Eichen, da wollte Vorsteher Neumann, der sich auf sein Redetalent große Stücke einbildete, mit einer feurigen Ansprache den Tag schließen. „Still, Neumann will reden", ging es durch die Menge. „Ja", hieß es, „der kanns wie der beste Pastor." Und Neumann sprach: „Ja", so klang es über die lautlos horchende Versammlung, „wo ist er denn geblieben, der übermütige Franzosenkaiser, der stolze Napoleon, der Sieger in so vielen Kriegen?" Mit stark gehobener Stimme: „Dort sitzt er gefangen auf der Simonshöhe!" (Das war ein Ort in unserer Nähe, dessen Name ihm geläufiger war, als der des Schlosses im fernen Hessenlande.) Da erhob sich ungeheures, gar nicht enden wollendes Gelächter, worüber sich Neumann so gekränkt fühlte, daß er trotz allen Zuredens von Seiten Pastor Rückerts nicht zu bewegen war, auch nur ein Wort weiter zu sprechen. Ja, er soll an jenem Abend geschworen haben, daß er nie in seinem Leben wieder eine Rede halten wolle.

Dann kam ein langer und strenger Winter, und manches Paar Strümpfe, manche Kiste mit Zigarren, manch Päckchen mit Wurst und Schinken wanderte nach Frankreich hinein zu unsern Kriegern, aber endlich wurde es doch wieder Frühling, und eines Tages läuteten vom Klingener Turme die Glocken immerfort über das Land, den Menschen die Botschaft zurufend: Nun ist es Friede! Und auf unsern Feldern brannten wir Freudenfeuer an, schwangen Fackeln aus Stroh und Teer und tanzten und jubelten in den Klang der Glocken hinein: Nun ist es Friede! Die Krieger aus unserer Gemeinde kehrten heim, und wieder eines Sonntags, es war inzwischen Sommer geworden, standen auf dem großen Kirchplatze unter den uralten Linden Tische und Bänke, daran saßen unsere tapferen Brüder im

Schmucke von Siegeskränzen inmitten ihrer Angehörigen, deren Augen vor Stolz und Freude glänzten. Oben an der ersten Tafel saß Schlapperkord, den Pastor Rückert im Wagen hatte herbeibringen lassen und nun selbst an den Tisch führte. Von Zeit zu Zeit hob er den Kopf und murmelte: „Ja, ja, das hatte ich nicht gedacht, daß es mal so kommen könnte; nee, nee, das hatte ich nicht gedacht." Er hatte immer noch eine sehr hohe Meinung von seinen alten Waffenbrüdern, den Franzosen, gehabt.

Noch einmal dankte Pastor Rückert Gott dem Herrn für alles, was er Großes an uns getan, gedachte in Liebe und Dank derer, die im Kampfe für's Vaterland gefallen waren und nun in fremder Erde ruhten, dankte besonders herzlich und freudig denen, die zurückgekehrt waren, nachdem sie für Haus und Herd brav gestritten hatten, und forderte sie auf, nun hinfort ebenso fest auf der Wacht zu stehen im Kampfe um die inneren, heiligsten und höchsten Güter unseres Volkes. Und unsere uralten Linden rauschten leise darein, und unsere schönen, tiefen Glocken riefen vom Turme herab wieder und immer wieder ihren ehernen Ruf hinein in unsere Freude und unsere Lieder, alles in den einen Grundton ausklingen lassend: „Der Herr hat Großes an uns getan."

Bis zur Konfirmation

Der erste Frühling und der erste Sommer gingen über das neue Deutsche Reich dahin, und mit Stolz und Freude gewöhnten wir uns daran, den ehrwürdigen Preußenkönig unsern Kaiser zu nennen.

Die erste Veränderung, die sich in unserm bis dahin so stillen Dorfleben zeigte, war ein erhöhtes Verlangen nach Lustbarkeiten, namentlich nach Schützenbieren mit Musik und Tanz, die früher gar nicht oder nur selten stattgefunden hatten. Pastor Rückert bemerkte das mit Sorge. Er fürchtete sittenverderbenden Einfluß von solchen Veranstaltungen und suchte sie zu verhindern. Oft gelang ihm das durch freundliche Einrede. Einmal, als auf Rothen Hofe in Großenmolte schon alles vorbereitet war, sprach er nach der Predigt so ernst dagegen, daß der Bauer sofort die Musik abbestellte und das Zelt wegfahren ließ. Das erregte nun vielfach heftigen Groll gegen den Pastor, nicht nur bei der tanzlustigen Jugend. Gastwirt Behrens, der das Bier hatte verzapfen wollen, drohte, das wolle er dem Pastor eintränken, und Wilhelm Edler, der seine Musik nun nicht anbringen konnte, schimpfte entsetzlich über den „Pfaffen". Mir tat es weh, daß man über den verehrten Mann so sprechen mochte. Er selbst mußte es auch wohl erfahren haben und ging auf seinen regelmäßigen Besuchen in der Gemeinde an den Häusern, wo man am meisten auf ihn geschimpft hatte, eine Zeitlang stumm vorüber. Aber merkwürdig! Trotzdem daß einige vorher gedroht hatten, den Pastor aus dem Hause zu werfen, wenn er komme, so waren sie doch jetzt höchlichst entrüstet, daß er einen Unterschied mache zwischen den Gliedern seiner Gemeinde. Ob das ein Pastor sei, fragten sie, der nur die „Frommen" besuche und um die andern sich nicht kümmern wolle.

Sehr gern ließen wir uns vom roten Herm, von Friedrich Henke oder von einem andern Mitkämpfer erzählen, was sie im verflossenen Feldzuge erlebt hatten, und waren nur verwundert, daß sie nur selten von stolzen kriegerischen Taten, sehr oft aber von Leiden aller Art zu berichten wußten, von schmaler Kost, vom Schlafen auf bloßer Erde und – einem schauderhaften Übelstande im Punkte der Reinlichkeit. Und eine üble Folge des Krieges lernten wir nun selbst noch kennen: die Pocken. Hatten die gefangenen Franzosen sie bei uns eingeschleppt, oder hatten unsere Krieger sie aus Frankreich mitgebracht? Erst vereinzelt, dann immer häufiger trat die furchtbar ansteckende Krankheit auf. In Klingen, in Altenfelde, in Kleinenmolte gab es Pockenkranke. Am schlimmsten stand es in Großenmolte. Schauriger als sonst, dünkte uns, sandte die Glocke ihre dumpfen Schläge über das Land, wenn der umherziehende Würgengel wieder ein Opfer gefordert hatte. Nur in unserem Dorfe erkrankte niemand. Aber niemand ging auch von uns nach Großenmolte, wo einzelne Familien, wie uns gesagt wurde, ganz vom Verkehr mit der Außenwelt abgeschnitten waren.

Nur einer schritt Tag für Tag durch den Bussenberg hinüber nach Großenmolte: Pastor Rückert. Freilich hatte man ihn gerade dort am wildesten geschmäht, als er gegen die Schützenfeste aufgetreten war. Auch war einmal, als er in der Dämmerung durch das Dorf schritt, ein großer Stein dicht an seinem Kopfe vorübergeflogen. Die meisten hatten ihn weit hinweg gewünscht. Wie hatte sich das geändert! Jetzt begegneten ihm alle im Dorfe mit der größten Ehrerbietung, wenn er ernst, aber freundlich durchs Dorf schritt und die Häuser aufsuchte, wo die gefürchtete Krankheit eingekehrt war. Und welche Freude erst drinnen! Hätte er auch nicht, wie er meistens tat, eine Flasche kühlenden und erquickenden Fruchtsaftes mitgebracht, die ihm die Frau Pastor mit auf den Weg gab, er wäre doch aufs höchste willkommen gewesen jetzt, wo alle andern sich fern hielten. Immer war seine Ankunft ein großer Trost, gleichviel ob er den Erkrankten ermutigend zusprach, mit ihnen betete, den Sterbenden die herrlichen Sprüche aus der Bibel nachrief auf ihrem Wege in die Ewigkeit, oder ob er den Hinterbliebenen mit Rat und Trost zur Seite stand. Ein kleines Mädchen verlor erst sämtliche Geschwister, dann beide Eltern. Als es jammernd in der Stube neben den Leichen von Vater und Mutter stand, da nahm der Pastor es auf den Schoß und sagte: „Weine nicht, liebes Kind, wenn dich sonst niemand haben will, dann nehme ich dich zu mir, und du sollst mein Kind sein."

Im selben Jahr starb auch unser alter, treuer Lehrer Mertens! Ein Band herzlicher Freundschaft hatte ihn mit seinem Pastor verbunden, und ergreifend war der Nachruf, den Pastor Rückert seinem geschiedenen Freunde am Sarge im Gotteshause widmete. Als Vorbild im Glauben und im Wandel konnte der Verstorbene wohl mit Recht hingestellt werden. Ohne Furcht hatte er dem Tode entgegengesehen; nur wegen seiner Kurzatmigkeit war ihm zuweilen bange gewesen vor einem schweren und langen Todeskampfe. Und nun hatte gerade er ruhig und friedlich wie ein Kind einschlafen dürfen. Meine Mutter sprach noch lange von dem ergreifenden Anblick, als eine große Schar von Schulkindern in dichtem Gewimmel sich um die Gruft ihres alten Lehrers gedrängt hatte, um ihm den letzten Gruß nachzurufen. — In seiner Schule hatte er stets eine ganze Sammlung von Holztafeln, schmale Brettchen nur, auf deren jeder der mehrstimmige Satz eines Chorals geschrieben stand. Merkwürdig, gerade in letzter Zeit hatte er lauter Sterbegesänge eingeübt, die wir ihm jetzt nachsingen konnten.

Bald darauf verließ uns auch Lehrer Hanning, bei dem immer die Ringkämpfe stattgefunden hatten. An seine Stelle trat Herr Kregel, der in kurzem alle Fenster seines Schulzimmers mit den schönsten Blumen besetzt hatte, die seine Schüler bei warmem Regen auf die steinerne Freitreppe der Kirche tragen mußten. Auch sonst verstand er vielerlei, was uns in staunende Bewunderung versetzte. Manchmal kahnte er in einem Backtroge auf dem großen Pfarrteiche, und am alten, weitläufigen Pfarrhause nahm er unzählige Spatzennester aus. Voller Neid hörten wir die schönen Lieder, die seine Schüler bei ihm singen lernten, und völlig unglaublich war die Gewandheit, mit der er vor dem Weihnachtsfeste in der Kirche an den Emporen und vor der Orgel herumturnte, überall selbstverfertigte Transparente und anderen Schmuck anzubringen. Sein eigenstes Feld aber war die Bienenzucht; unzählige Bücher hatte er darüber gelesen, in der ganzen Gemeinde war er Ratgeber in diesem Fache. Ja, wenn er eine Biene vor einem Stocke wegschlug mit den Worten: „Ein Räuber", dann meinten wir nicht anders, als daß er jede seiner Bienen einzeln kannte wie Münchhausen.

An die Stelle von Vater Mertens trat nach längerer Wartezeit der Lehrer und Küster Menke. Einen so feinen Mann hatten wir bis dahin nicht kennengelernt. Sein Vorhemd und sein Kragen waren stets von blendender Weiße. Von Schulstaub war auf seinem tadellos gebürsteten schwarzen Rocke nichts zu sehen. Seine Stiefel glänzten, es mochte regnen, schneien oder stauben, daß man sich darin spiegeln konnte. Hatte er, was ziemlich häufig vorkam, in Hohenheim zu tun, dann wußte er fast immer Fahrgelegenheit zu finden. Ja, es ging die Sage, daß er dann noch ein Paar Reservestiefel eingewickelt mit sich nehme, um in Hohenheim elegant auftreten zu können. Etwas ganz Neues waren für uns ungeschliffene Dorfjungen die gewandten Verbeugungen unseres Lehrers, wenn Pastor Rückert oder Amtmann Rahden in die Schule kam. Und doch war Menke zeitlebens Dorfschullehrer gewesen.

Anfangs staunten wir über die Menge häuslicher Aufgaben, die der Lehrer uns auferlegte, besonders für die Ferien. Da sollten wir fast den halben Katechismus und eine Unmenge von Geschichten lernen, mindestens ein halbes Dutzend Gesänge wiederholen, eine große Reihe von Aufgaben rechnen und anderes mehr. Nach den Ferien hatten wir nur weniges aufzuweisen, und kaum zu zählen waren sie, die nachsitzen sollten. Aber am Schluß der Stunde erklärte der Lehrer, er wolle es den „Faulenzers" für dieses Mal „verjäben", doch das nächste Mal dürfe ihm keiner so kommen. Es verlief aber das folgende Mal genau ebenso; bald lernten nur noch sehr wenige, und unter diesen war leider ich nicht.

Eine längere Krankheit brachte mich vollends aus dem Lernen heraus. Mit Kopfschmerz und Müdigkeit in allen Gliedern fing es an. Im nächsten Frühjahr trieb ich zwar meine Herde noch einmal auf die Weide, aber mutlos und traurig. Die Arznei, die Mutter Berger aus Erdenau mitbrachte, wollte nicht anschlagen, und die Sorge meiner Mutter wurde größer und größer. Wie oft eilte sie trotz ihrer vielen Arbeiten zu meinem Weideplatz, um nach mir zu sehen, meinen Mut aufzufrischen, mir bei nasser Witterung trockene Strümpfe oder ein Töpfchen heißen Kaffee mit eingeweichter Brotrinde zu bringen. Zuletzt mußte ich meine Herde und meinen Dienst ganz verlassen und nach Hause kommen. Nun meinte die Mutter: „Der Doktor muß doch mal sehen!" Und an einem heißen Julitage kurz vor der Ernte gingen wir zusammen nach Erdenau. Der Arzt konnte keine bestimmte Krankheit bei mir entdecken und empfahl Milchtrinken und möglichst viel Bewegung in frischer Luft, aber Vermeidung jeder Anstrengung.

Der Rückweg führte am Tale der Bossenke entlang. Erschöpft kehrten wir einen Augenblick im Stoote ein und baten um einen Trunk Wasser.

Als wir dann auf der Höhe angekommen waren, von wo aus man Erdenau mit seinen uralten Türmen zum letzten Male sieht, nötigten mein schmerzender Kopf und meine müden Beine uns zum Niedersitzen, und nun erzählte mir die Mutter, wie sie vor 20 Jahren zum ersten Male diesen selben Weg gegangen war. Sie sprach auch davon, wie sie sich ihre Zukunft damals gedacht hatte. „Ist nun freilich manches anders gekommen", schloß sie, wie zu sich selbst sprechend, ihre Erzählung. Eine Zeitlang noch blickte sie sinnend in die Ferne, dann gingen wir langsam der Heimat zu. – Die Sorge der Mutter um ihr krankes Kind wurde noch vergrößert durch die Erinnerung an den Verlust ihrer beiden ersten Kinder. Auch Frau Ridder meinte eines Tages, die Mutter möge ja wohl achtgeben, daß es ihr mit diesem Kinde nicht eben so ergehe wie mit den früheren; ich sähe ihr gar nicht danach aus, als ob ich alt werden wollte.

Hatte die Mutter vormittags schon hart gearbeitet, dann machte sie mir in Eile ein Essen, befahl mir die Sorge für unser Vieh und ging dann schnell hinunter nach Köngs Hofe, nachdem sie sich gezwungen hatte, sich mit dem alten, frohen Lächeln zu verabschieden, wobei sie aber den Kummer doch nicht ganz verbergen konnte. Mit schwerem Herzen arbeitete sie den langen Nachmittag in Hitze und Regen. Kam sie abends todmüde heim und sah mich traurig und abgezehrt vor der Haustür sitzen, dann sank ihr wohl eimal der Mut, und sie weinte eine Zeitlang still vor sich hin. Aber bald überwand sie solche Stimmungen, trocknete rasch die Augen mit der Schürze und – wie sie zu sagen pflegte – „griff sich ein Herz da, wo sie keines hatte." Auch tröstete sie wohl mein Bruder August, der jetzt bei Henken als „Schwein" diente, indem er sagte: „Weine nur nicht, Mutter! Sollst sehen, Wilhelm wird doch wieder besser. Die Alt'sche da oben" – er wies nach Ridders Hause – „weiß 'er nichts von."

Ich streifte nun den größten Teil des Tages in Feld und Wald umher und suchte mit Vorliebe die einsamsten Wege auf. Stundenlang lag ich im düstern Grunde, lauschte auf das Klappern der Waldmühle und gedachte der Ereignisse, die sich hier zugetragen haben mochten. Einmal kam ich an die Stelle, wo der Weg zum Hagen hinauf und der nach Altenfelde und Untermoosbach sich zweigen, und sah hinüber nach dem einsamen Hause in der Howe. Eben trat Meiers Verwalter aus Untermoosbach aus dem Hause. „Wird wohl Frau Schäfer zum Heuen bestellt haben", dachte ich.

Sonntags nach Mittag hatten wir Jungen die Gewohnheit, oben in den Hagen zu gehen, um Bickbeeren zu suchen. Auch dieses Jahr schloß ich mich eines Sonntags an. Ich war aber, als wir oben anlangten, so müde, daß ich mich traurig abseits in das Gesträuch setzte. Die andern entfernten sich mehr und mehr. In der Stille des heißen Julinachmittags überkam mich die Müdigkeit. Ein Geschrei, aus der Howe heraufklingend, weckte mich. Das wurde immer ängstlicher. „O Mutter, nein. Mutter, Mutter, nein, nein, nein!“flehte eine Kinderstimme. Jetzt erhob sich das Geschrei so mark- und beindurchdringend, daß mir der Angstschweiß ausbrach. Ich lief, so schnell ich konnte, den Abhang zur Howe hinunter. Da – ein fast übermenschlicher Schrei aus Kindermunde! – nun war alles still. Nur die Fliegen summten über mir in der heißen Sommerluft, eine Taube girrte im Wipfel einer Tanne, und in der Ferne hämmerte ein Specht. Ich sah hinüber nach der Howe, konnte aber nichts Auffälliges entdecken, und näher hinzu gehen mochte ich nicht. Als ich langsam wieder bergan stieg, traf ich auf meine Gesellen, die mit erhitzten Gesichtern in lebhaftester Unterhaltung daher kamen. „Habt ihr nichts schreien hören drunten in der Howe?“ fragte ich. „Nein, aber wir haben die Moosbacher verhauen, da sag’ ich dir gut für. Erst gings uns beinahe schlecht; doch da kam Wilhelm Drake eben noch zur rechten Zeit. Da haben wir umgemessen.“ Andern Tages hörten wir, daß Frau Schäfer aus der Howe sich und ihr jüngstes Kind im Teiche nicht weit vom Hause ertränkt hatte. Das Kind hatte sie mit einem Stricke fest an sich gebunden.

Den folgenden Winter lag ich größtenteils in der Stube, las sehr vieles, Passendes und Unpassendes durcheinander, wie es mir Bekannte gerade zutrugen, und phantasierte über das Gelesene. Ging ich einmal, wie ich das früher so gerne getan hatte, mit den Altersgenossen aufs Eis, dann kam ich bald weinend wieder ins Haus, weil ich mich so gänzlich unkräftig fühlte, und meiner Mutter erstarben dann die Worte auf den Lippen.

Erst im folgenden Frühjahr, nachdem die Krankheit beinahe ein Jahr gedauert hatte, konnte ich wieder einen Dienst annehmen und kam nach Bauer Schlichte in Kleinenmolte als Hirt und Knecht zugleich. Diese einfachen Leute, sowohl der alte Schlichte, der früher der stärkste Mann in der Gegend gewesen war, als auch der junge, der aber auch schon Familienvater war, behandelten mich mit einer freundlichen Achtung, fast wie einen Erwachsenen. Dadurch gewann ich erst wieder etwas Kraft und Selbstgefühl, was mir in der Zeit meines langen Siechtums fast verlorengegangen war. Das war schön, wenn wir morgens zu dreien mit den Gespannen hinaus ins Feld zogen, um bei Sonnenschein und Lerchengesang zu pflügen, zu eggen und zu säen. Wie schmeckte das Frühstück und das Vesperbrot so gut draußen im Freien, und wie wohl tat es mir, wenn der Alte seinem Sohn zunickte: „Es geht, eggen und walzen kann er wie ein Alter." Und es war schön, wenn von Klingen her die Töne der Betglocke feierlich herüberschwebten und wir, auf dem Rücken der Pferde sitzend, in lauer Frühlingsabendluft durch duftende Gründe gemächlich heimwärts zogen.

Kurz vor Beginn der Ernte mußte ich einmal eine Zucht junger Schweine nach Blumenstein auf den Markt treiben. Wir hielten nahe an einer Mauer; hinter derselben fiel ein steiler Abhang zu einer tief gelegenen Wiese hinab, nur durch einen Bach von ihr getrennt, hinter der das Gelände sich langsam bis zu dem bewaldeten Schorn hob. Ich dachte mit Schaudern daran, daß vielleicht an dieser Stelle der preußische Husar hinabgesetzt war damals im siebenjährigen Kriege. Unterdes handelte Vater Schlichte mit einem Mann aus Blumenstein, konnte aber mit ihm um den Preis für seine Schweine nicht einig werden und wollte sie zuletzt ärgerlich wieder mit nach Hause nehmen. Da vertrat ihm unverhofft – Dietrich König den Weg, zeigte mit dem Finger nach dem Stalle des Händlers und sagte: „Ach was! Da hinein mit den Schweinen!" Dann schlug er dem Händler auf die Schulter und rief: „Höwing, Sie können doch handeln? Das kosten die Schweine und damit basta!" Er nannte den Preis, und einträchtig trieben Schlichte und Höwing die Tiere in den Stall.

Nachmittags trieb ich das Muttertier allein von Blumenstein zurück. Müde und durstig trotteten wir zwei Wanderer unsere Straße. Das Tier wußte den Weg besser zu finden als ich. Vor dem Missingskruge hielt ein Wagen, an dem zwei Handelsleute sich zu schaffen machten. In der Meinung, sie führen in meiner Richtung, fragte ich schüchtern, ob ich aufsitzen dürfe. „Woher bis du, Junge?" „Aus Hagenborn." „Ja, was weiß ich von Hagenborn?" war die Antwort. Ich schämte mich ordentlich, aus einem Orte zu sein, von dem [man] in einer Entfernung von anderthalb Stunden nichts wußte. „Wie?" warf jetzt der andere ein. „Kennst du denn

Dietrich König nicht?" „So, ist der aus Hagenborn? Na, natürlich kenne ich den. Aber, Junge, wir fahren nach Blumenstein."

In der Ernte durfte ich ganz den Knecht spielen. Mein größtes Vergnügen war es, auf dem Handpferde reitend, den leeren Erntewagen hinaus aufs Feld zu kutschieren, wobei ich die Vorderpferde mit dem Zügel lenkte und das ganze Gespann Galopp springen ließ.

Nach der Ernte mußte ich wieder das Vieh hüten, meistens in einer Wiese, die sich nebst einem Streifen Ackerland tief in eine Waldschlucht im Hagen hineinzog. Am Feld- und Wiesenrand duftete und leuchtete es von zahlreichen Doldenblumen, Kamillen, Schafgarben und Lichtnelken, in den Hecken und am Waldboden reiften Himbeeren, Brombeeren und Heidelbeeren. Und abends, wenn die Dämmerung sich herabsenkte, dann war's so geheimnisvoll im Walde ringsum. Ein Häslein hüpfte wohl einmal aus dem Walde hervor auf die Wiese, oder ein Reh trat auf das Feld. Je näher der Herbst heran kam, desto häufiger stiegen Nebel über der Wiese im Grunde auf, dichter und immer höher, bis daß Büsche und Bäume ringsum nur noch in Umrissen hervortraten und meine Kühe wie Schatten im Nebel hin und her glitten. Aus dem nahen Holze erklang eine sonderbare Stimme, beinahe wie das Weinen eines Kindes anzuhören; von den beiden Schlichten hörte ich, das sei das Bellen eines Fuchses. Oft piepte dicht vor meinen Füßen ein Mäuslein. An den Baumkronen entlang schwebte eine Eule.

Nicht gerade Furcht, aber doch ein gelindes Grausen empfand ich in solchen Augenblicken. Auf Schlichten Hofe wußte man viel von Nachtmar, Werwolf und anderen Gespenstern zu berichten, und in meiner Waldeinsamkeit wurden diese erst recht lebendig. Besonders mit dem Werwolf wollten viele in unserer Gegend Bekanntschaft gemacht haben. Kord Mark aus dem Eschengrunde trug eines Abends einen Sack Mehl aus der Waldmühle nach Hause. Vor dem Moosbacher Kruge setzte er seinen Sack nieder, um sich einen „Appendörfer" zu genehmigen. (Kord trank immer nur „einen", auch wenn er sich das Glas mehrmals füllen ließ.) Als er nachher mit seiner Last in den „Welschen" entlang schreitet, springt ihm, hast du nicht gesehen, etwas auf den Sack und hält sich dort oben fest. Alles Schütteln und Rütteln hilft nichts, die Last wird schwerer und schwerer. Aber Kord ist ein Mann, mit dem keiner ungestraft anbindet. Mit herzhaftem Griff packt er das Ungetüm an seinen rauhen Füßen und eilt seiner Behausung zu. Allmählich wird der seltsame Reiter da oben unruhig und strebt, sich zu befreien. Aber was Kord Mark gefaßt hat, das läßt er nicht los, obwohl ihm der Schweiß in Strömen den Nacken hinabrinnt. Jetzt hat er die Tür seines Hauses erreicht; mit einem Fußtritt stößt er sie auf. Dann ruft er seiner Alten zu: „Hemmerken, lang mir mal den Besenstiel dort aus der Ecke!" Wupp! gleitet der Mehlsack zur Erde, das Untier aber kommt nicht los, und nun fallen die Hiebe hageldicht, allemal drei — so gehört es sich bei einem rechtschaffenen Werwolf — auf das rauhe Scheusal. Das winselt und windet sich unter Kords Riesenfaust; hilft nichts! Eins, zwei, drei! Eins, zwei, drei! Ruck! Da springt der Zaubergürtel entzwei, der sonntags während der Kirche gesponnen ist und die Macht hat, einen Menschen vorübergehend in eine Tiergestalt zu verwandeln. Mit einem Wehgeheul rennt die L...mannsche aus dem Hause. Vierzehn Tage lang hat sie sich nicht sehen lassen können vor den Leuten wegen der Striemen und Beulen am ganzen Leibe. „Mutter, was hältst du davon?" fragte ich eines Tages. „Mark hat wohl einen im Giebel gehabt", war die Antwort.

In diesem Sommer kam ich zu Herrn Pastor Rückert in den Konfirmandenunterricht. Damit genoß ich nun für neun Monate einen Unterricht, der von einer Wärme, einem inneren Leben durchdrungen war, wie ich das nie sonst weder vorher noch nachher empfunden habe. Wir Konfirmanden hatten alle das Gefühl: Was wir da verhandelten, das waren Sachen von der allergrößten Wichtigkeit, mit denen unser Wohl und Wehe aufs engste verknüpft war. Wir waren gewiß: Dem Mann da vor uns, der so eindringlich, aus innerster, felsenfester Uberzeugung heraus, zu uns redete, dem war es wirklich und einzig um unser Bestes zu tun. Welch tiefen Eindruck eine solche Stunde auf uns machte, war schon aus der ruhigen, ja feierlichen Art zu erkennen, mit der wir nach Schluß das Haus verließen, um still für uns oder in leisem Gespräch über den Pfarrhof hinweg heimwärts zu gehen. Nie wieder habe ich in meinem späteren Leben etwas Ähnliches gesehen.

Den ganzen Lehrstoff hatte Pastor Rückert in eine Reihe von Abschnitten gegliedert, deren jeden er nach Art einer Predigt in ein Thema zusammenfaßte und in Teile zerlegte. Daher waren wir imstande, aus dem Gedächtnis das Wichtigste von der Besprechung niederzuschreiben. Ich tat das mit großer Freude, und wenn ich da draußen, am Rande der schönen Waldwiese im Grase liegend, das Behaltene in mein Heft eintrug, dann wurden mir die Dinge innerlich noch klarer und wichtiger. Ich ahnte nicht, daß diese schlichten Aufzeichnungen auch für meinen äußeren Lebensgang von entscheidender Bedeutung werden sollten. — Ich habe später mancherlei darüber gelernt, wie ein guter Unterricht verlaufen soll. Wenn ich das methodische Regelwerk als Maßstab an Pastor Rückerts Lehrweise anlege, dann will mir fast scheinen, als ob sie keine vollendete genannt werden könnte. Und doch hat mich nie wieder ein Unterricht so gefesselt wie dieser, auch nicht bei denen, die doch Meister in der Kunst des Unterrichtens sein mußten.

Für die Schule lernten wir auch jetzt noch so gut wie gar nichts, da unser Lehrer Menke zwar nach wie vor gewaltig drohte, selten aber oder nie eine Drohung ausführte. In der Schularbeit merkten wir keinen geordneten Gang, am Schluß der Stunde fühlten wir nicht, daß wir etwas gewonnen hatten. Höchstens das Singen bot uns einiges Vergnügen, wobei die einzelnen Stimmen mit dem Lehrer zum Einüben in sein Klavierzimmer hinabgehen mußten. Das schöne Instrument mit den glänzend weißen Tasten und den weichen und reinen Tönen hatte es mir sofort angetan. Wenn der Lehrer einmal ein paar volle Akkorde anschlug, dann hätte ich jauchzen mögen vor Entzücken. „Könntest du das doch auch einmal!" — der Wunsch stieg glühend heiß in meiner Seele auf.

Während hernach die andern Stimmen übten und wir oben für uns „lernen" sollten, lieh ich mir von meinem Freunde Eduard Busse, der bei Pastor Rückert Privatstunde hatte, dessen Buch für Weltgeschichte und las mit gierigem Behagen die Geschichten von Herkules, Theseus, Achilles und anderen Helden, die ich dann zu Hause meiner Mutter erzählte. Auch in das Geheimnis von „mir" und „mich" suchte ich mit Eduards Hülfe einzudringen, was mir aber noch nicht ganz gelang.

Sehr genau nahm Küster Menke es mit seinen kirchlichen Obliegenheiten, und gern standen wir ihm darin zur Seite. War jemand gestorben in der Gemeinde, dann suchte er unter uns eine Schar „Läuters" aus, und dann klangen, von unseren Händen bewegt, die alten, vertrauten Glocken über die Gemeinde hinweg, manchem lieben Bekannten den letzten Gruß nachrufend.

Zu unseren liebsten Gefährtinnen auf dem Schulwege gehörte eine Tochter des Bauern Gröppel. Klug und fleißig, in der Schule die Erste, war sie immer freundlich und voll munterer Laune. Sogar Verse konnte sie machen, die sie uns unbefangen vortrug. Lagen im Winter die Schluchten und Hohlwege voll Schnee, dann schritten wir großen Knaben bahnbrechend voran, und sie trat fröhlich in unsere Spuren. „Guck, Wieschen, ich kann schon tanzen", sagte sie eines Tages zu meiner Mutter, und dann trippelte sie, die Hände in die Seiten gestemmt, heiter um unsern großen Hauklotz herum, der im Hofe stand.

Etliche Tage darauf kam ihr Bruder Heinrich bekümmert zu uns ins Haus und sagte: „Wieschen, möchtest mal nach unserm Hofe kommen, unser Stienchen ist so krank." Meine Mutter ging hin und blieb lange. Als ich sie um etwas fragen wollte und in Gröppels Wohnstube trat, hatte sie die Kranke auf dem Arme und trug sie im Zimmer hin und her; das Kind hielt den Kopf an ihre Brust gedrückt. Alles weinte, wehklagte, jammerte, nur meine Muter sagte nichts als von Zeit zu Zeit ein leises, liebkosendes Wort und strich dem Kinde unendlich sanft und leise über das Haar, wie sie ehemals bei ihrem eigenen Kinde getan hatte. – Nach ein paar Tagen schien Besserung einzutreten. Da kam plötzlich früh am Tage Heinrich Gröppel wieder hinter unser Fenster und rief: „Wieschen, Wieschen, komm doch mal schnell, unser Stienchen will sterben." Als die Sonne aufging, kam die Mutter weinend nach Hause; das Kind war tot.

Nach drei Tagen wurde unsere kleine Freundin beerdigt. Alle männlichen Erwachsenen des Dorfes sowie Bekannte aus der Umgegend gingen mit der Leiche. In altehrwürdigen Zylinderhüten, die kurzen Pfeifen im Munde, so kamen sie an. Jeder Ankömmling wurde in die Stube geführt zum Kaffeetrinken. Frau Ridder leitete in der Küche die Bedienung, und ich hörte, wie sie meiner Mutter die Weisung erteilte: „Diese Porzellankanne kommt auf den Tisch, an dem die Bauern sitzen; für die andern mit den kleinen Leuten sind hier die Blechkannen!" Als der Unbedeutendste unter diesen Kleinen beobachtete ich von einer Ecke aus die Gewaltigen unseres Dorfes, und fast hatte ich trotz der ernsten Gelegenheit, die uns zusammengeführt, lachen müssen, als der große Heinrich Müssen, für den Essen und Trinken überall die Hauptsache war, sich in arglosem Behagen ein Stück Kuchen in den Kaffee tunkte, dann aber, sich den Mund verbrennend, blitzschnell mit dem Kopfe samt der birnenförmigen Nase zurückfuhr und eine komisch entsetzte Grimasse schnitt. Gespräche über Acker und Vieh, über Holzung und Kornpreise, über Steuern und andere Dinge wurden geführt. Auf einmal wandten sich die Köpfe gegen die Dorfstraße, wo Pastor Rückert und Küster Menke sich nahten. Nun versammelte sich alles auf der großen Deel, auch die Frauen und Kinder des Dorfes. Gemeinsam wurde gesungen:

Wenn kleine Himmelserben
In ihrer Unschuld sterben,
So büßt man sie nicht ein usw.

Der Pastor knüpfte seine Ansprache an den Bibelspruch: „Das Los ist mir gefallen aufs Liebliche, mir ist ein schönes Erbteil geworden." Sie bewegte mich sehr. Wie durch einen Schleier sah ich dann, wie Eltern und Geschwister sich zum letzten Abschiede über ihren toten Liebling beugten, ehe der Sarg geschlossen wurde. Als die Pferde mit dem Leichenwagen in die Dorfstraße einbogen, da standen Mutter und Schwestern der Gestorbenen mit tränenüberströmten Gesichtern in der oberen Tür und riefen schluchzend immer wieder: „Stienchen! Stienchen!" Der Vater mit seinen Söhnen schritt hinter dem Wagen her; die Männer, die sonst noch folgten, hatten meistens ihre Pfeifen wieder in Brand gesetzt, und so bewegte sich der Zug nach Klingen. Dumpf und traurig erschallte in einzelnen Schlägen die Glocke vom Turme. Nun wurde der Sarg auf den Kirchhof getragen. Schaurig dunkel lag die Gruft da, in die man die Gespielin unserer Jugend hineinsenkte. Die ersten Erdschollen fielen so dumpf auf den Sarg, daß mich ein kalter Schauer überlief, und das Bewußtsein, daß es mit uns allen einmal dahin kommen sollte, drückte mir das Herz zusammen. Da ertönte hell, ja siegesgewiß aus dem Munde des Pastors die alte Gottesverheißung:

Es wird gesäet verweslich
und wird auferstehen unverweslich.
Es wird gesäet in Schwachheit
und wird auferstehen in Kraft.
Es wird gesäet in Unehre

und wird auferstehen in Herrlichkeit.
Es wird gesäet ein natürlicher Leib
und wird auferstehen ein geistlicher Leib.

Wohl zum ersten Male fühlte ich hier die todesüberwindene Kraft des Wortes Gottes. Während des Begräbnisses war dichter Schnee gefallen und umhüllte das frische Grab mit weißer Decke. So lag nun unsere Freundin dort unter einem Hügel von Erde und Schnee, und heiß quoll es immer wieder in mir auf zum Weinen, aber immer wieder klang es mir dann tröstend in Ohr und Herz: Es wird gesäet verweslich und wird auferstehen unverweslich.

Als dieses Jahr Weihnachten herankam, übten wir nicht nur die Weihnachtslieder ein, die in der Frühkirche gesungen werden sollten, sondern wir Konfirmanden durften unter Herrn Kregels Leitung auch die Kirche schmücken und den großen Christbaum putzen. Und als wir dann in kalter Weihnachtsmorgenfrühe über den hartgefrorenen Boden nach Klingen eilten, da trat mir jener Weihnachtsmorgen vor die Seele, wo ich mit meinem Vater zum ersten Male diesen Weg ging. Damals stand ich, zitternd vor Kälte und Erwartung, vor der Kirchentür und horchte auf das geheimnisvolle Rüsten dahinter. Jetzt durften wir großen Schüler selbst mit rüsten hinter den verschlossenen Türen; da war freilich jener ehrfürchtige Schauer von uns gewichen, mit dem Kinder etwas völlig Neuem, Unbekanntem entgegensehen. Dafür aber genossen wir jetzt, als unter unsern Händen drinnen überall die Lichter aufflammten, als wir mit herablassend wichtiger Miene die Türen öffneten und die Gemeinde einströmen ließen, als unsere Lieder erklangen, ja sogar noch, als längst die Orgel erbrauste, die Gemeinde sang und der Pastor die Weihnachtsbotschaft verkündigte, das erhabene Gefühl, daß ohne unsere Mitwirkung alles nicht so gelungen wäre.

Die letzten Wochen vor meiner Konfirmation werden mir nie aus dem Sinne kommen. Ich vernahm den Ruf meines Heilandes und gelobte mich ihm zu seinem Eigentum. Und der Mutter Blick ruhte jetzt oft so eigen auf mir, fast feierlich, und rührend war die Fürsorge, mit der sie abends, wenn ich mich vorbereitete, die andern in Ruhe hielt. – Und noch einen andern Ruf meinte ich zu hören. Denn urplötzlich, ich wußte nicht woher und wann es gekommen war, fühlte ich das brennende Verlangen, Lehrer zu werden. Freilich hatte mich mein Vater längst für eine Ziegelei „festgemacht", aber der Wunsch, Lehrer zu werden, erfüllte zuletzt all mein Sinnen und Denken. Meinen Eltern davon zu sagen, erschien mir ganz zwecklos. Da fragte mich eines Tages Pastor Rückert, ob ich Neigung in mir fühle, Lehrer zu werden. Dann wolle er gern alles tun, um mir dazu zu verhelfen. Man denke sich meine Empfindungen bei dieser Aussicht, nun doch wider alles Erwarten an das Ziel meines sehnlichsten Wunsches zu gelangen. Auch daß gerade mir dies herrliche Los zufallen sollte, konnte ich nicht begreifen. Gab es doch Knaben unter meinen Mitschülern, die, so meinte ich wenigstens, viel klüger waren als ich. Indessen ergriff ich mit Freude die Zusage Pastor Rückerts und hielt mich daran.

Daß es noch mancherlei Schwierigkeiten zu überwinden galt, ehe ich an das ersehnte Ziel gelangte, daran dachte ich vorläufig nicht, aber meine Eltern dachten daran. Eines Tages kam Pastor Rückert zu uns. Die Mutter dankte ihm für seine freundliche Fürsorge, konnte aber die Frage nicht unterdrücken, ob die Sache denn wohl wirklich gehen würde. Da sagte der Pastor, daß er für alle Kosten meiner Ausbildung schon aufkommen wolle, daß meinen Eltern also nur die Sorge um Kleidung und einen Teil der Beköstigung verbliebe. Auch das war freilich zusammen mit dem Umstande, daß ich nun nicht wie andere Altersgenossen meinen Eltern den Verdienst mehren half, ein nicht geringes Opfer. Doch davon redeten sie nicht. Nur meinte die Mutter, wir könnten die angebotene Hülfe nicht annehmen, weil wir nie etwas würden zurückerstatten können. „Das schadet nichts", erwiderte der Pastor, „das können wir einst im Himmel in Ordnung machen." Einen Augenblick war Schweigen in der Stube; dann wischte sich die Mutter etwas aus dem Auge und sagte sehr bewegt: „Ja, das wollen wir dann auch. Aber Gott lohne Ihnen alles schon vorher; wir könnens nicht." So wurde es denn abgemacht, daß ich den Sommer auf Ziegelei gehen, im Herbst aber mit der Vorbereitung für das Seminar beginnen sollte.

Am Konfirmationstage legte uns der treue Seelsorger in herzendringender Rede die Frage vor, die der Heiland einst an seine Jünger richtete: „Wollt ihr auch weggehen?" und mit der Antwort im Herzen: „Wir bleiben bei dem Herrn!" gingen wir auseinander – ich nach Ostern auf die Ziegelarbeit.

Auf der Ziegelei

Es war kurz nach Mitternacht, da weckte mich die Mutter. Ein wenig Kaffee tranken wir, dann reichte ich ihr die Hand: „Adieu!“ In ihren Augen lag die verhaltene Sorge, ob mein noch immer schwacher Körper die harte Arbeit auf der Ziegelei auch wohl aushalten werde. Doch sprach sie nichts Derartiges aus; ich fühlte nur, wie ihre Hand die meine mit langem, besorgtem Druck umschlossen hielt. Bald darauf schritt ich mit meinem Vater durch die stille Frühlingsnacht dahin. Hinter einem einsamen Fenster in Gehren brannte noch trübe die Lampe; wir klopften an die Scheiben, und mit einem dumpfen „Holla“ fuhr Fliegeberndt von der Ofenbank auf und reichte uns schlaftrunken die letzten Stücke Zeug, die er in der Nacht noch fertig gemacht hatte, zum Fenster hinaus. Zwei Stunden später wanderten wir durch die alte Stadt Erdenau. In der Stille der Nacht hallten unsere Schritte so eigen an den hohen, spitzgiebeligen Häusern wider. Unruhig flackerten die Gasflammen im Luftzuge der engen Straßen. Der Nachtwächter sagte die dritte Stunde an. Dann gelangten wir zum andern Tore hinaus wieder ins Freie. Müde nach der unzulänglichen Nachtruhe, fröstelnd in der Morgenkühle des Aprilmorgens, zogen wir abermals stundenlang durch den allmählich heraufdämmernden Morgen. Und doch hatten wir es jetzt bequem gegen frühere Zeiten, wo der Weg nach Holland zu Fuß zurückgelegt werden mußte, wobei jeder sein Gepäck, den Sack oder „Pucken“, auf dem Rücken trug. So hatte mein Vater den Weg über das Münsterland mehrere Male gemacht. Unheimliche Geschichten wurden erzählt von jungen Knaben, die zum ersten Male in der Fremde gewesen waren und auf der Rückreise, wo jeder seinen Sommerverdienst in der Tasche bei sich trug, sich nur ein wenig vom Haupttrupp entfernt hatten und von Wegelagerern ermordet waren. So konnte ich noch froh sein; winkte doch schon in B. die Eisenbahn.

In Wesendorf[1] verhandelte mein Vater mit dem Fuhrmann, der unsere Säcke fuhr; doch der erklärte, es sei ganz unmöglich, daß er mich auch noch auf den Wagen steigen lasse; er dürfe das seinen Pferden nicht zumuten. Ich hatte nicht gewußt, daß ich schon eine so gewichtige Person war. Eben waren wir zum Dorfe hinaus, da ging die Sonne auf, und in ihrem Glanze sahen wir eine kleine Stunde weiter das Dorf Rheden[2] vor uns liegen, den Ort, wo ich später so vieles erleben sollte, Frohes und Trauriges. Ein schloßartiges Gebäude schimmerte prächtig durch die noch kahlen Bäume eines großen Parks. Auf einem Fußwege gingen wir hinter dem Parke um das Dorf herum. Jenseits wälzte der riesige Schornstein einer Fabrik[3] dicke Rauchwolken gegen den klaren Morgenhimmel. Dann kamen wir wieder auf einsame Landstraße, die sich nun aber belebte mit Fuhrwerk aller Art. Auf einer Steinbank am Wege ruhten wir ein Weilchen aus und ließen unsere Blicke über ein fruchtbares Tal nach Westen hin schweifen. Drüben erhoben sich auf wellenförmigem Gelände Baumgruppen und grünende Saatfelder, zwischen denen Dörfer und Meierhöfe eingebettet lagen. Und dort, auf einem der letzteren[4], schlummerte eine frische Menschenblume noch in der Knospe, die später so wundervoll für mich erblühen sollte.

Am Bahnhofe in B.[5] fand sich eine große Schar von Zieglern zusammen; mein Meister Schäfer, der früher in der Howe gewohnt hatte, nach dem schrecklichen Tode seiner ersten Frau aber nach Klingen gezogen war, wo er die Schwester seiner Frau wieder geheiratet hatte, begrüßte den Vater. Ich besah mir den Eisenbahnbetrieb, bis zur Abfahrt gerufen wurde. Dann sagte mir der Vater Adieu, und ich wunderte mich, daß er dabei mit einem eigenen Ausdruck im Gesicht an mir vorüber in die Ferne sah, und nun befand ich mich zum ersten Male im Eisenbahnwagen und beobachtete mit hellem Entzücken, wie der Zug schneller und schneller auf dem hohen

1 Retzen
2 Schötmar
3 Hoffmanns Stärkefabrik
4 Gut Riemsen
5 Bielefeld

Bahndamme dahinflog. Als der Reiz des Neuen vorüber war, hockten wir stumpf oder schläfrig auf unserm Pucken am Boden des Wagens. In Dortmund, wo wir Aufenthalt hatten, suchte ich nach der Vehmlinde, von der ich während meiner Krankheit gelesen hatte, aber niemand wußte etwas davon.

Von der gewerbfleißigen Stadt Hagen wanderten wir zu Fuß bei schönem Frühlingswetter durch eine prächtige Landschaft der Stätte zu, wo wir ein halbes Jahr arbeiten sollten. „Es wird Frühling, die Ziegelbäcker kommen wieder", bemerkten mit geringschätzigem Seitenblick die Bewohner der Dörfer, durch die wir mit unsern Reisesäcken müde dahinzogen. Es dunkelte, als wir auf der Ziegelei ankamen. Zuerst machten wir uns Kaffee und öffneten unsere Säcke, die meisten, um sich Eßbares hervorzuholen, ich, um das schöne Oberbett herauszuziehen, das mir die Mutter gegen meinen Willen eingepackt hatte und dessen Vorzüge ich nun doch sehr bald erkannte. Ich fühlte mich hier in der Ferne von Muttersorgen umgeben, hüllte mich ordentlich ein und hörte im Einschlafen noch, wie die andern umhertappten und polterten, wie dem einen ein Brot auf den Fußboden kullerte, dem andern etliche Würste die Treppe hinabrollten. Dazwischen vernahm ich einzelne Worte: „Ich mache mir erst mal 'n Happen Butterbrot." „Jetzt will ich mir erst mal eine ins Gesicht stecken." „Prost, Fritze!"

Unsere Ziegelei lag neben einem Wiesengrunde; auf der andern Seite stand auf mäßiger Anhöhe ein katholisches Krankenhaus. Feierlich klang morgens und abends das Glöcklein zu uns herüber, freundlich ernst gingen die barmherzigen Schwestern ab und zu. Das Jahr vorher hatten sie während einer bösen Seuche verschiedene Kranke von unserm Werk treu gepflegt, von denen zwei Brüder Klugmann, die oben in unserm heimatlichen Hagen ihre Wohnung hatten, gestorben waren. Weiter das Tal hinab drängte sich ein Haufen Backsteinhäuser zusammen, geschwärzt vom Rauche eines Eisenwerks, dessen Stampfen zu uns heraufschallte. Unterhalb des Dorfes zog die Bahn entlang neben der Ruhr. Jenseits dieses Flusses ragten auf ansehnlicher Höhe die Reste einer alten Burg empor.

Auf unserm Werke wurde zuerst aufgeräumt. Die alten Steine wurden abgefahren und unten an der Eisenbahn verladen. Unsere Bahnen, große, ebene Flächen, wurden geharkt und mit Sand bestreut. Lehm, mit Mergel untermischt, wurde an die Mühlen gefahren und zu zähem Kley gemahlen, und nun begann das „Machen". Je zwei Mann standen am Ende einer Bahn an einer Holztafel mit schrägen Aufgängen für den Karrmann, der den schwenken Kley[1] hier auf die Tafel schob. Die Macher warfen davon je eine Handvoll in eine tragbare Form, strichen sie mit einem Holze glatt und legten die so geformten „Steine" dann in Reihen auf die Bahn. Nach einigen Tagen wurden sie aufgekantet und wieder ein paar Tage später, nachdem sie hinreichend getrocknet waren, in die Hütten geschoben, wo sie, aufeinander gestellt, vollends trockneten. Dann wurden sie in den Ringofen geschoben und bis unter die gewölbte Decke aufeinander gestellt. Regelmäßige Zwischenräume füllte man mit Kohlen, zündete sie an und erzeugte in dem geschlossenen Raume eine Hitze, davon die „Steine" glühend wurden. Der Brenner, der auf dem Ringofen umherging, hob dann und wann einen der eisernen Deckel empor und prüfte, ob die Steine „gar" waren. Dann ließ man das Feuer an der ersten Stelle ausgehen, um es nach den neu eingesetzten Steinen weiterzuleiten. So zog das Feuer immer im Ringe herum, vor sich frische Steine und Kohlen findend, hinter sich die erkaltenden Steine, die ausgeschoben werden mußten. Je länger dieser Brand im Kreise dauerte, desto heißer wurden die Wände des Ofens und desto heißer mußten die Steine angefaßt und ausgeschoben werden. Die Leute versahen sich an den Händen mit ledernen Schutzbricken[2], verbrannten sich aber trotzdem die Hände und die Fußsohlen. Und wie sahen des Abends ihre in Schweiß gebadeten und mit Staub bedeckten Gesichter aus!

Unter diesen Auskarrern war seit Jahren auch Heinrich Prasse. Der hatte eine Tochter von Steinkämpers geheiratet und bald danach den stark verschuldeten Hof übernommen. Ich konnte nicht begreifen, warum er nicht lieber auf dem luftigen Steinkampe daheim aus seinem Acker statt hier aus dem glühenden Ofen die Steine wegkarrte. Das mußte seine Frau, die bei Verwandten in Moosbach aufgewachsen und an harte Arbeit gewöhnt war, besorgen, mit Hülfe des kränklichen Schwiegervaters, während ihr Bruder, der allgemein „der Baron" genannt wurde, im Altenteil saß und rauch-

1 Schwenkenklei = zähflüssiger Lehm
2 Lederlappen mit Bindung zum Schutz der Handflächen und Finger

te oder spazieren ging und ihre Arbeiten schlecht fand. Dieses Jahr wollte Prasse nun aber zum letzten Mal in der Fremde arbeiten. Er hatte sich soviel erworben, daß er nicht nur einige Schulden abbezahlen, sondern auch noch ein großes Stück ödes Land am Hagen kaufen konnte. Nun hatte er daheim Arbeit genug und hoffte auch, sein ausreichendes Brot zu finden.

Ich hatte auf der Ziegelei das verantwortungsvolle Amt des Kochs. Morgens um zwei Uhr weckte mich der Brenner durch lautes Klopfen an der Treppe. Ich machte den Kaffee und weckte die andern, worauf mir noch ein Stündchen Schlafs vergönnt war. Nachher holte ich aus dem nahen Dorfe auf einer Karre ein Säcklein Erbsen und eine Kiste Schmalz, maß daheim ein Quantum Erbsen und eine Fülle Schmalz in den großen, eingemauerten Kessel, nachdem ich die Heimchen, die in der Nacht darin ertrunken waren, entfernt hatte, und bereitete unsere tägliche Mahlzeit: Erbsensuppe. Daneben hatte ich das Haus rein zu halten und draußen die Bahn zu harken und mit Sand zu bestreuen. Um 12 Uhr füllte ich einem jeden die in der Küche bereitstehende Schale. Dann rief ich durch die hohle Hand aus Leibeskräften über das Werk hin: „Essen!", und die ganze Belegschaft rückte im Gänsemarsch an. Jeder griff nach seiner Schüssel und machte kehrt. Hatte ich einmal reichlich Erbsen genommen, dann konnten die letzten die Schüssel herabhängen und wie ein Pendel hin und her schwenken lassen, ohne daß von der „Suppe" auch nur das geringste herausfloß. Einen Wechsel in der Speise gab es nicht, dazu würde auch meine Kochkunst nicht ausgereicht haben. Nur sonntags, wo das Kochen reihum ging, erschien bisweilen Reis oder Bohnensuppe auf dem Tische. Wenn ich mich an diesem Tage nach einem sehr gründlichen Schlafe endlich erhob, dann herrschte in meiner Küche bereits ein fröhliches Treiben. Beinahe ein jeder backte sich aus Mehl, Wasser und Speck einen Pfannkuchen, der trefflich mundete. Dann wanderten die meisten hinauf ins Dorf zur Kirche, wo ein sehr lieber Pastor herzerquickend predigte. Nachmittags schrieb ich gewöhnlich einen Brief an die Mutter, trug ihn ins Dorf hinunter auf die Post und genoß dann in vollen Zugen die Freiheit, indem ich bald nach dieser, bald nach jener Richtung hin die Gegend durchstreifte und von einer schönen Zukunft träumte. So kam ich auch einmal nach H. und sah das Denkmal eines Mannes, von dem ich erst später erfahren habe, daß er einer der Besten unseres Volkes gewesen ist. In den Briefen meiner Mutter erkannte ich immer das rührende Bemühen, mich fröhlich zu stimmen. „Jetzt nur noch vierundzwanzig Wochen, dann bist du wieder bei uns." Dann erzählte sie von unsern Erbsen und Bohnen im Garten, von dem Korn und den Kartoffeln, vom Schweinchen, von den Nachbarn, von Königs. Am Tage vor Pfingsten reisten verschiedene Leute vom Werke nach Hause. „Ich will auch an eurem Hause vorbeigehen, Wilhelm", sagte Klein-Stöffken. Am Tage nach Pfingsten kehrten sie zurück, und ich ging ihnen nach dem Abendessen entgegen. Oben auf der B. . .heide begegnete mir der rote Herm mit mehreren andern. „Wo ist Stöffken?" „Noch zurück." Jetzt hörte ich da vorne Schimpfen und Schreien. Da sauste der Kleine, so schnell ihn seine kurzen Beine tragen wollten, die Anhöhe herab und schrie in einem fort: „Herm! Herm! Hilmerherm! Hilf mir!" Mehrere B. . .er, die er durch sein allezeit zanksüchtiges Wesen gereizt hatte, waren dicht hinter ihm. Eiligst rettete er sich vor unsern Trupp. Der rote Herm wandte sich gegen die Verfolgenden um. „Was wollt ihr?" „Den kleinen Kerl da verhauen; er hat uns beschimpft." „Ach was, der hat getrunken." „Einerlei, er kriegt seine Haue. Her mit ihm!" Ein Faustsstoß vom roten Herm traf den Vordersten auf die Brust, daß er taumelte. „Wer von euch ein Kerl ist, der komme her!" Murrend blieben sie stehen, und wir konnten weiterziehen. Ich machte mich an den Kleinen. „Nun, Christoph?" Den hatte jetzt die Rührung ergriffen. „Ach, Wilhelm", sagte er weinerlich, „viele Grüße von zu Hause. Habe dir auch 'was mitgebracht von deiner Mutter." Damit übergab er mir ein großes Stück von dem prächtigen Stuten, den meine Mutter zu Pfingsten gebacken hatte. Wie Erinnerung an die Heimat schwebte mir der Duft des Brotes entgegen. Ich eilte damit in die Einsamkeit unserer Kammer, setzte mich und aß und aß!

Allgemach rückten nun die langen und heißen Sommertage heran, wo der Betrieb bei uns jeden Einzelnen am schärfsten herannahm. Halbnackt standen die Leute am Steintische, am Erdufer und vor allem am Ofen. Beinahe unkenntlich vor Schweiß und Staub kamen sie mittags und abends vom Werkplatze. Und inmitten allen Schaffens sollte ich nun überall einspringen, sollte hier eine Bahn harken und dort eine mit Sand bestreuen. Ging das nicht schnell genug oder hatte ich im Hause zu tun, dann gab es böse Worte und Drohungen, zumal von denen, die mir auch sonst nicht freundlich gesinnt waren. Ich wollte nämlich nicht mitmachen, wenn andere sich „Kühlung“ verschafften durch Branntweintrinken. Das mochte ihnen nun wohl so scheinen, als ob ich besser oder frömmer sein wollte als sie, und mit mancher Stiefelrede[1] und allerlei Hänseleien suchten sie sich an mir zu reiben. Um solchen Neckereien zu entgehen, suchen sich manchmal junge Knaben ein Ansehen zu geben dadurch, daß sie es im Trinken mit den Erwachsenen aufnehmen wollen, und mancher mag sich so an den Trunk gewöhnt haben, der von Natur keine Neigung dazu hatte. Mir stand der Meister immer wacker zur Seite. Er war der beste Mensch von der Welt, und nur dann wurde er allemal furchtbar böse, wenn auf dem Werke Streit ausbrach oder wenn jemand den Namen von dem Verwalter Meier in Niedermoosbach nannte.

Mitten im Sommer erhielt ich durch die Mutter die betrübende Nachricht, daß mein Vater unvermutet hatte nach Hause kommen müssen. Eine starke Eiterung an einem Finger war so schlimm geworden, daß ein Knochen hatte entfernt werden müssen „Nun wird der Finger wohl steif bleiben, aber“ – gleich suchte sie mich wieder zu trösten – „das wollen wir mit Geduld tragen.“ Kein Wort sagte sie darüber, daß nun der halbe Sommerverdienst verloren ging.

Allmählich wurden die Tage kürzer, und das wohlige Gefühl zog bei uns ein, daß wir etwas Schweres nun bald überstanden haben würden. Die Station W., von der aus wir die Heimreise antreten wollten, schien mir näher und näher zu rücken. Und endlich, im Oktober, kam der Tag, wo wir unsere „Pucken“ auf einen Wagen luden und unserer Ziegelei, der Arbeitsstätte während eines langen Halbjahres, den Rücken kehrten. So freundlich, fast anheimelnd, lagen nun die langen Hütten, der Ringofen, die ausgedehnten Werkplätze da, daß ich beim Abschied fast Heimweh verspürte. Und dann rollte der Zug durch unbekannte Gefilde der Heimat entgegen, und ich hatte meine sechzig Taler selbstverdientes Geld in der Tasche, ich hatte meine Aufgabe nun doch bewältigen können, und ich hatte ein neues, so sehr ersehntes Ziel vor mir.

1 Sprüche beim Stiefeltrinken

Vorbereitung

Bald nach meiner Rückkehr sollte nun der Vorbereitungsunterricht für das Seminar beginnen. Pastor Rückert hatte gehofft, daß dabei auch meine früheren Lehrer Henke und Kregel mithelfen würden; aber die wollten nicht, der eine aus diesem, der andere aus jenem Grunde. Schon war Pastor Rückert ratlos. Für den übrigen Unterricht, soweit er ihn nicht selbst übernehmen konnte, gewann er seinen Amtsbruder W. in Gehren. Aber wer sollte mich Klavier spielen lehren? Da fiel ihm in letzter Stunde noch der Lehrer Kleine aus Gehren ein, und Gottlob, der sagte zu.

Nun konnte es losgehen. Ich durfte lernen, lernen, lernen. Bücher bekam ich voll von schönen Dingen. Nicht mehr brauchte ich die herrlichen Geschichten aus dem griechischen Altertum heimlich zu lesen, sondern ich konnte jetzt mit ihrer Kenntnis meinen Lehrern Freude machen. Und wie wurde meine Sehnsucht nach einem Atlas erfüllt; einen viel schöneren erhielt ich, wie der war, um den ich Heinrich Müssen so sehr beneidet hatte. Der Gipfel aller meiner Wünsche aber war immer das Klavierspielen gewesen. Ich setzte mich darum mit fast ehrfürchtigen Schauern vor das schöne Instrument und berührte nur zagend die glänzenden Tasten. Was schadete es, daß ich zum Üben, da ich kein eigenes Klavier hatte und daheim in unserm Stübchen auch nicht hätte unterbringen können, nach Gehren zum alten Wachtmelster S. gehen und dort, im Winter in ungeheizter Stube, üben mußte? Es war alles schön so und wurde immer schöner.

Den Hagenbornern freilich gefiel es übel, daß ich etwas anderes werden wollte als meine Alters- und Standesgenossen, und wenn ich zur Lehrstunde nach Gehren oder Klingen ging, hörte ich mehr als einmal unfreundliche Bemerkungen hinter mir über mein Umherbummeln. Nur bei einem fand ich Verständnis und Beifall: bei Heinrich Steinkämper, dem „Baron". Der wurde seit einiger Zeit auf Gemeindekosten versorgt, da sein Schwager Prasse erklärt hatte, er könne außer seinem kranken Schwiegervater nicht auch noch seinen nichtstuenden Schwager versorgen. Das nahm dem auch keiner übel; aber die Gemeinde wollte den „Baron" auch nicht ganz umsonst füttern, und so mußte er jetzt an der Straße Steine klopfen. Als ihn diese Beschäftigung einst an meinen Weg führte, kamen wir ins Gespräch. Er fand es äußerst verständig, daß ich mich nicht, wie er sagte, mein Leben lang „quälen“ wollte, sondern mir einen „leichtfertigen“ Beruf erwählt habe. Auch war er hocherfreut, meiner noch recht lückenhaften Vorbildung etwas nachhelfen zu können. So hatte ich vom eigentlichen Wesen der Geometrie noch keine Ahnung, wie er mir auf einem Blatte seines Notizbuches erfreut nachwies. Dabei lobte er die frühere Zeit und meinte, so lernten die Kinder heutzutage gar nicht mehr rechnen wie früher. „Und wie sie erst gar den Katechismus herstammeln bei der Konfirmation! Heißt das können? Das war früher anders, da kann ich dir gut für sagen! Allerdings der und der“ – er nannte Männer, die es im Leben weiter gebracht hatten als er – „die brachten es nun einmal in ihre dicken Köpfe nicht hinein. Was waren das aber auch für Einfaltspinsel!“ Ganz warm war er geworden bei seiner Rede. Das mochte gut sein, denn vom Klopfen der Steine, glaube ich, wurde er es nicht.

Sonst zog ich mich möglichst in die Einsamkeit zurück, lernte im Hause oder las die verschiedenartigsten Erzählungen, die ich mir irgendwo geliehen hatte. Meine liebste Lektüre blieb nach wie vor die griechische Sagenwelt, die ich in Waegeners „Hellas“ so schön ausgebreitet fand. Im Sommer lernte und las ich bei schönem Wetter oft im Garten. Dieser grenzte mit der Rückseite an das Siek, einen ziemlich tiefen und breiten Talgrund, der sich an der Westseite des Dorfes hinabzog, einen Bach zu Tale sandte und von Hecken mehrfach durchzogen war. In unserer Gartenhecke fanden sich knorrige Stämme, die ihre Äste weit ausgebreitet und miteinander verflochten hatten. Aus solchen Ästen hatte ich mir eine natürliche Laube hergestellt, und dort saß ich oft, schwebend und leise gewiegt im Grünen über dem steilen Abhange am Siek, und lernte, las oder träumte. Um Hektors und Achilles' Kampf besser zu verstehen, übte ich mich im Sieke im Speerwerfen. Als Lanze diente mir der lange Stock, mit dem ich auf dem nahen Felde von Zeit zu Zeit den Flachs wenden mußte, wenn die Mutter wie gewöhnlich auf Königs Hofe arbeitete.

Eines Tages, es ging schon gegen den Herbst und dunkelte merklich früher, saß ich wieder in meiner Laube über dem Abhange. Der Wind blies über die Stoppelfelder hinterm Siek, und leise und klagend rauschten

Büsche und Bäume im langgezogenen Grunde. Da hörte ich Stimmen vom Fußwege her, der im Sieke heraufführte.

„Und ich tu's doch! Schon morgen komme ich und spreche mit deinen Eltern!"

„Tue es nicht, Friedrich", ich erkannte die Stimme von Julia Ridder, die oft von Schluchzen unterbrochen wurde, „wozu sollte das helfen? Die Mutter giebt es doch niemals zu!"

„Aber warum denn nicht?"

„Sie will, daß ich Heinrich Drake heirate, damit unsere Höfe zusammenkommen."

„Aber wenn du ihn doch nicht willst!"

„Dann bin ich ihr Kind nicht mehr, hat sie gesagt, und" – hier brach das Mädchen in bitteres Weinen aus – „das ertrage ich nicht. Denke doch nur: Könnten wir denn wohl eine Stunde miteinander froh werden ohne den Segen der Mutter?"

„Aber dein Vater," – seine Stimme wurde etwas unsicher – „er hat doch auch mitzureden."

„Ach, der Vater, der gute Vater! Gegen die Mutter kommt der gar nicht auf. Was die sich einmal vorgenommen, das hat sie noch immer durchgesetzt. Und nun hat sie auch noch eine Stütze an dem Onkel Anton aus Amerika, der vor kurzem zu Besuch gekommen ist. Die beiden stimmen ganz überein. Noch gestern hörte ich, wie er sagte: 'Dann erst wird's ein halbwegs ansehnlicher Hof, wenn beide zusammenkommen. Etwas anderes darfst du nie zugeben.'"

„Aber Draken Heinrich kann dich doch nicht heiraten wollen, wenn du ihn nicht willst!" fuhr der junge Mann fort. „Oder hat er schon mit dir gesprochen?" setzte er hinzu, als das Mädchen schwieg.

„Nicht geradezu, aber er hat wiederholt Andeutungen gemacht, aus denen ich sehe, daß er und die Mutter einig sind."

„Dann also muß ich mit ihm mal ein Wörtchen reden, dem habgierigen und herzlosen Burschen."

Da fuhr das Mädchen erschrocken auf: „Oh Friedrich, das tue ja nicht. Es könnte ein Unglück geben, du weißt doch, welch ein gewalttätiger und jähzorniger Mensch er ist."

„Und ist er auch der T... , so ist er doch kein preußischer Husar", brauste Friedrich auf.

„So glaube es mir doch, Friedrich, es nutzt alles nichts. Selbst wenn Heinrich auf dich hören würde, so brächte ihn die Mutter doch bald wieder herum; er hat zu sehr die Natur der Draken. Nicht wahr, Friedrich, du gehst nicht zu ihm. Wenn du mich lieb hast, versprich mir das!"

Der junge Mann erwiderte etwas, das ich nicht verstand, da die beiden sich nach der anderen Richtung hin entfernten.

Einige Tage darauf sah ich auch einmal den Kalifornier, als er die Dorfstraße herabkam. Klein-Stöffken als alter Kamerad noch von Kalifornien her eilte an die Straße und versuchte, alte Freundschaft aufzufrischen, hatte aber damit wenig Glück. „Wo hast du denn dein Minchen?" fragte Drake. „Ist tot, habe aber just so 'n langes Reck wieder genommen." „Das hättest du auch lassen können. Hast du nicht so schon Last genug?" „Ja", entgegnete Stöffken etwas zaghaft, „ich höre doch, du hast auch die zweite Frau." „Oh ja, ich kann aber auch eine Frau ernähren", gab der Amerikaner grob zurück. Er nickte und schritt die Straße hinab.

Im folgenden Winter kam einmal mein alter Freund Wilhelm Drake zu uns. Er wollte Abschied nehmen, denn er war im Begriff, mit seinem Bruder Fritz nach Amerika zu gehen. Mit Hülfe seines Oheims, der schon wieder hinübergereist war, hoffte er dort sein Fortkommen zu finden. Er war ziemlich niedergeschlagen, nicht wegen der Trennung von der Heimat, sondern wegen des Zerwürfnisses auf seinem elterlichen Hofe. Heinrich, der Anerbe, war ihm nie ein zärtlicher Bruder gewesen, jetzt aber war er mit den Eltern und Brüdern ganz auseinander, da er bei allen die Absicht argwöhnte, ihm sein Erbe zu schmälern. Vor einigen Tagen war er in die Kammer seines Vaters eingedrungen und hatte einen Koffer erbrochen in der Besorgnis, der Vater möchte seine jüngeren Brüder zu reichlich mit Geld ausstatten — auf seine Kosten. „Wenn mein Vater es anzeigte, dann müßte mein Bruder sitzen, so gewiß wie ich hier auf dem Stuhle sitze. Aber wer hat das alles zur Schuld? Niemand sonst als die da oben." Er schüttelte zornig die Faust nach Ridders Hause hin. „Die hat ihm alles eingegeben und läßt ja auch nicht nach, bis er Julia zur Frau hat, obgleich sie seine Kousine ist und ihn nicht will. Was das Weib sich in den Kopf gesetzt hat, das bringt sie auch fertig. Was mein Vater dazu sagt? Gestern hat sie lange und aufgeregt in der Kammer mit ihm verhandelt. Als ich an der Tür vorbeiging, kam sie mit hochrotem Kopfe heraus und mein Vater rief ihr nach: 'Kanaille, kommst du mir noch einmal auf meinen Hof, so hoch sollst du über den Zaun fliegen.'" Wilhelm lachte grimmig. „Aber was meint ihr wohl, was das freche Weib antwortete? 'Nun, so sehr lange ist es ja dein Hof nicht mehr, und später wollen wir dann sehen, wer hier das meiste zu sagen hat.' Nur leider hat sie ja recht. Heinrich ist großjährig, und wir andern müssen bald weichen. Nur um Julia tut es mir leid."

Mir tat sie auch leid; indes traten für mich die eigenen Angelegenheiten jetzt in den Vordergrund. Es nahte die Zeit, wo ich mich zur Aufnahmeprüfung im Seminar zu melden hatte. Ob meine Kenntnisse dafür nun auch ausreichten, ob ich nicht zurückstehen würde gegen die andern, die aus der Stadt waren, die auf der Rektorschule oder dem Gymnasium vorgebildet waren, das fragte ich mich immer wieder mit Sorge. Hätte Pastor Rückert mir nicht immer wieder in dem zuversichtlichen Tone, der ihm eigen war, gesagt: „Was da gefordert wird, das kannst du. Das weiß ich ganz bestimmt"; hätte nicht mein lieber, treuer Lehrer Kleine, der so geduldig und gründlich mit mir gearbeitet hatte, ermutigend gelächelt und gesagt: „Bangemachen gilt nicht"; und hätte nicht Dietrich mit dem bekannten Zucken am Mundwinkel erklärt: „Ach was, da muß nur aufgepaßt werden", dann möchte ich wohl nicht so hoffnungsfreudig nach Hohenheim gewandert sein.

Die guten Eltern! Sie wußten, daß es für mich Schwierigkeiten zu überwinden gab und wollten mir gern dabei helfen. „Trink nur vor der Prüfung in Hohenheim ein Glas Wein, das macht dir Mut!" Ich trat rüstig in das erste Hotel, das ich traf, und forderte, indem ich meine Verlegenheit zu bemeistern suchte, ein Glas Wein. „Rot oder Weiß?" Ich stand verblüfft vor dem eleganten Herrn in schwarzem Frack, der mich mit vornehmer Überlegenheit ansah. Aber nur nicht merken lassen, daß ich diesen Unterschied kaum dem Namen nach kannte. „Weiß!" Nun denke man: Ich, der Wein gar nicht kannte, trank frühmorgens nach einem zweieinhalbstündigen Wege Wein, noch dazu in der erklärlichen Aufregung wegen der bevorstehenden Prüfung! Schon auf dem Wege zum Seminar fühlte ich ein entsetzliches Kopfweh, das dann auch während der ganzen Prüfung anhielt.

Als ich spät am Nachmittage, zwar äußerst abgespannt, aber froh über den glücklichen Verlauf der Prüfung, vom Hagen herab ins Dorf kam, stand der schwarze Christian am Zaune und berichtete mir, daß mein Vater schon stundenlang die Dorfstraße hinauf nach mir ausgesehen habe. Zu Hause war er unruhig immer ab und zu gegangen. Die Mutter hatte ihn trösten wollen und gesagt, was andere könnten, das könnte ich auch. Aber er sah immer tausend schlimme Möglichkeiten. Als ich nun aber zurückkam, da sagte er weiter nichts als: „Mutter, hast du Wilhelm auch den Kaffee warm gestellt?"

Nun vergingen noch einige Wochen in Unruhe und Sehnsucht, und dann kam ein großes Schreiben vom Seminardirektor mit der Benachrichtigung, daß ich am fünfzehnten Oktober in's Seminar eintreten müsse.

Beim Abschiede, als ich den Himmel voller Baßgeigen hängen sah, war dem Mutterherzen doch ein wenig bange vor all dem Neuen, Unbekannten, was jetzt kommen sollte. Mit den Tränen kämpfend, zwang sie sich doch zu einem Lächeln und sagte: „Besuche uns bald!" Dann wandte sie sich ab. Sie mochte fühlen, daß ihr Einfluß auf meine fernere Entwicklung, die Möglichkeit, mich zu stützen, mir zu raten und zu helfen, jetzt immer geringer wurde. Ich aber, als ich auf dem Kastenwagen, der meine wenigen Habseligkeiten barg, in der Richtung nach Hohenheim dahinsegelte, kam mir vor wie einer, der in ein neues, glücklicheres Land hineinfährt.

Im Seminar

Das Leben, welches nun begann, machte anfangs einen großen Eindruck auf mich. Das sichere und gewandte Benehmen der mit mir Eingetretenen, namentlich derer, die aus der Stadt waren oder wenigstens dort die Schule besucht hatten, ihr selbstbewußtes Auftreten, gewisse vornehm klingende Redensarten, das alles flößte mir zuerst einen gewaltigen Respekt ein. Indes fühlte ich dann doch bald, daß diese Dinge nicht die Hauptsache waren und daß ich in den Punkten, auf die es namentlich ankam, den andern nicht nachstand. Bald empfand ich das erhebende Glücksgefühl, das mit innerem Wachstum immer verbunden ist. Wie strebte meine Seele den Männern entgegen, die mir etwas werden sollten, besonders dem schlichten und ernsten Direktor, der uns ein Vorbild in angespannter Arbeit und strengster Pflichterfüllung war, dem gelehrten Professor L., der uns in ungeahnte Wissenstiefen blicken ließ, und dem genialen Musiklehrer, der mir eine ganz neue Welt von Schönheit erschloß.

Mein erster Brief an die Eltern atmete denn auch Lust und Freude. Nur wußte ich nicht, wer mir fortan Wäsche und Lebensmittel für die Zwischenmahlzeiten von Hagenborn nach Hohenheim bringen sollte. Botenbettchen konnte das schwerlich noch besorgen, da sie inzwischen recht alt und schwerfällig geworden war. Aber wer sollte es sonst machen? Zwei Wochen waren vergangen, da sah ich – meine Mutter die Straße entlang kommen, schwer an einem Korbe tragend. Auf ihrem Angesichte lag ein Gemisch von Verlegenheit und freudiger Erwartung. Auf der Treppe nahm ich ihr den Korb ab. „Mutter, wie ist der schwer! Wie hast du den tragen können?" Ich sah, daß ihr der Arm wehe tat; von Zeit zu Zeit hob sie ihn mit der Linken empor. „Oh, es ging recht gut", sagte sie mit ihrem alten, frohen Lächeln, das mich immer so eigen ergriff. „Rodemeier ging mit mir nach Hohenheim und hat mir den Korb eine schöne Strecke getragen. Und hier habe ich noch etwas für dich." Damit drückte sie mir eine Mark in die Hand. „Ich hab's erst gestern verdient mit Dreschen auf Müssen Hofe."

So kam die Mutter nun alle vierzehn Tage, mochte das Wetter schön oder unfreundlich sein. Eine kleine Genugtuung war es ihr, als ich ihr erst schriftliche Arbeiten zeigen konnte, die besonders in Mathematik und Musik – letztere wurde bei uns sehr gepflegt – gut ausgefallen waren; dann verklärten sich ihre lieben Züge so eigen schön. „Ja, Gott helfe dir weiter, lieber Junge! Ich wußte es ja, daß du, was andere können, auch kannst."

Als ich zum ersten Male als Seminarist nach Hause kam, da wußten die Mutter und meine jüngste Schwester, die allein zu Hause waren, nicht, was sie mir von all den aufgesparten Herrlichkeiten zuerst bringen sollten: selbstgesuchte Nüsse, Obst von Riekchen König, ein Stück Kuchen von irgendeiner festlichen Gelegenheit und anderes. Nicht minder groß war die Freude, als ich zu den ersten Ferien um Weihnachten nach Hause kam. Beflügelten Fußes eilte ich den Abhang vom Hagen hinunter ins Dorf. Hier hatte nun der Weg wochenlang unter einer dicken Eisdecke gelegen, die, von dem Dorfbache gebildet, der bekanntlich unsere Dorfstraße bespülte, einem herabwallenden Gletscher ähnlich sah. Vor kurzem war aber Tauwetter eingetreten, und wie ich eben seitwärts blickte nach dem Fenster des schwarzen Christian, durch welches eine trübe Öllampe einen matten Schein nach der Straße hinwarf, glitt ich auf der schrägen Eisfläche aus und schlug rücklings in das hinabrieselnde Wasser, so daß ich mit triefenden Kleidern ins Haus trat.

Und als es wieder Ferien gab, da war es Ostern, ich hatte schon einen ganzen Winter im Seminar durchlebt und fühlte, daß ich ein gutes Stück weitergekommen war. Vor acht Tagen war mein Bruder konfirmiert worden. Als ich Pastor Rückert besuchte, machte er die Bemerkung, mein Bruder habe gute Anlagen. Ich möge doch die Eltern fragen, ob der nicht auch Lehrer werden sollte. Hatten die Eltern nun schon damals, ehe sie zu meiner Berufswahl ihre Zustimmung gaben, ihre Bedenken gehabt, so konnten sie sich dieses Mal erst recht nicht so schnell entschließen. Das mochte August in ihren Mienen lesen, als er einen raschen Blick hinüberwarf. „Nein, ich habe keine Lust!" erklärte er kurz und wandte das Gesicht dem Fenster zu. Fast wollte es mir scheinen, als ob verhaltenes Weh darin zuckte. Nach Ostern ging er auf die Ziegelei, ich gab ihm das Geleit bis Leutmannshof, und auch mir war eigentümlich beklommen zumute, als er mir zum Abschied mit der ihm eigenen entschlossenen Art kurz und fest die Hand drückte und sicheren Schrittes davon ging.

Der folgende Sommer zeigte mir erst recht die Schönheiten von Hohenheim. Mit welcher Wonne durchstreifte ich die Umgebung. Bald suchte ich in den Bergen und Steinbrüchen nach Versteinerungen, bald lag ich in der alten Hünenburg und sann über die großen Begebenheiten nach, die sich in grauer Vorzeit auf diesem Boden abgespielt haben, von denen aber nur dürftige Nachrichten auf uns gekommen sind.

Eines Tages brachte mir die Mutter Brot und Wäsche sehr traurig. „August ist wieder da", sagte sie. „Er ist krank zurückgekommen, hat über und über Ausschlag; sein Gesicht ist kaum zu erkennen." Einige Augenblicke übernahm sie die Sorge. „Aber es ist schon etwas besser geworden", sagte sie schnell gefaßt, um mich nicht traurig zu sehen. „Komme nur bald und besuche ihn." August nahm später Dienst auf einem Bauernhofe in Klingen.

In den Sommerferien klagte mir die Mutter noch einen anderen Kummer. Sie verstand Dietrich gar nicht mehr. In seinem Leben traten jetzt Züge hervor, die man früher an ihm nicht gekannt hatte. Eins seiner Dienstmädchen, eine Tochter von Klein-Stöffken, die mit mir zusammen auf Müssen Hofe gedient hatte, durfte sich ihm gegenüber so vieles herausnehmen, und er scherzte so unziemend mit ihr, daß es bei dem übrigen Gesinde und namentlich bei den andern Bauern im Dorfe schweren Anstoß erregte. Sehr oft hörte ich abfällige Reden, namentlich der Bauersfrauen, über Dietrich, und zu den Sonntagnachmittagsversammlungen, die, solange ich denken konnte, immer in Königs großer Stube gewesen waren, kamen der Männer immer weniger. Freilich, so mit einem Male verlor er sein Ansehen nicht, dazu war es zu fest gegründet. Das zeigte sich noch einmal, als der Kommunalweg, der bisher am Stoote endigte, weiter gebaut werden sollte. Im Gemeinderate waren die meisten dafür, daß er von da über die Bossenke und hinter Leutmannshofe her auf Gehren zu geführt werde und auf der Chaussee nach Blumenstein auslaufe. Dagegen wandte sich mit großer Entschiedenheit König und wußte es durchzusetzen, daß der Weg an der Waldmühle vorbei über die Hagenborner Heide und dann das Dorf hinab nach Kleinen- und Großenmolte gebaut wurde. Aber trotzdem wurde er bei der nächsten Vorsteherwahl zum ersten Male seit vielen Jahren nicht wiedergewählt. Einmal wollte ich ihn, wie ich das oft getan, auf dem Hofe besuchen. Es wurde eben Roggen eingefahren. Meine Mutter stand mit bekümmertem Gesichte auf der Deel und zog am Seile die schweren

Schäuwe in die Bodenluke hinauf. Oben hörte man jedesmal eine weibliche Stimme überlaut rufen: „Los!“, worauf dann ein ebenso wildes Lachen folgte. Die Mutter schüttelte mißmutig den Kopf und winkte mir, hinauszugehen. Endlich kam Dietrich mit dem Mädchen, einer Person von üppiger Leibesfülle und dreistem, herausforderndem Wesen, vom Boden herunter. Fand er in meinem Blick etwas wie Mißbilligung? Zum ersten Male hatte er keine Zeit für mich, lud mich auch nicht ein, mit ihm in die Baumschule, in die Werkstatt oder zum Abendessen zu gehen.

Der Sommer ging schnell dahin und in angestrengter Arbeit auch der folgende Winter. Als ich zum zweiten Male in die Osterferien kam, erschütterte mich die Trauerkunde, daß mein Freund Wilhelm Drake am Tage der Musterung auf dem Wege von Blumenstein erstochen worden sei. August Berger erzählte mir, wie das gekommen war.

Es galt als nichts Ungewöhnliches, daß bei der Gestellung der Militärpflichtigen in Blumenstein Schlägereien vorkamen. Erst „kloppten“ sich die Städter mit den Dörflern, nachher diese unter sich. So waren auch dieses Mal die Blumensteiner denen von Wassentrug, Großen- und Kleinenmolte, Klingen, Hagenborn und Gehren nachgefolgt, nachdem diese vor der letzten Wirtschaft stehengeblieben waren und wiederholt gerufen hatten: „Molte oben, Klingen oben, Blumenstein durchs Kellerloch.“ Unterwegs waren schon mehrfach Zusammenstöße erfolgt, wobei u.a. Heinrich Wendt aus Kleinenmolte einen Schlag über den Kopf bekommen hatte, daß er eine Zeitlang besinnungslos liegenblieb. Nur Wilhelm Drake kümmerte sich nicht um die Händel und ging mit dem kleinen August Berger, über den die Aushebungskommission wegen seiner jämmerlichen Gestalt gelacht hatte, ruhig seines Weges. Er mochte wohl an andere Dinge denken. Er schwankte immer noch, ob er die Heimat verlassen oder doch bleiben sollte. Sein Bruder Heinrich wollte ihm nicht so viel vom Erbe auszahlen, als er im Einverständnis mit seinem Vater glaubte verlangen zu können. So war er noch geblieben und wollte demnächst im Wege der Klage gegen seinen Bruder vorgehen. Er war darum wenig geneigt, an dem Unfug der Gefährten teilzunehmen. Wohl hörte er Heinrich Wendt hinter sich rufen: „Wilhelm, bist du heute denn gefroren?“ „Warum?“ „Weil du uns gar nicht hilfst.“ „Was braucht ihr die dahinten zu rufen! Geht eures Weges.“ Bald darauf sagte August Berger: „Sieh, Wilhelm, da kommt ein ganzer Schwarm von Blumensteinern den

Berg herab. Aha, die unsern sammeln sich an dem alten Meilenstein. Jetzt gibt's was, da sag ich dir gut für." „Was geht uns das an, komm!" Jetzt riefen mehrere dahinten: „Wilhelm, Wilhelm, bist du ein Hedentopp[1] geworden?" Er murmelte gleichgültig: „Noch lange nicht!" und ging ruhig weiter. Da hörte man hinten ein wütendes Durcheinander, Schreien und Schlagen. August Berger ergriff Wilhelm beim Arme und rief: „Oh, sieh doch, da schlagen sie einen tot." Gleich darauf löste sich Friedrich Müller, ein Vetter von Wilhelm Drake, aus dem Knäuel und kam mit blutüberströmtem Gesicht hinter Wilhelm her mit dem Ruf: „Wilhelm, das vergeß ich dir nicht, daß du mich so im Stich läßt." Nun aber wallte in diesem der Zorn auf: „Kerls, nun geht ihr doch verd. . . zu Brei, da sag ich euch gut für! Komm, Friedrich!" Seine Ankunft beseelte die andern mit neuem Mute. „Wer ist es gewesen, Friedrich?" „Der da." Blitzschnell haben Wilhelms Fäuste ihn gepackt und pressen ihn gegen den Meilenstein. „Nun gib ihm die Schläge zurück, Friedrich, aber mit Zinsen!" Die Blumensteiner werden zurückgedrängt und lassen ihren Führer inmitten der Gegner. Da gelingt es diesem, einem Schlachtergesellen aus Blumenstein, eine Hand frei zu bekommen, ein Messer blitzt in der Sonne, er stößt zu. – Bleich und stumm waren die Burschen aus Hagenborn, als sie spät am Nachmittag, nach dem die Obrigkeit es erlaubt hatte, ihren Freund Wilhelm Drake entseelt ins Dorf trugen.

Der Sommer kam und ging wieder. Schon war ich in das letzte Seminarjahr eingetreten. Da sagte die Mutter eines Sonntags, als ich auf Besuch in Hagenborn war, Vater Ridder sei krank und werde schwerlich wieder aufkommen; ich möge doch einmal zu ihm gehen. Da lag der Kranke allein in seiner kalten Kammer mit eiskalten Händen. „Ja, Wilhelm", mühsam, mit vielen Unterbrechungen sprach er, „ich werde wohl – nicht wieder besser. Aber was ich dir – noch sagen wollte: Wehre dich – vor dem Vernunftglauben. Ich habe dir vieles davon erzählt, – mußt nichts annehmen davon. Das wäre mir sonst sehr leid. Ich weiß, wie leer und kalt einem das Herz – dabei bleibt. Das habe ich erfahren, hier und – in Holland. Ja freilich, sehr sauber war es wohl dort, auch in den Kirchen, aber lebendiger Glaube war wenig zu finden. Darin ist's bei uns doch –

1 Trottel

seit Pastor Watermann — viel anders geworden. Du bist unter der reinen Lehre aufgewachsen, und wenn es im Seminar — noch ebenso zugeht — wie unter dem alten — Inspektor B...mann, dann hat dich keiner irregeleitet, und du wirst auch den kleinen Kindern den rechten Weg — weisen können." „Seid ganz ruhig, Vater Ridder, mir hat Pastor Rückert den lebendigen Christenglauben nicht bloß mit Worten vor die Augen gestellt, sondern vorgelebt. Diesem Vorbilde hoffe ich immer nachzuleben. Nun aber: Wie geht es Euch?" „Oh, ich habe keine Schmerzen, aber auch keine Wärme und keinen Schlaf mehr. Ich wäre auch auf alles gefaßt, wenn nur . . ." Hier kam Julia herein, die Augen tränenschwer. „Ja, unser Vater", schluchzte sie, konnte aber vor Traurigkeit nicht weiter sprechen. „Kind", suchte der bekümmerte Vater zu trösten, „sei nicht so traurig! Wer weiß. . ." Da wurde die Tür heftig aufgestoßen, und Frau Ridder schob sich in ihrer rücksichtslosen Weise zwischen die beiden. Auf meine Bemerkung, ich habe doch mal sehen wollen, wie es hier gehe, antwortete sie mit ihrer harten Stimme: „Ach, es geht bald wieder, er hat sich so prachtvoll gebessert." Heftiger Unwille malte sich auf dem Gesicht des Kranken. „Ach, schweig du doch! Prachtvoll gebessert!" Ich sagte dem alten, biederen und frommen Manne Lebewohl — für diese Erde. Mich fröstelte, als ich hinausging.

Der Winter wurde dieses Mal ungewöhnlich streng. Monatelang bedeckte tiefer Schnee die Erde, und schneidende Kälte blies der Ostwind um die Höhen meiner Heimat. Und alle vierzehn Tage kam die Mutter mit ihrem schweren Korbe zu mir. Erst später ist mir wieder eingefallen, daß sie damals immer bedenklicher den Arm rieb, nachdem sie die Last niedergesetzt hatte, und ihn hin und her bewegte. „Konntest du durchkommen, Mutter? Liegt der Schnee nicht sehr hoch auf dem Hagen?" „Oh doch, so tief." Sie zeigte ans Knie. Sie hatte trockene Strümpfe mitgenommen, die sie am Ausgange aus dem Hagen vor Moosbach im Freien, an einen Baum gelehnt, statt der durchnäßten angezogen hatte! Dann packte sie ihre Sachen aus: selbstgebackenes Brot, Butter und Wurst. Eine besondere Freude hatte sie, wenn Riekchen König noch eine dicke Mettwurst mit zu dem Übrigen gelegt hatte. „Und hier hast du noch ein paar Groschen; hat es dir auch schon daran gefehlt?" Freilich gebrauchte ich jetzt mehr als früher, obwohl die Bücher nach wie vor Pastor Rückert für mich bezahlte. Dann schüttete sie mir freudig ihre sauer ersparten Groschen in die Hand. Konnte ich dann sagen: „Soviel brauche ich nicht!" – und ihr etwas zurückgeben, dann huschte wohl ein Lächeln über ihre lieben Züge, in denen die mannigfache Not des Lebens so deutliche Spuren hinterlassen hatte. Es war aber ein Lächeln, über das ich hätte weinen mögen.

Einmal fragte mich der Geistliche am Krankenhaus in Hohenheim, der wußte, daß ich aus Hagenborn war, ob ich einen Heinrich Steinkämper wohl kenne. Natürlich kannte ich den, das war ja unser „Baron". Wie er denn früher gewesen sei, lautete die weitere Frage. „Oh, sehr weise; er wußte alles zehnmal besser als andere Leute." „Richtig, genau so ist er auch jetzt noch, wo er, in hohem Grade schwindsüchtig, im Krankenhause liegt. Will ich ihm irgend etwas aus Gottes Wort sagen, dann hält er mir sofort entgegen: 'Das habe ich alles schon in meiner Jugend beim alten Lehrer Rumbke gelernt. Oh, damals lernten die Kinder den Katechismus anders wie heute!'"

Endlich schmolz der Schnee. In den kärglich zugemessenen Freistunden ging ich wieder in die Umgebung von Hohenheim und entdeckte Schneeglöckchen und Leberblümchen. Eine neue Wärme durchströmte meinen Körper. Eines Tages tropfte es stark vom Dache unseres alten Seminargebäudes. Dann und wann rutschte ein schwerer Schneeklumpen herab und fiel mit dumpfem Krachen in den Hof. Es war an einem der ersten Märztage, die Sonne schien warm ins Fenster, aus dem ich mich herauslehnte. Von unten grüßten die Freunde herauf, und ich wartete hier im Vorsaale auf das Ergebnis meiner soeben beendeten Prüfung, worüber nebenan im großen Lehrzimmer beraten wurde. „Wellmann!" Ich trat vor die Herren der Prüfungskommission, die mich sämtlich mit hellen Blicken ansahen oder mir freundlich zunickten. Der Vorsitzende teilte mir mit, daß ich die Prüfung bestanden, und mein verehrter Direktor entließ mich mit herzlichen Worten zu meinen Eltern, die über dem allen innig froh waren. Ich hatte die Prüfung allein gemacht, ein halbes Jahr vor Ablauf der ursprünglich festgesetzten Zeit. Wegen Mangels an Lehrern war meiner ganzen Klasse diese Vergünstigung angeboten worden; ich hatte sie mit Freuden ergriffen, da ich so den Eltern ein halbes Jahr früher die Last meiner Versorgung abnehmen konnte. Und meine Genossen? Einer nach dem andern wich, der letzte sogar sehr weit ab – bis nach Amerika, wo er als Abenteurer verschollen ist. Die übrigen alle bestanden die Prüfung ein halbes Jahr später.

Im Amte

„Nun Wilhelm, haben die da oben immer noch nicht über dein Schicksal verfügt?“ fragte eines Tages, mit der Hand nach Hohenheim zeigend, der schwarze Christian, als ich auf dem Wege zum Hagen an seiner Hütte vorüberkam. Er war inzwischen freilich recht weiß geworden, und sein Rücken nahm immer mehr die Gestalt eines Bogens an. Aber er hatte noch vorigen Sommer erklärt, das passe ihm gerade, als er noch einmal zu seinem „Sulinger“ gegriffen und auf Ahrens Hofe die ganze Ernte hindurch gemäht hatte. Und im letzten Winter war er eines Tages auf Königs Hofe gekommen, als eben ein stattliches Schwein verwurstet wurde. „Ei tausend“, hatte er gerufen, „welch ein barbarsches Schwein! Wenn ich den da“ – er zeigte auf den ansehnlichen „Ennebuddeck“[1] – „aufesse, soll ich ’n dann haben?“ Riekchen war starr vor Staunen und nicht abgeneigt, auf den seltsamen Handel einzugehen, als Dietrich herzukam. „Ach was“, entschied er kurz, „er ißt ihn auf und du bist ihn los.“

Jetzt saß Christian auf dem Hauklotz vor seinem Häuschen in der Sonne. Als ich seine Frage verneinte, tröstete er: „Nur Geduld! Wird schon kommen. Und dann brauchst du doch nicht zu mähen, und dein Rücken wird nicht so krumm wie meiner.“ „Oh Christian, ich will Gott danken, wenn ich nur euer Alter erreiche. Daß ich dann noch mähen kann, hoffe ich gar nicht.“ Da lächelte der Alte, streckte sich, so gut er‘s vermochte und rief zu Vogt’s Luise hinüber, die eben die Straße hinabging: „Ja, ja, Luise, wenn wir beide, du und ich, nur gesund bleiben, dann können wir zum Kirchhofe gehen.“

Ich stieg aufwärts, dem Walde zu, wie ich jetzt öfter tat, um auf einsamen Wegen zu träumen von einer freien und schaffensfrohen Zukunft. Zuletzt kam ich auf der Höhe an das Häuschen von Wilhelm Edler. Der alte Amtsmusiker lebte hier mit seinen Kindern allein; Malchen, seine Frau,

1 Ende des Dickdarms

war schon seit Jahren tot. Augenblicklich bastelte er an seinem einzigen Weinstocke. Bald kamen wir auf die Musik, und nun schwelgte er in Erinnerungen an glänzende Tage in Hohenheim, wo er bei der Hofkapelle Mozart, Beethoven und andere herrliche Kunstwerke mitgespielt hatte unter der genialen Leitung von Kapellmeister Herwig. „Ach, hättest du einmal hören können, wie der die Geige spielte! Dieser Strich, dieser große Ton! So hob er den Bogen, legte sein Ohr an das Instrument, und still wurde es im Saale, daß man eine Nadel hätte fallen hören können, bis der letzte Ton verhallt war. Einmal gab er ein Konzert mit Frau Joachim aus Berlin. Na, ich sage dir, die hat sicherlich zu ihrem Manne gesagt: Hör mal, dort in Hohenheim wissen sie auch, wie man über die Violine streichen muß. – Und so ein feiner Mann, da sage ich dir gut für. Nicht über die Straße gehen durften wir Musiker anders als in Schwarz und mit Handschuhen." Ich überdachte seine jetzige kümmerliche Lage: allerdings ein trauriger Gegensatz. Von drinnen erklang Geigenspiel. „Oh, das ist mein Zweiter; der hat ein so feines Gehör! Mit dem Ältesten war rein nichts anzufangen." Dann begann er zu schimpfen über Pastor Rückert, der ihm immer die Gelegenheit zu gutem Verdienst wegnahm. „Vor acht Tagen sollte bei Arends in Großenmolte Schützenfest und Ball gefeiert werden. Da ist der Pastor hingegangen und hat so auf ihn eingeredet, daß Arends die Sache aufgegeben hat." Ich meinte, daß der Pastor ganz recht habe, wenn er solche Veranstaltungen hindere, bei denen erfahrungsgemäß Trunk und andere schlimme Dinge vorkämen. „Ach ja, das sage ich ja selbst. Ich würd's auch so machen an seiner Stelle", stimmte Edler, schnell überzeugt, bei. „Ich habe ja selbst erfahren, was danach kommt. Meine eigene Tochter ist mehrmals, wenn ich auswärts zu spielen hatte, heimlich zu solchen Tanzereien gegangen. Nun habe ich sie in Schande und Unglück daheim. Sieh, ich würde ja sehr gern das Spielen aufgeben, besonders hier, wo kein Mensch was von der Kunst versteht und wo man so lumpig bezahlt wird. Aber von meinem bißchen Bäume beschneiden kann ich doch nicht leben. Dietrich hat mir freilich aufgetragen, ein für allemal seine Weinstöcke zu beschneiden, obwohl er das wohl selbst noch besser versteht. Aber sonst tut das niemand."

Endlich kam meine Berufung – nach dem entlegenen Dorfe Hasselbruch[1]. Das war freilich anfangs eine arge Enttäuschung, und nur der Gedanke machte mir den Ort vertraut, daß meine Mutter dort zur Schule gegangen war. Ich machte mich auf, um den Ort zu sehen, wo ich wirken sollte. Das Herz schlug mir rascher, als von einer Anhöhe herab, kurz vor H., ein Trupp Kinder mir entgegenkam. Wenn ihr es wüßtet!

Übermütig sah es freilich nicht aus in H. Ein sehr schlichtes, sehr altes Schulhaus, die Nachbarhäuser noch älter und noch schlichter, die Bewohner nicht sehr entgegenkommend. Aber ein sehr lieber Amtsbruder begrüßte mich treuherzig und gab mir sogleich die Gewißheit, daß unsere gemeinsame Arbeit in Eintracht geschehen würde. Von Hasselbruch reiste ich nach dem Städtchen R., um ein Klavier zu besichtigen, das man mir angeboten hatte. Auf dem Rückwege blieb ich ein paar Tage in S. bei Bekannten. Als ich wieder nach Hause kam, sagte die Mutter: „Gestern ist Julia Ridders Hochzeit gewesen – sehr still und traurig. Nun ist sie also doch Heinrich Drakes Frau. Friedrich Henke ist ein paar Wochen vorher noch bei ihrer Mutter gewesen und soll ihr ernst ins Gewissen geredet und ihr furchtbar bittere Worte gesagt haben. Bleich wie der Tod ging die Alte tagelang umher, die welken, gekräuselten Lippen noch fester aufeinandergepreßt als sonst. Nun ist sie ganz allein im Hause, aber sie hat doch ihren Willen."

Ehe ich abreiste nach Hasselbruch, wollte ich Julia Lebewohl sagen. In der Stube des rechten Hauses auf Draken Hofe stand ein neuer Tisch und ein neuer Milchschrank; sonst war nichts verändert gegen früher. Und doch kam es mir öde und kalt hier vor. Endlich trat Julia aus der Kammer hervor, tieftraurig mit geschwollenen Augenlidern. „Ja Wilhelm, so geht es mir. Seit vier Jahren war ich nicht mehr hier auf dem Hofe gewesen und nun mußte ich doch hierher!" „Ich sehe, Julia, du bist krank, ich hätte nicht kommen sollen." „Doch, doch! Ich freue mich, daß du gekommen bist. Sag, hast du die Mutter gesehen – meine Mutter?" fragte sie mit zuckenden Lippen. Ich mußte verneinen. Später erfuhr ich, daß nun auch Heinrich Drake sich mit Frau Ridder überworfen und daß der alte Drake

1 Kirchheide

geschworen hatte, ihr, seiner Schwester, ein Leid anzutun, wenn sie sich unterstände, den Hof zu betreten. Julia bebten die Lippen, als sie mich bat: „Nicht wahr, du gehst zu ihr und sagst ihr adieu – und grüßt sie von mir. Und besuch uns auch mal wieder!“ Als ich vom Hofe ging, klang vom Berge drüben, wo Heinrich Drake eben seinen Pflug wendete, barsches „Hottümme“[1].

An einem wunderschönen Frühlingsmorgen stand ich mit einem Gefühl, gemischt aus Bangen und Freude, vor einer großen Schar von Kindern, die mich alle ansahen mit der Frage in den Augen: „Was hast du uns zu bringen?“ Pastor F. führte mich in mein Amt ein mit einer Rede, von der jedes Wort mir so aus der Seele gesprochen war, als ob er darin hätte lesen können. Und jeden Morgen wurde mir das Herz von neuem warm, wenn ich vom Fenster meiner bescheidenen, aber hübsch unter Bäumen gelegenen Wohnung aus über die Wiesen oder durch die Felder truppweise oder in Reihen die Kinder herankommen sah, denen ich etwas sein sollte. Und beinahe unfaßbar war es mir, daß ich in den schulfreien Stunden nun gehen konnte, wohin ich wollte. So streifte ich denn weit umher, botanisierte oder ging nach Erdenau. Ordentlich verlegen wurde ich, als mich eine ältere Frau zum ersten Male anredete: „Herr Lehrer!“

Als ich in den Pfingstferien zum ersten Male daheim bei der Mutter war, konnte ich ihr vieles erzählen. Manche der Familien, aus denen ich Kinder zu unterrichten hatte, kannte sie noch von früher. „Nun muß ich aber bald mal kommen und hören, wie du mit den Kleinen an der Arbeit bist“, meinte sie. „So ganz still von außen möchte ich das einmal mit anhören.“

In der Umgegend von Hasselbruch bewegte mich eigentümlich der Gedanke: Hier schritten vor mehr denn vierzig Jahren die Füße meiner Mutter. Auf jenen waldigen Bergen – sie hatte mir oft davon erzählt, und ich hatte alles noch in Erinnerung wie halbverklungene Kunde aus einem Märchenlande – hat auch ihr Auge geruht. Drunten im Tale am Bache hat sie Blumen gepflückt für ihre kranke Mutter, und als diese in Bad Königsbruch Heilung suchte gegen ihr tückisches Leiden, da hatte ihr das Kind als einzige Erquickung, die das Elternhaus vermochte, ein paar Eier

1 Befehl für Pferde, nach rechts zu wenden

über jenen Berg hinweg zugetragen. Die enge Straße unter meinem Fenster war auch meine Mutter täglich zur Schule heraufgekommen.

In Hasselbruch sollte eine neue Schule gebaut werden, man wußte nur noch nicht, wohin. Kaufmann Schwarz wollte sie in seiner Nähe haben und stellte in günstiger Lage Bauplatz und Garten unentgeltlich zur Verfügung. Sein Nebenbuhler, Kaufmann Witte, der in der Nähe der alten Schule wohnte, bewies jedem sonnenklar, daß die neue Schule nirgends so gut stünde wie im alten Schulgarten. Jeder hatte seine Anhänger, und beide Parteien lagen sich erbittert in den Haaren. In einer Sitzung des Schulvorstandes erschien der Schulrat, und seiner ruhigen Darlegung gelang es, alle Mitglieder für den Schwarzeschen Platz zu gewinnen, bis auf den eifrigsten Freund Wittes, den Landwirt Strecker. Sonst stimmte auch der bisherige Gegner Jürgen für den Plan. „Junge, Junge", raunte sein Nachbar Strecker ihm zu, „was würde dein Freund Dietrich König wohl sagen, wenn er sähe, wie du dich herumbringen läßt!" „Dir würde er sicherlich sagen", war die schlagfertige Erwiderung, „ach was, bist 'n alter Quatschkopf!"

„Wo doch unser Dietrich wohl eigentlich nicht bekannt ist", meinte ich in den Sommerferien, als ich bei der Mutter war. „Ja", entgegnete sie trübe, „auswärts schätzt man ihn wohl immer noch, hier aber hat er sein Ansehen fast ganz verloren. Die Tochter von Klein-Stöffken ist immer noch da, und sein Verhältnis zu ihr wird immer unleidlicher." Ich hatte eines Tages wieder in seiner Baumschule okuliert. Als ich ein paar Tage später fand, daß fast alles angegangen war, und darüber mich sehr erfreut zeigte, brach sein altes, schönes Lächeln noch einmal durch. „Ach was, das kann ja gar nicht anders sein; so etwas muß einem nur ordentlich gezeigt werden, und man muß aufpassen." Warm und sonnig wars dort, wo wir zwischen Reben und jungen Obstbäumen standen. Unverhofft sah ich Pastor Rückert die Dorfstraße heraufkommen. Nie war mir sein Antlitz so edel erschienen als jetzt, wo ein Ausdruck von Kummer darin lag, als er den Kopf hob und nach König herübersah. Dieser schnitt mit zusammengepreßten Lippen einen Wildling zurück und sah nicht auf. Wartete er vielleicht doch auf eine Anrede? Aber der Pastor blieb nicht stehen, wie er sonst wohl zu tun pflegte, um mit den Leuten ein paar Worte zu wechseln. Ich fühlte etwas wie einen Stich im Herzen.

Als sich der erste Sommer meiner neuen Tätigkeit seinem Ende zuneigte, fühlte ich eine immer zunehmende Mattigkeit in meinen Gliedern. Eben waren die Herbstferientage dahin, da erkrankte ein Sohn von Kaufmann Schwarz, bei dem ich in Kost ging, am Nervenfieber, und ein paar Tage später fühlte ich mich ernstlich krank. Nachbar Jürgen brachte mich im Wagen nach Hagenborn zu meinen Eltern. Nur meine kleine Schwester war im Hause, als ich ankam; sie fing bitterlich an zu weinen, als ich sagte, ich sei krank.

Nun begann eine schwere Zeit für meine Mutter. Der Winter brach früh herein, und die eisige Kälte mochte auf mein fieberheißes Blut vielleicht recht günstig wirken; meiner Mutter aber erstarrten die Glieder, wenn sie Tag und Nacht vor meinem Bette saß und ihr todkrankes Kind zu beruhigen suchte, das, von den wildesten Phantasien geängstigt, sich ruhelos hin und her warf. Im Wohnzimmer unterhielt sie beständig Feuer im Ofen, um von Zeit zu Zeit auf einen Augenblick sich wärmen zu können. Aber dann fing ich sehr bald wieder an, nach ihr zu rufen, und erkannte sie doch nicht, wenn sie zurückkam, ja wandte mich oft zürnend und tobend gegen sie. In einem lichten Augenblick erkannte ich Pastor Rückert, wie er mit mir betete, und hörte ihn zur Mutter sagen: „Das Schwerste hat er noch vor sich." Immer bedenklicher schüttelte der Arzt aus Erdenau den Kopf, wenn er vor mir auf dem Bettrande saß, um das Fieber zu messen. „Sollst sehen", klagte der Vater mutlos, „auch den behalten wir nicht." „Das hoffe ich doch, Vater. Ich kann nicht glauben, daß Gott ihn soweit hat kommen lassen, um ihn nun hinwegzunehmen." Und leise flüsterte sie ihr Gebet. Als es in einer Nacht verzweifelt böse stand, eilte sie hinüber zu Bauer Gröppel und bat ihn, mit seinem Wagen aus Erdenau den Doktor zu holen. Er tat es gern, der Arzt mußte einen wichtigen Eingriff machen und erklärte, das sei allerdings höchste Zeit gewesen; jetzt sei aber die größte Gefahr überstanden. Als er gegangen war, klopfte es zagend ans Fenster. Die Mutter öffnete. Draußen stand der schwarze Christian. Mit einem Versuche zu scherzen fragte er: „Was macht dein Schulmeister, Wieschen?" „Oh, der Doktor giebt Hoffnung; es hätte aber auch nicht schlimmer mehr werden dürfen." „Gott sei Dank!" brach es da aus der Brust des Alten hervor, und bitterlich weinend bekannte er, er habe seit einer Stunde draußen gestanden, und das Wehklagen von drinnen habe ihm fast das Herz gebrochen.

Endlich, in jener Nacht, während alles im Hause und draußen still war, kam ich wieder zu mir. Ich fand mich ohne alle Schmerzen im Bette liegen, so so leicht, so frei, so ruhig durch den ganzen Körper, so ledig aller Beschwerden, wie ich mich nicht gefühlt hatte, so lange ich denken konnte. Was mit mir gewesen war, kam mir noch nicht zum Bewußtsein. Ich fühlte mich nur unendlich wohl und hoffte, daß es nun immer so bliebe. Da hörte ich ein Poltern in der Stube nebenan. „Mutter, was war das?“ „Ich fiel mit dem Fußschemel um, auf dem ich, am Ofen sitzend, eingeschlafen war; leicht hätte ich mich arg verbrennen können.“ „Mutter, ich glaube, ich bin nun wieder besser.“ „Junge . . .“

Andern Tages wunderte ich mich, als beim Erwachen des Tages alles dunkel blieb um mich her und meine Mutter nur wie ein Schatten um mich herum ging. Sie beruhigte mich; meine Nerven hätten so sehr gelitten, das Sehen werde schon wieder kommen. Die erste Nachricht, die ich von der Außenwelt erhielt, war die, daß der Sohn von Kaufmann Schwarz, der gleichzeitig mit mir erkrankt war, gestorben sei. Und mir hatte der Allmächtige das Leben neu geschenkt! Als nach einigen Tagen mein Vater vom Arzte aus Erdenau zurückkehrte, erzählte er, Fritz Weber sei ihm begegnet. Der wollte für seine Schwester zum Arzte gehen, die auch am Nervenfieber erkrankt war, fühlte aber selbst an der zunehmenden Mattigkeit in den Gliedern das Herannahen der Krankheit. Acht Tage später war mein alter Schul- und Flurgenosse auch tot.

Für mich kam nun die wundervolle Zeit der Genesung, wo ich immer hungrig war und doch anfangs nur wenig essen durfte, wo das leise Klirren der herangetragenen Milchtasse wie Musik in meinen Ohren erklang, wo ich mich glücklich pries, als ich – nach geraumer Zeit erst – den Löffel wieder selbst halten konnte, als ich wieder aufrecht im Bette zu sitzen und die Gesichter der Meinigen zu erkennen vermochte.

„Was kriegt er denn nun zu essen?“ hatte Dietrich eines Tages meine Mutter gefragt. „Milch mit Kaffee und Zwieback.“ „Weiter?“ „Etwas feingeriebene Kartoffeln darf er auch schon essen.“ „Ach was, Kartoffeln. Fleisch gefuttert, sonst kommt er nicht wieder auf die Beine!“ Nachmittags schickte er einige Flaschen Wein und ließ sagen, ein paar Hähnchen wolle er mir schicken, sobald ich sie essen dürfe. Gegen Lehrer Kleine aber hatte er geäußert, man halte mich wie einen Züchtling. Er habe auch einmal

Nervenfieber gehabt, habe aber gleich zu seiner ersten Mahlzeit einen ganzen Hahn verzehrt.

In den langen Nächten, die nun folgten, und die ich nur zum kleinsten Teile schlafend verbrachte, hatte ich so recht Muße zur Einkehr bei mir selbst, zu nachdenkendem Rückblick auf die letzten Jahre. Jetzt aber erkannte ich so recht Gottes Liebe und freundliche Führung in meinem Leben, und ich konnte nun in Ruhe ermessen, was für Opfer die Eltern gebracht und mit welcher Treue sie nun zuletzt noch um mein gefährdetes Leben gerungen hatten. In der Kammer nebenan schliefen sie jetzt wieder, aber oft noch fuhr die Mutter angstvoll empor und rief nach mir, so wirkte die überstandene Sorge in ihrer Seele nach.

Eines Morgens trat mein Vater eben aus der Haustür, um noch einmal nach Erdenau zum Arzte zu gehen, als es in der Dorfstraße lustig knallte und eine helle Stimme ihm zurief: „He, Wilhelm, willst du mit?“ Hinter einem Wagen, der mit prallen Kornsäcken vollbeladen war, schritt, kecke Rauchwolken aus kurzer Pfeife in die Luft blasend, Prasse, der jetzige Eigentümer von Steinkämpers Hofe. Also er hatte auf dem vielgeschmähten Steinkampe doch etwas vor sich gebracht und konnte selbstgeerntetes Korn zur Stadt fahren.

Meine Mutter ging nun wieder gegen Tagelohn auf Arbeit, brachte mir auch allemal etwas mit heim, gekochte Pflaumen, Reisbrei oder eine andere Lieblingsspeise (ich hatte davon jetzt viele). Als einmal wieder auf Königs Hofe die Dreschmaschine surrte, war auch Klein-Stöffken, der Vater des dreisten Mädchens, das je länger je mehr allen verhaßt geworden war, zugegen. Anfangs zürnte und wetterte er vor allen Leuten, die an der Arbeit standen, über seine ungeratene Tochter, die ihm solche Schande bereite. Dietrich, der unter den Arbeitenden umherging, sagte einige gleichgültige Worte, um ihn zu beruhigen, er aber tobte immer wilder. Dann schlug seine Stimmung plötzlich um, und nun fing er an zu prahlen. Bald werde Königs Hof einen Erben haben. Sein Schwiegersohn möge sich nur nicht schämen. Seine Tochter sei ein fleißiges, ordentliches Mädchen, dem niemand Übles nachsagen könne. Die sei nicht dazu da, daß reiche Bauern ihre Schuhe an ihr abwischten. – Als die Leute sich zum Essen in der großen Stube versammelten, kam er ungebeten mit herein und prahlte und drohte abwechselnd. Er ließe das nicht auf seiner Tochter sitzen. Erst verleite man ein braves Mädchen, und dann tue man so, als ob man den Vater nicht kenne und wolle das Mädchen mit leeren Händen vom Hofe schikken. Es gebe noch Gerichte in der Welt! Er lasse sich nicht auf der Nase spielen, dafür wolle er wahrhaftig jedermann gut sagen. Wenn die großen Bauern Goldfüchse hatten, dann hätte er noch preußische Taler.

Jedermann empfand das Peinliche der Lage für den Bauern, der bleich und stumm am kleinen Tische saß und sich vergebens bemühte, unbeteiligt auszusehen. Endlich rief der rote Herm, der nun als Großknecht auf Königs Hofe diente: „Stöffken, jetzt halt aber dein ungewaschenes Maul! So große Worte passen schlecht für so eine kleine Kröte, wie du bist.“ „Was?“ schrie der Angeredete. „Du willst mir das Sprechen verbieten? Du? Hier habe ich mehr zu sagen als du!“ Und als ihn der Knecht am Arme packte und ihn trotz seines Sträubens hinausführte, kreischte er so, daß ihm die Stimme überschlug: „Du sollst zuerst hier vom Hofe, wenn ich erst Schwiegervater bin! Fliegen sollst du mir, da sag ich dir gut für, fliegen!“ Damit flog er bis unter den großen Pflaumenbaum am Brunnen. Das gab ein böses Gerede im Dorfe, besonders bei den Frauen, von denen manche immer noch gehofft haben mochten, Dietrichs Schwiegermutter zu werden. Auch die Männer kamen sonntags nicht mehr in seine Stube. Wäre das Mädchen nicht die Tochter eines Einliegers gewesen! Aber so hatte er die Ehre des Standes verletzt, das konnte ihm nicht verziehen werden. Er tat, als mache er sich aus alle dem nicht viel. Doch ging er jetzt häufiger als früher nach Erdenau, und wenn er heimkam, war er sehr übler Laune. „Er hat wieder stark mit Deggendorf gesprochen“, pflegte Riekchen dann wohl gegen meine Mutter zu klagen. Das war der Besitzer einer großen Branntweinbrennerei in Erdenau.

Mehr und mehr drängte sich allerlei übel beleumdetes Volk an ihn heran, das er jetzt, wo die Besseren sich von ihm zurückgezogen, nicht mehr so entschieden zurückweisen mochte. War er einmal wieder unter seinesgleichen, so suchte er durch gemeine Späße seine wahre Stimmung zu verbergen. Häufiger aber waren jetzt Leute wie der Krüger seine Genossen, die an den zweifelhaften Witzen Gefallen fanden und ihn zu immer neuen herausforderten. Einmal noch war ich mit ihm in der Baumschule. Ich erzählte ihm, daß ich zu meiner – damals noch sechswöchentlichen – militärischen Dienstleistung beordert sei und daß ich schwere Tage kommen sehe. „Ach was", entgegnete er, „da geschieht keinem etwas; da muß nur aufgepaßt werden."

In den folgenden Jahren machte ich wiederholt kleine Reisen und fand bei bescheidenen Aufwendungen ungemeine Freuden. Einmal gelangte ich sogar bis zum Vater Rhein. Über alles konnte ich am besten meiner Mutter berichten, die meinen Schilderungen mit so überraschendem Verständnis und so warmer Teilnahme zu folgen verstand, daß mir das Gesehene nun erst recht wertvoll wurde. Den Rest der Ferien verbrachte ich dann daheim. Beim Abschiede begleitete mich die Mutter – der Vater war noch auf der Ziegelei – bis an die Howe, dahin, wo der eine Weg rechts um den Fuß des Hagens herum, der andere auf seinen Gipfel führt. Hier kehrte sie um. Ich schritt bis an die Wegbiegung, fühlte, daß der Mutter Blick noch auf mir ruhte und wandte mich um. Da stand die Mutter noch und winkte und winkte.

Die Eiche

Nach ein paar Jahren wurde ich von Hasselbruch nach dem größeren Orte Rheden versetzt. Auch von hier aus besuchte ich in den Ferien regelmäßig Dietrich. Eines Tages stand ich neben ihm in der Baumschule, als des Krügers Frau aus Kleinenmolte vorbeiging, die Flinte ihres Mannes auf dem Rücken. „Na, Alte, was hat dein Kerl denn wieder vor?“ fragte König. Er selbst hatte kein Gewehr und pflegte zu sagen: „Das gehört nicht zu meinem Geschirr.“ „Was du nicht weißt, macht dich nicht heiß!“ erhielt er zur Antwort. „Na, paß nur auf“, warnte er, „der findet nun und nimmer einen ehrlichen Tod.“ „Wollens drauf ankommen lassen“, war die Erwiderung. „Übrigens wahre du dich nur selbst; was ich von dir in den letzten Jahren gehört habe, ist auch nicht lobenswert.“ Ein sonderbarer Blick des Bauern folgte dem frechen Weibe. So etwas widerfuhr ihm nun öfter; das alte Ansehen war geschwunden. Damit hing wohl zusammen, daß er, der früher der nüchternste Mensch im Dorfe gewesen war, jetzt so häufig nach Erdenau ging und dort allemal, wie sich bei seiner Rückkehr zeigte, so eingehend „mit Deggendorf gesprochen“ hatte. Dann war er furchtbar verdrießlich, schimpfte mit dem Gesinde und fuhr seine Schwestern an, daß sie ihm am liebsten aus dem Wege gingen. Man sprach im Dorfe davon, er wolle das Kind des dreisten Mädchens, die Enkelin von Klein Stöffken, zur Erbin seines Hofes machen, wobei ihm seine Schwestern wohl entgegen sein mochten.

Gegen mich war er nach wie vor gleich gütig. Auch im nächsten Jahre ließ er mich durch meine Mutter zum Kirschenpflücken einladen. „Sage ihm nur, die schwarzen hinterm Schuppen wären reif, dann soll er schon kommen.“ Das ging nun aber doch nicht so schnell, da die Sommerferien noch nicht angefangen hatten. Da hörte ich eines Tages unten im Hause, in dem ich zwei Zimmer des ersten Stockes bewohnte, seine mir so wohlbekannte Stimme: „Ach was, ich finde ihn schon selbst!“ Da wuchtete er auch schon die Treppe herauf, ein großes Paket im Arme tragend. „Da du nicht kamst, bringe ich dir ’n paar von den Schwarzen; nachher möchte es zu spät sein. Ist's recht so?" Er war schon vierzehn Tage im benachbarten Badeorte und wollte andern Tages nach Hause, um die große Eiche zu fällen. Dann wollte er zurückfahren und seine Kur beenden. Ich begleitete ihn bis H. und sah ihm lange nach.

Zwei Tage später fragte mich der Landwirt Sch. aus Br.: „Haben Sie schon gehört, daß Dietrich König tot ist?" Ich starrte den Sprecher an, unfähig, selbst ein Wort herauszubringen. „Ja", fuhr er fort, „beim Fällen eines Baumes soll er verunglückt sein. Heute wird er begraben."

Die Mutter war, als ich am Sonntage darauf nach Hagenborn kam, aufs tiefste bewegt. „Ach", klagte sie, „immer meine ich, es müsse, es könne nicht wahr sein. Der kann doch nicht fehlen im Dorfe." Nun erzählte sie, daß Dietrich die große Eiche am Abhange des Mühlenberges, die er früher nie hergeben wollte, nun doch an einen Holzhändler verkauft hatte. Für Schiffsbauzwecke sollte sie verwandt werden. Früh morgens schon hätte man mit der Arbeit des Fällens begonnen. Eine sonderbare Unruhe zeigte sich in dem Wesen des Bauern; nichts ging ihm schnell genug.

Nachbar Müssen, mein ehemaliger Dienstherr, war mit seinen Leuten zu Hülfe da. An der oberen Seite wurde der Baum angehauen und ein tiefer Einschnitt bis in die Mitte des Stammes geführt. Nun wurde von der unteren Seite her gesägt, und hinter der Säge wurden sogleich Keile nachgetrieben; so hoffte man den Baum nach oben hin zu Falle zu bringen. In der Mitte der ungeheuren Krone war ein Bodenseil um den Stamm geschlungen, womit man den Baum nach oben hin ziehen wollte. Unbegreiflicherweise hatte Dietrich, dessen Vorsicht weit und breit sprichwörtlich geworden war, befohlen, das Seil um einen knorrigen Hainbuchenstamm zu legen, deren sich in der Hecke am oberen Rande des Abhanges viele befanden. Und immer wieder mahnte er: „Laßt mir den Baum nicht nach unten über den Bach fallen! Wer will ihn von da wieder abbringen?" Dann wieder trieb er ungeduldig zur Eile. „Und paßt mir auf's Seil da oben! Nun hört auf mit Sägen! Langsam die Keile weitergetrieben! Und springt schnell zur Seite, wenn der Baum fällt!"

Oben zogen die Männer am Seile, in halber Höhe stand der Bauer und beobachtete die Schwankungen des Baumes, während unten zwei Knechte die Keile tiefer und tiefer unter den Stamm trieben. Droben in der Krone des Riesen ein Beben, ein Zucken, ein Schwanken. Da sprangen die Männer vom Seile weg. Aber nach der andern Seite, nach unten, neigte sich nun doch der Baum. „So paßt doch auf, Kerls, haltet! Haltet!" schrie der Bauer und warf sich verzweifelnd über das Seil. Mit unheimlicher Ruhe, in majestätischem Bogen, senkte sich des Baumes Riesenkrone über den Fluß hinweg und spannte mit gewaltigem Ruck das Seil so straff, daß es zerriß wie ein angesengter Faden, aber erst, nachdem es den Körper des Bauern hoch empor geschleudert hatte, der in schwerem Falle mit dem Kopfe nach unten dumpf aufschlug. Der markerschütternde Schrei, der sich in das donnernde Krachen der zur Erde fallenden Eichenkrone mischte, kam nicht von dem Gefallenen. Der lag stumm und still da. Zagend traten die Männer heran, indem sie ihn bei seinem Namen riefen. Vater Müssen faßte den Kopf und bog ihn herum; der saß so merkwürdig lose. Laut jammerte der alte, treue Nachbar: „Dietrich, Dietrich, steh doch auf! — Fritz, lauf schnell nach Erdenau und hole den Doktor! Aber schnell! Schnell! Schnell!" Bleich und verstört standen die übrigen umher. Endlich verschlangen sie die Arme unter dem Körper des Leblosen und trugen ihn so dem Hofe zu; Vater Müssen ging voraus zu den Schwestern.

Pastor Rückert saß in seinem Garten hinter dem Wohnhause, wo er sich auf die Predigt des nächsten Sonntags rüstete. Eines seiner Kinder spielte an seinen Knien, eins hielt er mit der Linken auf seinem Schoße; mit der Rechten schrieb er an seiner Predigt. Von Zeit zu Zeit rief eines von den Kleinen: „Vater!", und der antwortete: „Was wolltest du, mein Junge? Hier bin ich, mein Kind!" — und schrieb weiter. Einmal wandte er den Kopf und ließ seinen Blick über den blühenden Garten und die Fenster des Wohnhauses gleiten. Dann zeigte er den Kleinen die Bienen, die an dem Gebüsch umhersummten, sich in den Blüten vergruben und voll Behagen den Honig heraustranken.

Da trat, bescheiden die Mütze in der Hand, Vater Müssen in den Garten und meldete, was in Hagenborn geschehen war. Voll Entsetzen blickte der Pastor ihn an. „Was sagen Sie, König? — verunglückt? — und tot? — Lina (das war meine Schwester, die in seinem Hause diente und eben nach den Kindern sehen wollte), hörst du's, König — ist tot, so plötzlich, so unvorbereitet. Rufe doch meine Frau!" Beide ließen sich den Hergang erzählen, und immer wieder unterbrach der Pastor den Erzähler mit dem Ausruf: „Nein, es ist doch nicht möglich, so mitten aus — und ich hatte immer noch gehofft...!" Lange nachdem Müssen gegangen war schritt er kummervoll im Garten auf und nieder. Mehrmals wandte er sich an meine Schwester: „Lina, denk doch nur, der arme Dietrich König! Kind, daß doch jeder beizeiten sein Haus bestellen möchte!" Nie hat meine Schwester den Pastor so erschüttert gesehen wie in diesen Tagen.

Bei der Beerdigung mochten viele erwartet haben, der Pastor werde mit dem Toten strenge ins Gericht gehen; vielleicht war deshalb mancher gekommen, der sonst ferngeblieben wäre. Kopf an Kopf stand die Menge auf der weiten Deel, an deren oberem Ende der Sarg aufgestellt war. An der rechten Seite der Deel stampften die Pferde im Stalle, links hörte man ab und zu das leise Brüllen einer Kuh. Unruhig rasselte der Hofhund vor der unteren Tür an der Kette. Schwalben schossen aus und ein und ätzten ihre schreienden Jungen. Lachender Sonnenschein lag über dem Gehöft da draußen, vielstimmiger Gesang der Vögel klang aus den Linden und den Obstbäumen. Drinnen aber erhob sich tiefernst die Stimme des Predigers.

„Es hat einmal jemand", so hob er an, „seinen Seelsorger gefragt: ‚Wann muß ich mich bekehren?' – und hat die Antwort bekommen: ‚Einen Tag vor Ihrem Tode ist's früh genug.'" Und nun sprach er über den Text: Es ist dem Menschen gesetzt, einmal zu sterben, danach das Gericht. Er sprach so, daß jeder in der Versammlung glauben konnte, die erschütternd ernsten Worte des Geistlichen seien gerade an ihn gerichtet. Er betonte, daß es angesichts des Todes uns armen Sündern schlecht anstehe, zu loben oder zu richten; das sei Sache eines Höheren. Weiter sprach er vom Toten nicht. Aber die Lebenden warnte er vor der unglückseligen Sicherheit, mit der so viele in den Tag hinein leben, als ob unser Dasein hier kein Ende nehme, und mahnte zur Buße und Hinkehr zu dem, der uns hier schon lösen kann von den Banden der Sünde, so daß wir auch den Tod nicht zu fürchten brauchen, selbst wenn er so unerwartet kommt.

Auf meinem Rückwege über Erdenau nahm ich meinen Weg an der Stätte vorüber, wo das Unglück geschehen war. Regungslos lag der kolossale Baum da, quer über den Fluß hinweg, die Krone in der gegenüberliegenden Wiese, halb zerschmettert vom ungeheuren Falle. Tiefergriffen stand ich lange. Plötzlich bemerkte ich, daß ich nicht allein war. Drüben blickte eine hohe Frauengestalt stumm nach der Stelle, wo Dietrich gefallen war. Es war Tante Friede, die nach der Waldmühle zurückgekehrt war, nachdem die Kinder Rodemeiers ihrer Fürsorge nicht mehr bedurften. Jetzt war sie in Rodemeiers Begleitung hierher gekommen. Eben nahte von Gehren her auch Vatter Laibchen der Unglücksstelle und klagte in den höchsten Fisteltönen um den „reellen“ Mann. Er schloß mit den Worten: „Aber es hat sein Ende sein sollen.“ „Ach was“, entgegnete ihm Rodemeier, „hier hat auch er einmal nicht aufgepaßt.“

Im düstern Grunde

Der Herbststurm braust über das Land hin. Er rüttelt an der alten Wetterfahne mit dem springenden Pferde auf Draken Giebel, daß sie kreischend hin und her fliegt. In den hohen Bäumen des Kirchhofes schreien die Eulen. Ein Käuzchen fliegt mit heiserem Rufe an das Fenster der Stube, wo Julia Drake seit mehreren Stunden einsam auf die Rückkehr ihres Mannes wartet. Im Dämmern des frühen Abends ist er hinausgegangen, die Flinte unter dem Rocke. „Ich komme bald wieder!" hat er auf Juliens Frage, wohin er gehe, kurz geantwortet. Aber Stunde um Stunde ist verronnen und ihr Mann kommt nicht. Wie oft hat sie schon, bei ihren schlafenden Kindern sitzend, auf die Rückkehr ihres Mannes gewartet; wieviel Kummer haben ihr seine nächtlichen Gänge gemacht.

Endlich geht sie hinüber zur Mutter, die seit dem Tode ihres Mannes einsam im alten Hause wohnt und noch herber und strenger geworden ist als früher. „Heinrich kommt gar nicht wieder!" klagt die Tochter. „Wieder auf die Kur?" fragt die Mutter. (So nennt man es hierzulande, wenn jemand verbotenerweise auf den Anstand geht.) „Das gibt noch ein Unglück, ich sehe es kommen. Du hättest ihn davon abbringen müssen." „Mutter, wenn ich das könnte!"

Nach einer Weile dumpfen Schweigens fährt Julia fort: „Mir ist so bange, Mutter; bleibe du ein Weilchen bei meinen Kindern." Murrend folgt ihr die Mutter ins rechte Haus. Julia sieht noch einmal nach den Kindern in der Kammer; die schlummern friedlich nebeneinander. Sie aber hat eine immer zunehmende Angst, so daß sie es nicht länger erträgt. Ein Tuch um Kopf und Schultern schlagend, verläßt sie in Eile das Haus, die Kinder der Obhut der Mutter empfehlend, die ihr mißtrauisch nachruft: „Weißt du denn, wo er ist?"

Julia schlägt den Weg ein, der durch den Garten in das anstoßende Feld läuft. Dann und wann fällt durch zerrissenes Gewölk, das der Sturm am Himmel entlang jagt, bleiches Mondlicht auf ihren Weg. Jetzt führt dieser auf die Hagenborner Heide. Ein Fuchs schleicht in geringer Entfernung an ihr vorüber dem Dorfe zu. Endlich gelangt sie in den Wald und schlägt den Weg ein, der dem düstern Grunde zu allmählich abwärts führt. Wie oft mochte wohl ihr Mann diesen Weg gegangen [sein], wie oft schon seine Vorfahren, immer in der Absicht zu wildern. Das Rauschen des Herbstwindes in den Bäumen, der schaurige Ruf des Waldkauzes, das Hundegebell in der Ferne, alle Nachtstimmen in der Runde mahnen sie an ungesühnte Schuld vergangener Geschlechter.

Endlich teilt sich der Weg; vor ihr liegt der düstere Grund; sie schlägt den Pfad ein, der rechts herum in die Tiefe führt, zögernd, immer langsamer. Hinter den halbhohen Tannen, die vom Abhange emporragen, kommt sie zuletzt auf die Talsohle, wo dichtes Unterholz den alten Weg, der vor dem Abgrunde vorüber führt, fast verdeckt. Ihr Herz klopft so stark, daß es ihr fast wehe tut. Sie späht durch und über das Gestrüpp hin. Bewegt sich dort nicht etwas? Da schrickt sie mit einem leisen Ausruf zusammen. Von der gegenüberliegenden Bergwand donnert ein Schuß durch den Grund; er bricht sich an den tannenbewachsenen Abhängen der Schlucht, pflanzt sich fort in das vielfach gewundene Wiesental an der Bossenke, widerhallt mehrfach an den Höhen und erstirbt in der Ferne. Jetzt wieder die Bewegung vor ihr: ein Mann in grünem Rock springt vorwärts und ruft: „Halt!“ In ihrer Angst stürzt Julia ihm nach, und als er das Gewehr an die Schulter schlägt, ist sie an seiner Seite und sucht mit dem flehenden Rufe: „Nein, nein, Rodemeier, tut es doch nicht!“ das Gewehr herabzuziehen. Da kracht es auf der andern Seite von neuem, und ein Weheruf ist trotz des Sturmes weithin vernehmbar im Walde. Dem Forstmann sinkt der Arm; verwirrt blickt er erst auf die neben ihm herabsinkende Frauengestalt, dann auf die gegenüberliegende Bergwand, an der hinter einem fliehenden Manne die Zweige zusammenschlagen.

Gleichzeitig aber brach an einer andern Stelle drüben ein Mann hervor; mit ein paar Sätzen war er über die Lichtung heran, das vom ersten Schusse noch rauchende Gewehr zu Boden werfend, stürzte er neben der zusammengesunkenen Frau nieder und rief: „Julia, Julia, was ist dir? Steh doch auf! Bist du getroffen? Wo? Sags doch! Sag mir doch nur ein Wort! – Rodemeier, schnell, helft anfassen! Wir müssen sie nach Hause bringen.“ Der Forstmann, der bisher ernst und schweigend nebenan gestanden, sagte: „So geht das nicht. Ich will mich in der Waldmühle nach einer Trage umsehen.“ So kniete der unglückliche Mann allein neben seinem regungslos daliegenden Weibe und wußte kaum, ob noch Leben in ihr war. Einmal sprang er wild empor und griff nach seinem Gewehr: „Der Krüger, der Lump, wo ist er?“ Doch ein kaum bemerkbares Winken Juliens zwang ihn wieder an ihre Seite. Vergebens durchsuchte er seine Taschen nach einem Gegenstande, womit er das Blut hätte stillen können, das aus der linken Brustseite seines Weibes hervorquoll. Endlich kehrte Rodemeier in Gesellschaft der Tante Friede und eines Müllerknechts zurück; sie trugen eine Leiter nebst einigen Kissen und Decken und betteten die Todwunde, so gut es ging. Auch zum Arzte in Erdenau war jemand aus der Mühle geschickt worden. Jeden Schritt, den die Männer vorwärts taten, überwachte Heinrich Drake, und Tante Friede, die dem rauhen Mann nicht viel Gefühl zugetraut hatte, war ergriffen von seiner zarten Fürsorge. Als sie sich dem Hause näherten, machte Julia ihrem Mann ein Zeichen mit der Hand und flüsterte: „Leise, leise! Kinder nicht wecken!“

Als Drake die Tür zur Deel öffnete, fuhr seine Schwiegermutter ihn von der Stube her zornig an: „Nun, kommst du endlich? Es wird auch Zeit!“ Doch wie versteinert blickte sie auf die Nachfolgenden. „Was — was soll das? Siehst du“, schrie sie gellend auf, als ihr klar wurde, was da vorging, „hab ich das nicht immer gesagt, daß es mal so kommen würde? Das ist nun der Lohn für alle Mühe meines ganzen Lebens.“ Da legte sich eine Hand fest auf ihren Arm, und Tante Friedes tiefe Stimme raunte ihr zu: „Dafür ist jetzt nicht Zeit. Sorgt, daß eure Tochter zur Ruhe kommt.“ Nahe ihren Kindern legte man die Verletzte ins Bett. Ihr Mann beugte sich über sie, seine ganze Seele lag im Auge. Wenn Julia es noch nicht gewußt hatte, jetzt in dieser Stunde, wo ihre Augen sich trafen, mußte sie es fühlen: Ihr Mann liebte sie grenzenlos. Ruhig, fast behaglich, lehnte sie den Kopf nach der Seite aufs Kissen und sagte leise und langsam: „Grüße — und küsse — unsere Kinder!“ Da durchschauerte es den Mann bis in Mark. Er hätte aufschreien mögen. So hatte sie noch nie gesprochen; immer hatte sie nur gesagt: meine Kinder. Noch ein paar Stunden lag sie, ohne zu sprechen. Dann murmelte sie: „Vater, in Deine Hände. . .“. Die Stimme verlor sich in leisem Flüstern. Als der Arzt hereintrat, war sie längst hinübergegangen.

Als gegen Morgen Tante Friede in Rodemeiers Begleitung fortgegangen war, nachdem sie der ganz verstummten Mutter der Gestorbenen die Sorge für die Kinder anbefohlen hatte, nahmen ohne viele Worte, wie ganz selbstverständlich, Nachbar Brinken und seine Frau alles das in die Hand, was geschehen mußte. Drake selbst ging ruhelos im Hause umher, seinen Knaben auf dem Arme, sah in die Ställe, trat in den Garten und wußte doch nicht, was er da suchte. Dann wieder saß er stundenlang bei seinem toten Weibe. Mehrmals packte ihn die Reue so, daß er fast verzweifelte; dann ging er hinüber zu Nachbar Brinken und brach in wilde Selbstanklagen aus. Doch der wußte ihn zu beruhigen, indem er seine Gedanken auf Juliens teuerstes Vermächtnis lenkte, seine Kinder.

Brinken war in einer Reihe von Jahren durch seine stille Tüchtigkeit ein sehr geachteter Mann geworden. Neun blühende Kinder umgaben die Eltern; die jüngsten tummelten sich im Hofe, von den ältesten drei Töchtern hieß es weit und breit: „Brinkens Töchter sind die fleißigsten Mädchen in unserer Gegend." Er selbst war Kirchenältester, Schulvorsteher und Dorfvorsteher zugleich, und jedermann, der [des] Rat[es] bedurfte, wandte sich gern an ihn.

Zwei Tage lang suchte man im Hagenborner Walde nach dem Krüger. Als am dritten Tag der Sarg mit der Erschossenen vom Dorfe Klingen aus langsam die Anhöhe hinaufgetragen wurde, hinter ihr wie eine dunkle Wolke ein Trauergefolge, wie man es dort lange nicht gesehen hatte, da bemerkte Wilhelm Edler oben im Hagen von seinem Hause aus, wie der Unglückliche nicht weit von ihm aus dem Gehölz auf die Lichtung hinaustrat und unverwandt über das Tal hinweg nach der jenseitigen Anhöhe starrte. Ein schneidender Ostwind blies ihm ins Angesicht und trug einzelne Klänge von dem Choral zu ihm herüber. Die sie da oben einsenkten, hatte er nicht treffen wollen. Wohl hatte er, selber unbemerkt, ihren Mann im düstern Grunde kommen sehen und war Zeuge gewesen, als der seinen Schuß auf ein Stück Wild abgab. Von ihrer Anwesenheit hatte er keine Ahnung gehabt; sein Schuß hatte dem verhaßten Beamten gegolten. Immer noch hört er ihren Todesschrei und sieht ihre Gestalt hinsinken. — Als die dunkle Wolke da oben sich zerteilte und in schmalen oder breiten Bächen nach verschiedenen Richtungen die Anhöhe hinabflutete, da wandte sich der Krüger und schritt dem Dickicht wieder zu, den Mund, wie

Edler wahrzunehmen glaubte, krampfhaft geschlossen, die Augen umherirrend, wie einer, der nicht weiß, was er sieht. Andern Tages, als die Hagenborner in größerer Zahl den Hagen absuchten, fand man ihn entseelt am Aste eines Baumes hängen.

Sonderbar, ich konnte, nachdem meine Mutter mir tieftraurig das alles erzählt hatte, wochenlang zwei Bilder nicht aus meiner Seele bannen. Einmal sah ich Julia wieder wie ehemals als fröhliches Kind den Brink zu uns herabhüpfen. Dann wieder sah ich den Krüger als kleines Kind, wie er auf seiner Mutter Armen spielt, wie diese ihn fragte, wie Mütter tun: „Wie groß bis du?“, und er die Arme hob: „So groß.“

Ende

Bei meiner Mutter hatten sich mit den Jahren mancherlei Gebrechen eingestellt. Der rechte Arm, mit dem sie mir so oft den schweren Korb nach Hohenheim zugetragen hatte, hatte sich mehr und mehr gekrümmt und war steif geworden. Oft hatte sie so große Schmerzen, daß sie nachts nicht schlafen konnte und froh war, wenn der Tag heraufkam. Dann trug sie auf dem gesunden Arm ihre Enkel, die Kinder meines Bruders, mit dem die Eltern seit seiner Verheiratung zusammenwohnten, bis die größer Gewordenen ihr davonliefen. Endlich erkor auch ich mir ein liebes Weib. Noch sehe ich das glückliche Gesicht meiner Mutter an meinem Hochzeitstage, wie sie still und froh von einem Ecktische aus uns beobachtete. Jedes Mal, wenn ich zu ihr hinübersah, dann nickte sie mir lächend zu, als wollte sie sagen: „Das hast du recht gemacht.“ Und als uns das erste Töchterchen geschenkt wurde, da war sie sehr glücklich, als sie es einmal auf dem großen Platze vor unserm Hause auf und ab fahren konnte.

Im folgenden Sommer, dreizehn Jahre nach meiner eigenen schweren Erkrankung, bekam auch mein Vater einen Anfall von Nervenfieber. Da die Frau meines Bruders ebenfalls nicht wohl war, mußte die Mutter noch einmal die letzten Kräfte heranholen und beide verpflegen. Glücklicherweise verlief die Sache nicht allzu schwer.

Eines Tage schritt ich wieder einmal der Heimat zu auf dem Wege, der in einiger Entfernung an Gehren vorüberführt. Hier traf ich Pastor W. aus Gehren, der mir bei der Vorbereitung für das Seminar so freundlich beigestanden hatte. Er war verdrießlich wegen unseres alten Freundes Fliegeberndt. Der hatte vor kurzem erst seine dritte Frau durch den Tod verloren, war aber schon wieder eifrig darauf bedacht, sich zum vierten Male ein Ehegespons zu verschaffen. Das machte ihm wegen der Kinder aus drei Ehen allerlei Schwierigkeit, doch voll rührenden Vertrauens wandte er sich in allen Nöten an seinen Pfarrer und konnte nicht begreifen, daß dieser ihn von seinem Vorhaben abbringen wollte. „Wie alt ist Berndt jetzt?“ fragte ich. „Achtundsechzig“, war die ärgerliche Antwort, „aber meinen Sie wohl, daß ich den alten Narren zur Vernunft bringe?“

Der Weg führte mich an Königs Hofe vorüber. Wie war da alles verändert! Die großen Kirschbäume süßen Angedenkens zu beiden Seiten des Fahrweges, der den Hof hinunter zur unteren Tür des rechten Hauses führte, waren umgehauen; am Hoftore hingen die Flügel nur noch lose in ihren Pfosten; das Pflaster auf dem Wege war voll tiefer Löcher. Die Schwestern Dietrichs hatten den Hof verkauft und sich nur eine Wohnung im Nebenhaus vorbehalten. Ich sah nach dem Bienenstande und in die Baumschule. „Ja, er fehlt da überall", sagte Riekchen, die meine Gedanken erriet. „Und mit deiner Mutter," fuhr sie nach einer Pause fort, „will es auch nicht mehr so recht. Der Arm macht ihr so viele Schmerzen. Nun ja, vom Nichtstun kommt das nicht. Was die hier auf dem Hofe gearbeitet hat, das macht ihr keine nach. Darum hat auch Dietrich so viel auf sie gehalten."

Schon von weitem sah ich die Mutter, den jüngsten Enkel auf dem Arme, in der Haustür stehen, wo sie mit dem alten, frohen Lächeln mich erwartete. „Nun, Mutter, hast du noch einmal die Stärkste sein müssen? Gings denn noch?" „Ja", erwiderte sie fröhlich, „was hätte denn auch sonst werden sollen?" Dann durchlebten wir noch einmal in herzlicher Zwiesprache die schwere Zeit, wo ich selbst so krank war und wo die Mutter mit dem Schemel gegen den Ofen fiel, müde vom vielen Nachtwachen.

Dieses Mal begleiteten mich beide Eltern bis an die bekannte Stelle neben der Howe. Immer wußte die Mutter noch etwas zu erzählen. So erfuhr ich auch, daß die Tochter Klein-Stöffkens sich an einen Witwer in Großenmolte verheiratet hatte und daß Tante Friede ihr das Kind ab- und an Kindes Statt angenommen hatte. – Als wir endlich auseinandergingen, da wandten wir uns mehr als sonst um zu letztem Gruße.

Es war ein wundervoller Spätsommernachmittag. Der Wald hinter der Heide lag regungslos im Sonnenschein. Ich hörte das Rauschen von der Waldmühle her und schritt auf dem neuen Kommunalwege, der im Bogen um die Mühle herumführte, an dem Bergeshange hinter der Mühle entlang. Gerade oberhalb der Mühle blieb ich, hinter Buschwerk halb verborgen, stehen. Dort unten saß auf einer Bank unter der Linde, die die Vorderfront des Hauses beschattete, Tante Friede, den Blick gesenkt; die linke Hand hatte sie auf den Tisch, der vor ihr stand, gelegt, die Rechte ruhte im Schoße. Ich konnte den Blick lange nicht von ihr wenden.

Was mochte in ihrer Seele vorgehen? Die Mühle stand eben; das Wasser aus dem großen Mühlenteiche fiel leise rauschend aus einer Seitenschleuse neben dem Mühlrad nieder. Endlich trat aus der Tür ein Mädchen von etwa zehn Jahren; da wandte die Sitzende den Kopf, die Kleine eilte zu ihr und neigte das Gesicht an ihr Ohr.

Der Winter verlief ohne besondere Ereignisse. Im März des folgenden Jahres erhielt ich die Nachricht, die Mutter sei an Lungenentzündung erkrankt. Bei ihrem Alter war das nicht leicht zu nehmen. Als ich zu ihr in die Kammer trat, hörte ich nur ihren Atem leise röcheln. Sonst lag sie still und sah mich an — so still — so müde. Nur ganz selten brach der alte, warme Strahl aus ihren Augen. Es griff mir ans Herz, wie sie von Zeit zu Zeit den rechten Arm hob, ihn hin und her bewegte und dann wieder sinken ließ. Ergreifend war auch, wenn der Vater stumm ihre Hand faßte und leise darüber hinstrich. In klaren Augenblicken sagte sie wohl einmal: „Ach Kinder, betet doch nicht länger für meine alten, mürben Glieder; sie tun mir gar zu weh." Und trotz des vielen Schweren, was sie zeitlebens ertragen hatte und was die Widerstandskraft ihres Körpers gemindert haben mußte, überstand sie die Lungenentzündung. Schon glaubten wir sie außer Gefahr. Ich hielt meine Schule wie immer. Da sagte eines Abends meine Frau zu mir: „Mußt nicht erschrecken, mein Liebling, über das, was ich dir jetzt sagen muß. Die Mutter ist wieder kränker geworden. Nicht wahr, morgen früh fährst du hin, so Gott will. Jetzt aber schlafe nur erst noch."

Eine Ahnung sagte mir, daß es nun zu Ende gehe. Und ich wanderte am andern Morgen noch einmal der Heimat zu. Es war ein Frühlingstag, wie so oft im April, nicht gerade warm, eher herb, aber sonnig, und mit der ganzen Schöpfung fühlte man das Hereinbrechen des Frühlings. Ich mußte oft ausruhen auf dem Wege, den meine Mutter vor vierzig Jahren gekommen war. Von dieser Anhöhe aus hatte sie zum ersten Male die Post nach Blumenstein fahren sehen. Hier am Bergeshange hatte ich neben ihr gesessen, als ich müde und matt von dem Arzte aus Erdenau mit ihr zurückkam und beständig Kopfweh hatte. Immer hatte sie bei aller Sorge um ihr krankes Kind noch ein ermutigendes Wort. Im Stoot spielten auch jetzt wieder Kinder wie einst, als meine Mutter nach dem Wege fragte, und wie damals lag Sonnenschein auf den Feldern und erfüllte Lerchengesang die Luft. Dort im Grunde glitzerte der Spiegel der Bossenke und blitzte der Wasserfall am Wehr. Ich hörte die Waldmühle rauschen, durchschritt die frühlingsgrüne Wiese und kam über die Heide an den Fuß des Hagens, wo der eine Weg unter den Eichen nach rechts, der andere links nach Hagenborn, der dritte bergan auf die Höhe führt.

Von der Frühlingsluft ermüdet, setzte ich mich an den Weg. Zur Seite rieselte der Bach im Grunde, der aus verschiedenen Schluchten des Hagens seine Zuflüsse erhielt. In das Rauschen und Rieseln klang der Gesang der Finken, das Flöten der Drossel. Am Bache standen in großen Gesellschaften Schlüsselblumen, die wir als Kinder der Mutter so oft heimgebracht hatten. Ich versank in ein müdes Hinträumen.

Da – was war das? Die Glocken von Klingen läuteten; klar und rein klangen sie herüber, trotz der Entfernung. Da wußte ich es sofort: Das waren die Sterbeglocken meiner Mutter. Gerade bis hierher hatte sie mich so oft begleitet, an dieser Wegbiegung mir die letzten Grüße zugewinkt. Sie wird das nun nie mehr tun. Wird auch nicht mehr in der Haustür stehen, um mir mit frohem Lächeln entgegenzuwinken. Jene Töne vom hohen Klingener Turm trafen hier zuerst ihr Ohr; nun gelten sie ihr selbst, aber ihr Ohr vernimmt sie nicht mehr. Meine jüngste Schwester kam mir weinend entgegen mit der Botschaft: „Wir haben keine Mutter mehr. O, aber wie hat sie noch gelitten! Diphtheritis, die der Arzt zu spät bemerkt hat, ist die Ursache ihres Todes gewesen." Wir traten zu der Entschlafenen in die Kammer. Da lag sie nun, ganz im Frieden. Der Kampf war überstanden. Wie friedlich war das Antlitz, wie sanft die lieben Züge! Nun ruhten die Hände, die nimmermüden, regungslos auf dem erkalteten Herzen. Auch der kranke Arm schmerzte nicht mehr.

Am Begräbnistage war wunderschönes Wetter. Die Eltern hatten die letzten Jahren in einem größeren Hause gewohnt. Auf der geräumigen Deel versammelten sich viele Menschen. Da wollte es mir unfaßbar dünken, daß die Mutter sie nun nicht mehr begrüßen, ihnen nicht mehr mit freundlichem Scherzworte einen Platz anbieten konnte. Denen, die von fern hergekommen waren, wurde Kaffee gegeben, aber der Mutter Hände schenkten ihn nicht mehr ein. Als nahezu alle versammelt waren, da ging es wie ein Raunen durch die Menge: „Königs Riekchen!" Und da kam sie heran, so schwerfällig, so gebrechlich selbst, mit einem Strauß schlichter Gartenblumen, indem sie leise murmelnd unverständliche Worte redete, als spräche sie mit jemand, der für uns andere unsichtbar war. Sie drückte den Strauß meiner Mutter in die erkalteten Hände; dann ergriff sie diese fest und warm und murmelte weiter. Ich verstand sie nicht, aber was mochte sie anders sagen als dieses: „Du, du! Du schlichte, treue Seele, hab Dank für deine lange, treue Arbeit! Von allen Treuen, die mir geholfen, gedient haben, warst du die Treueste. Gott wird dir's lohnen. Ruhe jetzt, ruhe! Und habe Dank! Dank!"

Pastor Rückert hatte einige Jahre zuvor Klingen verlassen und war einem Rufe an die Gemeinde zu Hohenheim gefolgt. Sein Nachfolger Pastor Berg hielt die Trauerrede. Er sprach liebe und gute Worte, und immer konnte ich mich nicht darin finden, daß unsere Mutter sie nicht mehr hören und uns nachher darüber berichten konnte, wie sie das immer getan hatte, wenn sie in der Kirche oder anderswo eine schöne Predigt gehört hatte.

Und wie die letzten Jahre der Mutter nach all den Kämpfen und Kümmernissen früherer Zeit ruhige und friedliche Tage gebracht hatten, so war auch ihr letzter Weg hienieden licht. Warmer Sonnenschein am Bergeshange, wo der Friedhof liegt. Und da haben wir sie im Schoß der Erde gebettet, dort, wo oberhalb der Wald in bleibendem Wechsel grünt und welkt, rauscht und säuselt, wo von unten das Dorf Klingen aus wogenden Kornfeldern heraufgrüßt, der Turm mit seiner schlanken Spitze gen Himmel weist und seine Glocken weithin über das Land erklingen läßt. Dort ruht ihr müder Leib der Auferstehung entgegen.

Als ich nach der Bestattung, nun mutterlos, das Elternhaus verlassen hatte, das Dorf hinaufgeschritten war und auf dem Gipfel des Hagens mich noch einmal umwandte, da lag im Frühlingssonnenschein die Gegend wohl ebenso vor mir, wie damals vor den Augen meiner Mutter. Auch mein Heimatdorf wird sich seitdem wenig verändert haben. Nicht so sonnig und friedlich ist das Leben darinnen verlaufen, wie sie beim ersten Anblick gewähnt. Viel Unfrieden und Leid der Bewohner hat sie mit angesehen, manch schweren Kummer hat sie selbst darin getragen.

Jetzt war es mir, als lege sich ein Schleier über das alles, als wäre die kurze und doch so inhaltsreiche Spanne von vierzig Jahren mitsamt meiner eigenen Jugend mit hinabgesunken ins Grab. Und dann schien es mir, als sei mir die Gegend mit einem Male fremd geworden, als gehörte ich nun nicht mehr hierher, und kalt und hart klang mir das „Hüh! Hüh!“ der Hagenborner, die an dem Berge ihre Äcker bestellten. Eine Lerche stieg auf im nahen Felde und sang und jubelte. Wie ich als Kind oft getan, sah ich ihr unwillkürlich nach, aber ich fand sie nicht mehr in der Höhe, und ferner und ferner verhallte ihr Gesang.

Eckhard Schinkel

Wilhelm Wellmann: Meine Mutter

Hintergründe und Anregungen zum besseren Verständnis

1986 erschien in der Schriftenreihe des Westfälischen Industriemuseums der Band „Gut Brand! Leben und Arbeit der Lipper Ziegler um 1900. Ein Lesebuch." Er vereint zahlreiche, bisher unzugängliche Quellen aus Kirchenakten, aus Vereinsunterlagen und alten Zeitungen. Sie dokumentieren einen wichtigen Abschnitt der lippischen Geschichte: Berichte ehemaliger Wanderziegler, Beschreibungen ihrer Arbeit und ihrer Lebensverhältnisse in der Fremde und in Lippe.

Die Wanderarbeit lippischer Arbeitskräfte reicht bis ins 17., zum Teil sogar bis ins 16. Jahrhundert zurück. Friesland, Holland, aber auch andere Regionen in ganz Europa, in denen zu bestimmten Jahreszeiten Arbeitskräftemangel herrschte, warben große Scharen von Arbeitern an. Bei der Heuernte, beim Deich- und Schiffbau, beim Torfstechen und bei der Ziegelherstellung wurden sie gebraucht. Der Verdienst der Ziegler, der um 1900 größten Gruppe der Wanderarbeiter, war oft noch doppelt so hoch und zum Teil höher als der eines Tagelöhners in Lippe. Die Gründe dafür, Arbeit außerhalb des Landes zu suchen, sind vielfältiger Natur. Sie lagen sowohl in den bestehenden agrarischen Besitzverhältnissen als auch in der Erbregelung. Erben konnte nur ein Kind, zumeist der älteste Sohn. Für die anderen Geschwister entfielen damit die Möglichkeiten für den Aufbau einer unabhängigen Existenz. Sie mußten sich zumeist als Tagelöhner in der Landwirtschaft verdingen. Zudem bestand Bargeldmangel. Tagelohn wurde zu großen Teilen mit Naturalien entgolten, Kapitalanhäufung dadurch erschwert. Auch Spinnen und Weben, einst einträgliche Hauptarbeit außerhalb der Landwirtschaft, verloren mit der Industrialisierung dieses Gewerbes an Bedeutung für einen unterhaltsichernden Verdienst.

Die Ausweitung der Saison- und Wanderarbeit entzog der Landwirtschaft in Lippe viele Arbeitskräfte. Noch bis in die zweite Hälfte des 19. Jahrhunderts drängten deshalb die lippischen Landwirte ihre Regierung, die Wanderarbeit einzuschränken. Die Regierung geriet dadurch in einen Zwiespalt, brachten doch die Wanderarbeiter ihren Verdienst mit ins Land zurück, der so der heimischen Wirtschaft zugute kam. „Die Zahl der Ziegelarbeiter stieg seit 1840 rasch an und stagnierte erst um 1900, um zunächst leicht, dann schneller zu fallen. Erst nach dem Kriege von 1914/1918 gelang es der lippischen Regierung, aufgrund einer 'gezielten Strukturpolitik' das Wanderarbeiterproblem dadurch zu lösen, daß die Ansiedlung von Industrieunternehmen aktiv gefördert wurde."[1]

Seit Anfang des 19. Jahrhunderts war dieses Problem ein Gegenstand für statistische Erhebungen und Thema für wissenschaftliche Untersuchungen, deren letzte, umfassende mit dem Titel „Der Eintritt Lippes in das Industriezeitalter" (Lemgo 1976) von Peter Steinbach erarbeitet wurde. Die vorausgehenden Stichworte zur Wanderarbeit entfalten ihre ganze Bedeutung erst in den Zusammenhängen jener Untersuchung. Hier bilden sie den Rahmen für ein weiteres Problemfeld: Auswirkungen der Wanderarbeit auf Arbeit und Stellung der Frauen in der Wirtschaft Lippes. „Der Anteil der Wanderarbeiter an der ortsansässigen männlichen Bevölkerung der einzelnen lippischen Bauernschaften war sehr ungleichartig. (...) In 30 % aller lippischen Gemeinden waren 30 bis 50 % aller Männer Saisonarbeiter; nur ca. 9 % der Gemeinden wiesen Wanderarbeiteranteile von weniger als 10 % auf. Rechnet man alle diese Anteile auf die männliche arbeitsfähige Bevölkerung um, so ergeben sich Zahlen, die noch um 25 % höher lagen. In Gemeinden, die bodenqualitätsmäßig, verkehrsmäßig und besitzmäßig gleichermaßen benachteiligt waren und dementsprechend niedrige Erwerbskoeffizienten aufwiesen, traf man im Sommer oft nur Frauen, Kinder und Greise an."[2]

Was in den gelegentlich spröden Darstellungen einer wissenschaftlichen Untersuchung unterzugehen droht, spiegelt sich als Lebenswelt und Lebenswirklichkeit anschaulicher in Erinnerungen, Berichten und Erzäh-

1 Steinbach, S. 134
2 Steinbach, S. 136

lungen. Doch Anschauung ohne erkennende Durchdringung bleibt blind. Sie muß zur Sprache gebracht werden, will sie nicht stumm im Ein- und Nachfühlen steckenbleiben. Erst in der Interpretation gibt ein Text Auskunft und Aufschluß über das Vergangene. Transparent werden dann soziale Systeme mit festen Aufgaben, Pflichten und Rechten für alle Beteiligten, erkennbar werden Vorstellungen und Verhaltensweisen. Andere für die in der Fremde als für die im Dorf, also diejenigen Frauen, Männer und Kinder, die während des gesamten Jahres in derselben Alltagswelt bleiben. Diese „innerdörflichen Strukturen“[1] wirken als wechselseitige Bezüge. In jedem 'wir' bilden 'die Anderen' den Hintergrund, 'die Anderen' existieren nicht ohne die 'Wir-Gruppe'. Vielfache, teilweise machtvolle Abhängigkeiten bestehen, ohne daß sie von den Beteiligten als solche wahrgenommen werden. Zustimmung und Ablehnung, Ansprüche und Erwartungen werden durch sie bestimmt. Dabei folgen Werte und ihre Maßstäbe zumeist Überlieferungen, die die Macht einer selbstverständlichen Autorität haben. Sie sind „althergebracht“. In der öffentlichen Dorfgemeinschaft, in Kirche, Schule, in der Nachbarschaft und in den Vereinen beeinflussen sie Stand, Ansehen und Einfluß. In der nicht-öffentlichen Dorfgemeinschaft, im Familienleben, ja sogar in der Sprache bestimmen sie das Denken, Fühlen und Verhalten aller Bewohner. Was daran aus heutiger Sicht ungerecht oder falsch erscheinen mag, begegnet selten in der Form eines offenen Konflikts oder als Widerständigkeit; es erscheint eher als Krankheit, als Seltsamkeit oder eben als stummes Leid.

Zum Analysieren und Erkennen gehören Abstand und eine kritische Selbstbewußtheit, die sich als geschichtlich reflektierte von bloßem Meinen und Hören-Sagen unterscheiden. Beispiele für eine zeitgenössische Durchdringung derartiger fesselnder Strukturen enthalten die Berichte der Zieglerpastoren über die Zustände bei den Wanderarbeitern. Doch auch ihr Blickwinkel ist durch den Auftrag und ihre Rolle in der Kirche eingeengt. Das wird besonders in dem Konflikt zwischen kirchlicher und politischer Interessenvertretung deutlich: „Mein Junge, hüte dich vor der Sozialdemokratie! Sie kann dich klug und redegewandt, aber auch habgierig, unzu-

1 Weber-Kellermann, S. 413

frieden und unlustig zur Arbeit machen; sie verspricht und erreicht höhere Löhne, aber zum rechten fröhlichen Genießen gehört ein reines, frommes Herz, und das kann man bei ihr nur verlieren." – So der Rat des Geistlichen an die Jungen, von denen manche die dörfliche Aufsicht und die kirchliche Kontrolle zum ersten Mal verlassen und die in der neuen Welt jenseits der ländlichen mit völlig neuen Erlebnissen konfrontiert werden. Die Sorge der „Besser"-Wissenden ist unüberhörbar.[1]

Die Bindung an beschränkte Blickwinkel und Ideologien kann gleichsam umgangen werden, indem Texte hintergründig, d.h. im Hinblick auf Fragen und Probleme gelesen werden, die die Verfasser allenfalls gestreift haben. Wer in den Berichten der Zieglerpastoren beispielsweise nach Bemerkungen zu den Auswirkungen der Wanderarbeit auf das Leben zu Hause und im Dorf sucht, wird nur wenig finden. Dieses Wenige ist zudem sehr an bestimmte, konservierende Interessen gebunden, wie das gerade genannte Beispiel belegt. Tugenden und eine Ordnung, als deren Vertreter die Kirche auftritt, sollten gefestigt und stabilisiert werden, wo genau diese Ordnung bereits brüchig und geschichtlich betrachtet nicht mehr haltbar ist. Dergestalt problematisierend, also gegen ihre Absicht gelesen, erweisen sich auch Texte, die beim ersten Lesen kaum mehr als unerträgliche Ziegler- und Agrarromantik vermitteln, als durchaus aufschlußreich für die Fragen von heute an die Zeit von damals. „Was sollte ein junger Kerl auch lieber thun, als in die Fremde gehen mit einem großen Tropp und Geld verdienen! Die alte Mutter auf dem Felde, welche mit ihrer kleinen Tochter schon etwas frühe Kartoffeln für die Stadtleute legen will, hat freilich andere Gedanken. Als das Mädchen frug: „Mutter, warum huchen die Jüngens so?" antwortete die Mutter bedenklich: „Kind, das thun sie vor Angst!" No! so schlimm ist es nun doch noch nicht mit der Kurasche der Ziegler bestellt. Die so ängstlich sind, könnten ja im Lande bleiben und bei den Bauern auf dem Kondukterhofe Arbeit nehmen, wo jetzt die Knechte oft rar genug sind, daß sich die Leute mit Pollacken und dergleichen Volke behelfen müssen. Natürlicherweise hat ein Knecht bei den Bauern im Winter nicht so viel Willen als wie ein Ziegler, und das bare Geld ist manchmal auch nicht

1 Gut Brand, S. 73

so groß. Alle könnten auch doch nicht Arbeit im Lande finden, und darum ist es gut, daß die Ziegler nicht wie die Frauensleute salziges Wasser beim Abschied aus den Augen wischen. Glück auf die Reise und haltet euch hart", schreibt der Zieglerpastor Johannes Schmidt unter dem Titel „Des Zieglers Lust und Last" im Lippischen Dorfkalender von 1897.[1]

Und wie sollten sich diejenigen halten, die zurückblieben? „Für alle Frauen der Wanderziegler war das Los ganz besonders schwer. In der Hauptarbeitszeit von März bis Oktober/November blieben sie allein im Haus, verantwortlich für die Kinder, für das Vieh, für den Garten und, soweit Land vorhanden war, für die Erntebestellung. Der Zieglerfrau oblag für den längsten Zeitraum des Jahres die gesamte Last zur Aufrechterhaltung des Lebensablaufes in der Zieglerfamilie und zur sicheren Arbeitsfähigkeit des Mannes draußen in der Fremde. Für ihn war die schwere Arbeit auf der Ziegelei überhaupt nur erträglich, wenn er sicher sein konnte, daß zu Hause 'alles in Ordnung ging'. Die Frau war auch von der Vermehrung der Familie her gesehen in doppelter Hinsicht belastet, oblag ihr schon die oben beschriebene Gesamtlast für Leben und Arbeit der Daheimgebliebenen, so war sie noch oft schwanger und brachte in der Regel im Juli/August/September ihr Kind zur Welt. Das eingewickelte Kleinkind mit auf's Feld genommen, vor allzu sengender Sonne in die Kartoffelfurche gelegt, war keine Seltenheit."[2]

So richtig hier einzelne typische Beziehungen und Situationen aus dem Leben einer Zieglerfrau benannt werden, so zwiespältig bleiben die Eindrücke. Die teilnehmende Beobachtung, ein methodisches Verfahren, geht bruchlos ein in einen Erzählstil, der nahelegt: so war es! und der im Stillen fordert: habt Respekt usw. Die Nachfrage: war es so?, methodisch nicht weniger wichtig im Sinne eines fortzusetzenden Erkenntnisinteresses, wird abgeschnitten. Die Gefahr, damit in schlechter Romantik zu enden, ist offensichtlich, und um so eindrucksvoller liest sich deshalb das ehrliche Eingeständnis eines ehemaligen Wanderzieglers, also eines Mannes, der es

1 Gut Brand, S. 36
2 Bartelt, S. 23

wissen müßte, in Erinnerung an seine Mutter, eine Zieglerfrau: „Heute denke ich oft darüber nach, wie sie es wohl geschafft hat allein."[1]

Einen Schritt weiter im Sinne der oben beschriebenen Wechselseitigkeit von Aspekten führen die Beobachtungen von Ingeborg Weber-Kellermann. Sie schließen an einen Bericht Clara Fiebigs über die Frauen von Saison- und Wanderarbeitern in der Eifel an. „Solche übermäßigen Anstrengungen (gemeint sind die Arbeiten in der Landwirtschaft; Zusatz von E. Sch.) mußten auch zu einer Vernachlässigung der weiblichen Hausarbeit und der Kinderpflege führen, so sehr die herangewachsenen Kinder auch zur Mitarbeit gebraucht wurden. Alles mußte 'in Eile' gehen, Sauberkeit wurde ebenso kleingeschrieben wie die Kocherei und auf Krankheiten wurde kaum Rücksicht genommen. Dazu kam der ständige Mangel an emotionaler und sexueller Zuwendung, der sich in Dorfklatsch und in Spannungen und Streit mit der älteren Generation einen Ausweg suchte. (Absatz) Es wäre jedoch ebenso ungerecht und verständnislos, diesen Frauen die Unordnung ihrer Behausungen vorzuwerfen, wie den Fabrikarbeiterinnen in der Stadt ihre mangelnden Hausfrauentugenden. Im Gegensatz dazu vollzog sich, wo die Männer besser verdienten und sich die Frauen nicht so plagen mußten, allmählich eine Anpassung an die kleinbürgerliche Lebensweise der Orte, in denen die Männer arbeiteten. Sie erzählten von ihren Eindrücken, brachten Stoffe, Kleider und Haushaltsgegenstände mit, und nach und nach verbürgerlichten sich Geschmack und Alltagskultur der Frauen. Sie legten ihre Trachten ab zugunsten städtischer Kleidung und schmückten ihre Küchen mit städtischem Nippes und einem Sofa mit Häkeldeckchen. (Absatz) So löste sich infolge der Industrialisierung zunächst in den Armutsgebieten die alte Dorfverfassung auf."[2] Entsprechend differenziert müßte bei den Frauen der lippischen Wanderziegler weitergefragt werden. Dieses Forschungsfeld ist noch weitgehend unbestellt, selbst die Suche nach geeigneten Quellen steckt noch in den Anfängen. Mit um so größerem Interesse darf deshalb die Biographie einer solchen Zieglerfrau rechnen.

Wilhelm Wellmann hat sie geschrieben. Wer ist oder war Wilhelm Wellmann? Kein Nachschlagewerk verzeichnet diesen Namen, der Autor versteckte

1 Peuk, S. 3
2 Weber-Kellermann, S. 285 f.

sich hinter einem Pseudonym. Warum, bleibt ein Geheimnis, aber, um es paradox zu sagen, kein stummes. Es enthält eine Aufforderung: Nicht ihm, dem Schreiber, sondern dem Text soll alle Aufmerksamkeit der Leserinnen und Leser gelten. Wenn das Pseudonym dennoch gelüftet wird, dann nur im Sinne einer Gegenprobe. Ist das, was wir über die dahinterstehende Person mehr wissen, auch ein Beitrag zum besseren Verstehen des Textes?

Geschrieben hat ihn Wilhelm Pölert (1860-1939). Er war Lehrer, zunächst in Kirchheide, später in Schötmar und seit 1897 an der neugegründeten Realschule im lippischen Bad Salzuflen. Nach seiner Pensionierung ordnete er dort Teile des Stadtarchivs und veröffentlichte 1931 eine kleine Geschichte der Stadt. Der Roman „Meine Mutter“ soll zwischen 1925 und 1930 entstanden sein. Dementgegen weist die Bemerkung des Verfassers im Text, er schreibe dies 50 Jahre nach dem Geschehen (s. S. 75) auf eine Zeit zwischen 1910 und 1920. Doch auch damit bleibt unklar, ob nur diese Episode oder die Geschichte als ganze gemeint ist.

Der handschriftliche Text fand sich im Nachlaß seines ältesten Sohns, dessen Bruder, Heinz Pölert (1905-1988), ihn 1987 dem Westfälischen Industriemuseum übergab. Damals fragte ich ihn, ob er wisse, was seinen Vater zum Schreiben bewogen habe. Darüber wisse er gar nichts. Aber er könne sich vorstellen, daß das Motiv so etwas wie „Heimweh“ gewesen sei. Das habe sein Vater nach außen nie gezeigt, er war sehr hart, streng, „er kannte nichts als Korrektheit“, in der Schule wie zu Hause, und das tat ihm vielleicht leid. Es habe ihn gedrängt, etwas Gutes zu tun. Zudem hatte er „eine wahnsinnige Angst vor dem Tode“. Anders erinnert sich die Tochter Edith Pölert, Mit „Liebe, Sorge und Gebet“ habe der Vater den Lebensweg aller Kinder begleitet; in heiterer Gelassenheit verbrachte er die letzten Jahre. „Er war auch ein Freund der Unterhaltung bei Tisch. [...] Wir haben in unserer Jugendzeit die Entstehung des Buches miterlebt, auch seine bescheidene Hoffnung, daß es eines Tages in Druck erscheinen würde.“

Demzufolge gibt es weder authentische Informationen aus erster noch aus zweiter Hand über die Entstehung des Romans, allenfalls Indizien. Sie wollen entsprechend ihren Zusammenhängen, denen sie entnommen wurden, verstanden werden. Von wem das maschinenschriftliche Vorsatzblatt zu dem Manuskript stammt, bleibt unbekannt: „Wilhelm Wellmann MEINE MUTTER. Eine Dorfgeschichte. (Aus dem Fürstentum Lippe in den Jahren 1853-1893). Zum Gedächtnis an Auguste Luise Pölert geb. Schürmann. Geb.: 1.2.1829. Gest.: 22.4.1893." Nur zur genaueren Benennung dessen, worum es bei dieser Lebensgeschichte geht, wurde der Originaltitel „Meine Mutter" in der vorliegenden Ausgabe um die Zeile erweitert: „Lebensgeschichte einer Zieglerfrau und Tagelöhnerin in Lippe".

Direkt und indirekt lassen sich die genannten Stichworte zur Person Wellmanns als Themen im Buch wiederfinden. Noch in seinem letzten Abschnitt klingt 'Heimweh' angesichts der Gegend, die der Erzähler einst verlassen hat, ebenso nach wie im Bewußtsein der endgültig vergangenen Jugend. Nun sind Schluß und Anfang eines Textes oft ungeeignet, um der Darstellung des besonderen Erlebens und Erfahrens auf die Spur zu kommen. Zu sehr stehen das Projekt 'Buch' mit seinen literarischen Traditionen, Bildern und Motiven und die Suche nach Rundung dem Autor im Weg. Aufschlußreicher im Sinne der Frage nach dem Besonderen erscheint eine Episode aus dem Textinneren. Am Ende von Kapitel 21, Wilhelm Wellmann ist bereits im bescheidenen, aber sicheren Lehramt, erwähnt er eine kleine Reise, die er habe machen können. Die Mutter war nie gereist. Dazu bestand keine Notwendigkeit, wie etwa bei ihrem Mann und den anderen Wanderarbeitern. Doch auch diese reisten nur aus Notwendigkeit, um den Arbeitsplatz zu erreichen. Reisen im Sinne von Erholung, als weiterbildende Unterhaltung, gar als Selbstzweck war für die Mutter und den Sohn ein neues Erlebnis.

Liest man diesen Abschnitt genau, wird jedoch klar, daß das Erzählte von untergeordneter Bedeutung ist. „Einmal gelangte ich sogar bis zum Vater Rhein. Über alles konnte ich am besten meiner Mutter berichten, die meinen Schilderungen mit so überraschendem Verständnis und so warmer Teilnahme zu folgen verstand, daß mir das Gesehene nun erst recht wertvoll wurde." (S. 170) Nicht das Erzählte, das Erzählen wird als das eigentlich Bedeutsame erinnert. Über den Altersunterschied, über die Grenzen ihrer unterschiedlichen Lebenswelten und Lebensweisen hinweg stiftet es Nähe, Gemeinsamkeit, erneuertes und fortdauerndes Vertrauen zwischen Mutter und Sohn. Alles scheint wie früher zu sein, so möchte es das Gefühl, wo der Verstand weiß, daß es längst anders ist. Wirklichkeit und Identität bestimmen sich vor allem in der Erfahrung von Trennung und Fremdwerden. Das hat der Verfasser mehr gespürt als erkannt. Gerade weil unter dem alten Dogma der ewigen Liebe zwischen Kindern und Eltern die Wirklichkeiten dieser Beziehungen, zu denen sogar Fremdheit oder Haß gehören, nachhaltig tabuisiert waren, prägen sie dennoch die sich entwickelnde und noch die entwickelte Persönlichkeit.

Liest man noch genauer, rückt ein weiterer Aspekt dieser Episode in das Blickfeld. Das Verständnis der zuhörenden Mutter überrascht den Sohn. Mit anderen Worten: Verständnis für das Fremde, Aufgeschlossenheit, vielleicht sogar Neugier auf die Welt 'draußen' sind Wesenszüge, die der Mutter nie zugedacht, nie zugestanden wurden. Die schweren Belastungen in ihrem Lebensalltag sind zugleich die Bestimmungen und die Festlegung auf das Unabänderliche. – An dieser Stelle des Textes blitzt so etwas wie Einsicht in den Zusammenhang von Fremd- und Selbstbestimmung auf. Die bewußtlose 'Verurteilung' zu einem geschlossenen, in gewissem Sinn sogar abgeschlossenen Leben ist ein zutiefst inhumaner Zug der familiären gesellschaftlichen Umgebung. In der Überraschung begegnet dergestalt ein unbekanntes Stück einer allzu vertrauten Person. Im Bewußtsein des Autors bleibt es bei dem Moment der Überraschung. Es wird nicht wie hier ausgeführt, in seinen Voraussetzungen und Folgen durchdacht und damit zu einer Erfahrung mit Rückwirkung auf die Erinnerung und ihre Darstellung.

Diese Brechung des Textes in einer winzigen Facette und die daran anschließenden Überlegungen führen zu Gesichtspunkten, die auch bei einer Wertung des gesamten Textes zu berücksichtigen wären. Immer wieder führt die Lektüre auf den Verfasser zurück. Alles, was er beschreibt, erscheint in seiner Sichtweise. Konsequent, durchaus nicht ohne Humor, betritt er die Geschichte als Ich-Erzähler am Ende des vierten Kapitels. Damit ist die Lebensgeschichte sowohl Biographie der Mutter, einer Zieglerfrau und Tagelöhnerin, als auch Autobiographie des Erzählers, eines Lehrers in Lippe.

Im Gegensatz zu wissenschaftlichen Arbeiten, die ihren Gegenstand durch ein mehr oder weniger eng begrenztes Thema isolieren, um ihn zu analysieren und interpretierend einzuordnen, kennzeichnet den literarischen Text bedeutsame Vielfalt der Beziehungen entlang einer Leitlinie: hier das Leben der Mutter und dahinter das eigene Leben. Weshalb sich der Erzähler dafür ein Pseudonym zulegte, bleibt offen. Er könnte sich damit die literarische Freiheit genommen haben, auch andere Quellen für seinen Stoff heranzuziehen, beispielsweise die Erzählungen seiner Schüler. Die Wahrheit des

Dargestellten wird dadurch nicht beeinträchtigt. Natürlich ist auch eine andere Erklärung für die Verschlüsselung von Orts- und Personennamen denkbar. Leute, von denen er geschrieben hatte, lebten noch, zum Teil würden sie den Erzähler sogar noch überleben. Nicht alle waren in der Beschreibung „gut“ weggekommen. Festzuhalten ist, daß diese Form der Lebensbeschreibung individuelles Leben und allgemeine Geschichte zu verbinden sucht. Diesen Zusammenhang will sie spiegeln; andererseits stellt sie ihn auch erst her – darin liegt ein immerwährender Grundwiderspruch eines jeden Erinnerns und Erzählens.

Ob Wilhelm Pölert auch nach öffentlicher, fortdauernder Anerkennung gesucht hat, ob er sich persönlich um eine Veröffentlichung bemüht hat oder ob dieses Werk allein Ausdruck einer persönlichen Bestandsaufnahme, vielleicht sogar eine Entschuldigung für sich in rückblickender Erinnerung sein sollte, werden wir nie erfahren. Genauso könnte es sich um eine Form von Geschichtsschreibung aus dem Blickwinkel desjenigen, “der dabei gewesen ist“, handeln: ein Augenzeugenbericht aus der Erinnerung. Als Leser beschäftigen wir uns mit dem Werk des Autors Wilhelm Wellmann. Wir lesen und beurteilen die Darstellung jenseits seiner Persönlichkeit im Horizont unserer Vorliebe, unserer Neugier, unserer Interessen. Abstände in Raum und Zeit, wie sie der Autor bereits in seinem Lebenshorizont als Abstand zur Familie erfahren hat, vergrößern sich für die Leser bis zur völligen Fremdheit mit der Vergangenheit. Daß etwas tatsächlich so war, wie jemand sagt: So war es! bleibt ein Wunschtraum. Vergangenheit bleibt vergangen. Rekonstruktionen sind allenfalls eine Form gegenwärtiger Vergangenheit. Geschichtliche Erfahrungen entstehen und bestehen immer nur in einer Vielzahl bewußter und nicht-bewußter Brechungen. Grundlegend dabei bleibt die historische Distanz.

Auch das Schreiben selbst enthält eine Vielzahl von Brechungen. So wissen wir nicht, ob der Autor Wilhelm Wellmann literarische Vorbilder hatte und wenn, welche es waren. Eine Privatbibliothek ist nicht überliefert. Aufgrund seiner Lehrerausbildung ist er jedoch im weitgefächerten, kulturgeschichtlichen Wissen seiner Zeit verankert. Der Auskunft seines Sohnes zufolge hatte er sich im Laufe seines Lebens zudem Kenntnisse im Englischen, Französischen, Lateinischen und Griechischen selbst angeeignet. Ein Hauptinteresse galt der Naturkunde und Geschichte. Er wanderte und sang gerne. Wieder ist der Umweg über die Biographie des Verfassers für das Verständnis des Textes wenig ergiebig. Zwar mögen darin weitere Indizien zum Beispiel für die vielen Naturschilderungen und die angesprochenen Lieder liegen, doch teilt der Text dieses Element mit vielen Heimatdichtungen. Mit dem Aufkommen der Heimatschutzbewegung um 1900 hatte dieses Genre einen besonderen Auftrieb erfahren. Doch die erzählerische Tradition geht über den Naturalismus und Realismus zurück bis in das literarische Biedermeier, geht ebenso zurück zu den kulturgeschichtlichen Romanen und Erzählungen Gustav Freytags und Wilhelm Heinrich Riehls. Darüber hinaus lassen sich ihre ideengeschichtlichen Tendenzen bis zu G. W. F. Hegel und J. G. Herder zurückverfolgen. Die Begriffe „Volksseele" und „Volksgeist" wurden feste Bestandteile im konservativen Denken des 19. und 20. Jahrhunderts. Darin funktionierten sie als dumpfe Gegenbilder zur vorgeblich kalten, heimatlosen, argumentierenden Vernunft. Ein Beispiel aus einem der einflußreichsten Bücher dieses reaktionären Konservatismus mag die machtvolle Präsenz dieser geschlossenen Bilderwelt veranschaulichen: „Die gedachten wie gelebten, die poetischen wie historischen Ideale eines Volkes entwachsen einem gemeinsamen Boden: der Volksseele. Solange der eingeborene Erdcharakter des deutschen Volkes gepflegt und erhalten wird, wird auch dieses selbst gedeihen. Übelstände vermögen ihm wohl zu schaden, aber nicht, es zu vernichten. Wie sich in einem gesunden Körper von einem Punkt aus Fäulnis, so kann sich auch in einem kranken Körper von einem Punkt aus Gesundheit verbreiten; es kommt nur darauf an, ob die regenerative und rekreative Kraft dazu noch vorhanden ist; und diese fehlt dem deutschen Volkskörper nicht. (...) Bauernseele ist Volksseele. Der Mensch, in seiner urtümlichsten Lebensform, ist Bauer; je befreundeter die Kultur des Geistes und des Bodens einander bleiben, desto besser ist es für beide; Land und Leute, Leib und Seele gehören zusammen."[1]

Nun wäre es ein Leichtes, auch Wellmanns Text mit seinen Tendenzen aus der Heimatliteratur, der Trivialliteratur und des Mutterlobs seiner Zeit an der Oberfläche der Blut- und Boden-Ideologie festzumachen. Ein Vergleich etwa mit Oskar Maria Grafs Roman „Das Leben meiner Mutter" (1946 oder mit B. Brechts dramtisierter Gorki-Interpretation „Die Mutter"

1 Langbehn, S. 50 f.

(1932) fiele im Hinblick auf ihr emanzipatorisches Potential ohne Einschränkung zuungunsten des vorliegenden Textes aus. Anderes Leben taucht zwar hier und da als Wunsch auf, als flüchtiger Gedanke oder, wie oben ausgeführt, als Überraschung, es wird dann aber schnell übergangen, gelegentlich sogar als Bedrohung empfunden oder in den Bereich des Phantastischen verwiesen, eine Angelegenheit für Sonderlinge. Der Amerika-Fahrer in diesem Roman ist eine solche Figur. Leben, so scheint es, war ein Leben ohne Alternative, ein frageloses Einrichten im Gegebenen des Alltäglichen und Selbstverständlichen. Die Fragen nach persönlicher Entwicklung und Selbstverwirklichung, wie sie heute gerne zu einem Lebenslauf gestellt werden, erweisen sich dergestalt als zeit- und situationsgebunden und in ihrer Abstraktheit als eher fragwürdig. Die darin mitgemeinten Ideen von Person und Persönlichkeit entspringen einem Bildungsideal, das das extreme Gegenbild zur Wirklichkeit jener Lebenswelt ist.

Literatur ist geschichtliche Erfahrung und Bewahrung in ausgezeichneter Form. Vor jeder wissenschaftlichen Abstraktion wird zugleich über und von beteiligten, betroffenen Menschen gesprochen. Aber auch hier ist das Selbstverständliche das, was am wenigsten selbstverständlich ist. Ob Wilhelm Wellmann alles, wovon er erzählt hat, erlebt hat, ob er frei hinzuerfunden hat und wenn, was, ist nicht leicht zu entscheiden. Hat er bei der jubelnden Lerche ein wirkliches oder ein angelesenes Erlebnis vor Augen gehabt? Wilhelm Wellmann, das zeigt bereits das Wandermotiv zu Eingang seines Romans, schrieb mit Stilwillen. Er bediente sich erzählerischer Muster und Motive, die seit langem bewährt waren. Deshalb liegt auch bei seinem Text wie bei jeder anderen literarischen, volkskundlichen oder historischen Quelle ihr Sachgehalt nicht fraglos zutage. Im Gegenteil, die fließende, in sich ungebrochene, für manche dem Kitsch nahe Darstellung leistet einen wesentlichen Beitrag zur unkritischen Lektüre. Naive Sehweisen und Vorstellungen, ja Vorurteile werden bestätigt. Die gute alte Zeit war so gut denn doch nicht. Interpretation tut not, will man nicht beim Ein- und Nachfühlen stehen bleiben. So waren Mutter-Bilder stets gesellschaftlich geprägt. Ein ursprüngliches, natürliches, so wie es der Text möchte, gab es und gibt es nicht. Nicht nur im Verlauf der Geschichte hat es die unterschiedlichsten Wandlungen erfahren. Bereits zu jeder Zeit ist es, mal mehr, mal weniger, kontrovers erlebt und bestimmt worden. Von der Mutter-

Gottes-Verehrung gingen ebenso nachhaltige Vorstellungen aus wie vom staatlichen Ordnungsdenken und seinem Spiegel, der Hausväterliteratur. Beherrschend war der patriarchalische Blick – dies wohl die einzige, relative Konstante im Mutterbild, das ansonsten in keiner Definition aufgehen will. „Was ist das, eine Mutter?“ ist eine Frage, die in dieser rückhaltlosen Radikalität erst in heutiger Zeit gestellt werden konnte. Entscheidend vor jeder Beantwortung der genannten Fragen ist die Verständigung über die Form, in der die „Quelle“ überliefert ist. Das, was erzählt, was mitgeteilt wird, ist von verschiedenen Einflüssen, von bewußten und nicht bewußten Einstellungen, von Kenntnissen, Meinungen und der Kraft, sie überschauend zu durchdringen, abhängig. Sie spiegeln sich in der Form. Allein in diesen Brechungen existiert Wissen. Deshalb ist es zu jeder Zeit ein problematischen Wissen.

Eine letzte Verständigung darüber, was wir eigentlich wissen wollen, erscheint an dieser Stelle angebracht. Das Westfälische Industriemuseum hat sich zur Veröffentlichung dieses Textes entschlossen, weil er dazu beitragen kann, die eingangs umrissenen Leerstellen in unserem Wissen über Leben und Arbeit der „Zieglerfrauen“ in Lippe zu füllen. Doch der Text öffnet sich, wie gezeigt, auch Fragen aus anderen Bereichen, beispielsweise im Hinblick auf den Werdegang eines Lehrers um 1900. Dabei beeindruckt besonders die aufopfernde Versorgung des Sohnes durch die Mutter bis weit in seine Ausbildungszeit, obwohl er nicht mehr zu Hause wohnte. Andere Interessen mögen sich auf volkskundliche, ja sogar auf naturkundliche Inhalte richten. Wie etwa wird die Natur gekannt, benutzt, erfahren? Schließlich, auch das ein nicht unerheblicher Aspekt in der Begegnung mit Geschichte, bietet die Biographie eine ebenso interessante wie unterhaltende und nahegehende Lektüre. – Vielleicht, das Denkspiel sei erlaubt, hätte sogar Wilhelm Pölerts Mutter diesen Roman gerne gelesen; aber wie hätte sie ihr Leben beschrieben? Hätte sie es überhaupt für mitteilenswert gehalten? Auch in diesem Sinne kann der Text nur ein, wenn auch vielseitiges Steinchen zu jenem unbekannten Mosaik mit dem Bild von den Zieglerfrauen in Lippe beisteuern.

Ausgewählte Literatur

Bartelt, F., und E. Schinkel (Hg.): Gut Brand! Leben und Arbeit der Lipper Ziegler um 1900. Ein Lesebuch. Dortmund 1986. (= Westfälisches Industriemuseum, Schriften Band 3)

Brednich, R.W. u.a. (Hg.): Lebenslauf und Lebenszusammenhang. Autobiographische Materialien in der volkskundlichen Forschung. Vorträge der Arbeitstagung der Deutschen Gesellschaft für Volkskunde in Freiburg i. W. vom 16. bis 18. März 1981. Freiburg 1982.

Dröge, K.: Die Schule aus Thöningsen. Detmold 1984. (= Einzelführer des Westfälischen Freilichtmuseums Detmold, H 3)

Ebert, B., und M. Vogtmeier: Die lippischen Wanderziegler. Detmold 1980.

Elbogen, P.: Liebste Mutter. Briefe berühmter Deutscher an ihre Mütter. Berlin 1929.

Graf, O.M.: Das Leben meiner Mutter. Mit einem Nachwort von H.A. Walter. 6. Auflage. München 1987.

Kaschuba, W. und C. Lipp: Dörfliches Überleben. Zur Geschichte materieller und sozialer Reproduktion ländlicher Gesellschaft im 19. und frühen 20. Jahrhundert. Tübingen 1982.

Krummacher, M.: Unsere Mutter. 7. Auflage, o.O. 1894.

Landfrauenverein Detmold (Hg.): Detmolder Landfrauen erzählen. Berichte von ihren Höfen und aus ihren Dörfern — einst und jetzt. 3. Auflage. Detmold 1987.

[Langbehn, Julius:] Rembrandt als Erzieher. Auswahl von Alfred Heuer. Paderborn o.J. (1930).

Peuck, F.: (Erinnerungen eines Zieglers) 1989. (Unveröffentlichtes Manuskript)

Röttgers, K.: Die Erzählbarkeit des Lebens. In: BIOS — Zeitschrift für Biographieforschung und Oral History. Heft 1. 1988. S. 5-18.

Sauermann, D., und G. Schmitz: Alltag auf dem Lande. 4. Auflage Rheda-Wiedenbrück 1988. (= Hrsgg. von der Volkskundlichen Kommission für Westfalen des Landschaftsverbands Westfalen-Lippe, Münster)

Steinbach, P.: Der Eintritt Lippes in das Industriezeitalter. Lemgo 1976.

Teppe, I.: Kinderleben in Lippe. Münster 1989. (= Westfälische Volkskunde in Bildern. 3. Band).

Weber-Kellermann, I.: Die deutsche Familie. Versuch einer Sozialgeschichte. Frankfurt 1974.

Weber-Kellermann, I.: Landleben im 19. Jahrhundert. München 1987.

Wehrmann, V.: Die Schule in Lippe von 1800 bis 1945 in Bildern, Dokumenten und graphischen Darstellungen. Detmold 1980.

Winter, O. (Hg.) : Meine Mutter. Bekenntnisse berühmter Männer und Frauen. 2. Auflage. Reutlingen 1933.

Zang, G. : Die unaufhaltsame Annäherung an das Einzelne. Reflexionen über den theoretischen und praktischen Nutzen der Regional- und Alltagsgeschichte. Konstanz 1985.

Bildnachweis:

Titelbild: Lippische Zieglerfrau vor ihrem Haus
Seite 10: Erste Seite des Manuskripts von Wilhelm Pölert
(Beide Abbildungen: Archiv WIM)